JN207000

国体とデモクラシー

密造される共和主義

SUMITOMO Akifumi
住友陽文

有志舎

国体とデモクラシー

——密造される共和主義

【目次】

凡　例

①史料の引用にあたっては、旧字体を新字体に改めた。
②引用した史料に付された傍点・傍線はすべて引用者によるものである。
③引用文中のカギ括弧（「　」『　』）は原文ママとし、「　」を『　』に改変はしなかった。
④引用に際しては史料文中の改行は省略した。中略については〔略〕とした。
⑤本文中、研究者の人名の敬称ははぶいた。

序　章

近代とは希望か、はたまた絶望か。

われわれを惑わす価値であり、原理であり、構造であり、そして時代でもあった、この近代というものとは何か、それを考えることが本書を執筆する最も大きな動機である。

日本は東アジアで初めての憲法を制定した国家であり、資本制への移行とともに議会制を成立させ、一時は民主的で自由主義的な時代を経験しながらも、侵略戦争の果てに無残にも大敗を喫した国家であった。しかもその大敗は単なる大敗ではなく、兵士だけではなく一般市民にも「玉砕」を覚悟させるほどの、国家への狂信ぶりを引きだしたあげくの大敗であり、その狂信ぶりは仔細に具体的に探れば探るほど異様なものであった。はたしてそのような大敗という結末は、「民主的で自由主義的な時代を経験しながらも」なのか、「経験したからこそ」なのか、そういうことも含め、われわれに深い洞察を迫るものである。またそのような「狂信ぶり」は、はたして何によって突き動かされたものなのか。その衝動の根拠やメカニズムにも、勢い洞察の目は向く。

さて、そういう衝動の正体とは、例えば天皇制イデオロギーと言われてきたような、天皇崇拝の精神や愛国心なのだろうか。現代を含む戦後の日本人の精神史的な歩みとは、あまりにも異なる様相を見せる、そういった戦前のイデオロギーとは、本当は何であったのか。はたしてそのような近代天皇制下の日本人は、現代日本の社会に住まうわれわれと、かくも隔絶した存在だったのだろうか。

現代社会のわれわれにとって、一見、天皇の存在はあまり意味が無いように感じる。しかしそれはそうとは言えまい。本当にそうなら、二〇一六年に天皇が人間としての老いを表明しながら生前退位を示唆する談話を発表した時に、それほど天皇の公務も激務ならば、いっそのこと天皇制そのものを廃止すればよいという真剣な声がもっと大きくなってもよかったはずである。しかし、実際は天皇制廃止の声よりも、そういう天皇に共感・同情する国民の声の方が上回っていたではないか。

明仁天皇が二〇一六年八月八日に発表した談話は、自らは高齢となりながらも、天皇としての務めをむしろ最大限重視した姿勢を示すこととなった。すなわち、憲法に拘束される存在にして国の象徴としての存在以上に、国民統合の象徴としての天皇の務めに重きを置く姿勢を貫こうとする意思を天皇は示し、したがって公務を軽くすることなく天皇としての務めを果たそうとすれば、亡くなる前に皇位を返上して退位する選択しかないことを示唆した。このことについて、大方の意見は「天皇も人間、人権がある」と、人間としての天皇の姿に共感して生前退位を支持するものであった。政府は皇室典範を改正することなく、天皇の退位等に関する皇室典範特例法を二〇一七年六月一六日に公布し、明仁は二〇一九年四月三〇日に天皇を退位した。

国民的な論議のなかでは、日本国憲法において天皇とはどのように位置づけられ、またどうあるべきかという議論が十分なされたとは思われない。なかには、テレビや新聞などで「いかに陛下の提起を受けとめるか」という論点を自明視した議論が、いわゆる識者と呼ばれる者の間からもあった。皇位継承の方法は皇室典範にもとづくものであり、皇室典範の改正は立法機関の決定事項に属し、天皇の意思にもとづくものではないのは言うまでもない。だが、そういった意見が出てくるのは、天皇の人間としての側面を重視してのことであったと思われ、それは現代の象徴天皇制を考えるうえでは注目すべき動向ではある。ただ、いずれにせよ、天皇の人間としての側面を重視して、退位の自由を主張する意見は、天皇の人権問題という点では不徹底な議論であるということは指摘しておかねばならない。[*1] 天皇の人権を主張して退位の自由を言うなら、そもそも皇位につく自由もおのずと主張せねばならず、皇位の〝出口〟の自由は言うが、皇位の〝入口〟の自由は不問に付すという意味で首尾一貫していないのである。そういう意味では、人間としての天皇の存在に注目して生前退位を主張する意見は、自由な市民社会を超越する存在としての皇位を前提にしたうえでの「人間天皇」としての側面だけを強調するものとなっていた。

　ともあれ、そのようにして大方の議論ではまずは天皇の生前退位ありきにし、その方法として特例法がいいか皇室典範改正がいいかということが争点になった。生前退位を所与の前提にしたのは、一つには明仁天皇に対する国民の支持が相当数あったということ、いま一つは戦後社会において「人間天皇」観というのが定着し、今述べたような「天皇にも人権を」という考えが強くなってきたことに依ると思われる。とりわけ明仁天皇が行なった、一九九一年の長崎県雲仙普賢岳噴火のあとの被災地訪問に始まる、被災地への訪問の旅は、国民統合の象徴としての天皇の存在感を国民に植えつけていったであろう。

　日本国憲法の下での象徴天皇制であったはずが、戦後の天皇（とりわけ明仁天皇）が象徴天皇たらんと自らの行動を律することで、むしろ憲法を超えていく存在となった。天皇が自らを国民統合の象徴たらんとして憲法を超えた存在となることで、かえって象徴天皇制としては安定していくこととなったのである。それは、「人間天皇」としての天皇の側面を際立たせる動向でもあった。日本国の象徴としての天皇は、とくに憲法に制約され、自らの主体的で積極的な姿勢や主張が許されない存在であったが、日本国民統合の象徴としての天皇は、憲法には明記されない公的行事を自らの匙加減で遂行しうる、まさにある程度の自由意思と人格が認められる存在であった。こういう法外の存在で、「人間天皇」としての側面を持つ天皇、すなわち国民統合の象徴としての天皇もまた象徴天皇制を支える一つの側面であると同時に、この側面を持つ天皇の存在こそが、象徴天皇制を国民の間に定着させる大きな要因であった。

しかし、象徴天皇制が国民の間に定着し、支持を受けていくことで、天皇の存在が憲法による束縛を超えていくというパラドックスがそこに生じるのである。このパラドックスが、天皇の生前退位問題となって現れたということである。

なぜ、そのようなパラドックスが象徴天皇制には内包されているのか。天皇の国民統合の象徴としての側面が重要な鍵を握っている。では、天皇の国民統合の象徴としての側面、すなわち「人間天皇」としての側面は、戦後、とりわけ日本国憲法体制によって唐突に形成されたものであろうか。

先に述べたように天皇は、日本国憲法に日本国と日本国民統合の二様の象徴として位置づけられている。

　第一条　天皇は、日本国の象徴であり日本国民統合の象徴であつて、この地位は、主権の存する日本国民の総意に基く。

天皇は、「日本国」の象徴であり、「日本国民統合」の象徴である、この二様の姿を憲法上は持っているのである。[*2] さらにそういう天皇の「地位は、主権の存する日本国民の総意に基く」と謳われているという点にも注意が必要である。通常これは、天皇の地位は主権者たる国民の総意をもって規定されるもので、主権者たる国民の総意を無視しては天皇の地位を変更することはできないし、天皇自身もまた主権者たる国民の総意に拘束されるというように解釈される。いわば、天皇の行為をどのように制約するかという時に、「国民の総意」がそのつど根拠となるとの規定であり、今後起こりうる事態に備えた規定とされる。

ところが、憲法改正担当の国務大臣として戦後の吉田内閣に入閣した金森徳次郎は、憲法改正審議が展開された第九〇回帝国議会において、象徴としての天皇の地位は「日本ノ国体ニ即シテ、之ヲ基盤トシ」ていると説明していたのである。金森の言う、この「国体」とは何か。それは「我々ノ心ノ奥深ク根差シテ居ル所ノ天皇トノ心ノ繋ガリノ関係」のことであり、そういう「関係」があるからこそ、象徴としての天皇の地位が日本国憲法第一条に明記されたということを示唆するのである。[*3] 象徴天皇の地位は、すでに国体に即していて、しかもその国体は国民と天皇との「心ノ繋ガリノ関係」にもとづいているという過去を根拠に憲法に規定されたものだと、金森は説明しているのである。これは、一見突拍子もない考えのようにも思える。しかし、はたして金森国務大臣のこの発言は、根拠なき、思いつきのものだろうか。この問題を掘り下げ、考えるためには、戦前日本における君民関係がどのようなものとして論じられてきたか、国体論との関係において考察しなければならない。

近代の日本は、天壌無窮の神勅を根拠に王政復古＝天皇親政を宣言して始まった。これが大日本帝国憲法制定への道筋を作ったのだが、主権国家の創出になぜ天皇が必要であったのか。換言すれば、なぜ天皇制国家を創出することが近代なのか。なぜ天皇が日本の正統的な統治者であることを根拠とすることを通して、日本は近代国家、すなわち主権国家たろうとしたのか。なぜ、「広ク会議ヲ興シ万機公論ニ決ス」（五箇条の誓文）前に「神武創業之始ニ原《もと》ツ」くこと（王政復古）が先行されなければならなかったのか。

このように問いを立てると、主権国家であることと、その国家において、建国神話中の最高神を皇祖神に持つ者が事実上の主権者であるということとがどのように結びつくのか、これがおのずと大きな論点となる。しかも近代の天皇の場合は、超越的で崇高な存在であるだけではなく、道徳の源泉にして主体として位置づけられる。主権者が道徳の主体であるということは、どのような意味があるのだろうか。

近代天皇制国家というのは、天皇が単に制度上統治権の総攬者（事実上の主権者）であっただけではなく、法を超えて神格性を有する超越者として、また道徳の源泉であり、神話以来国民とその祖先との間に法外の関係を持ち続けた存在でありえた。天皇はそれらを同時に包摂した存在として、日本の近代において君臨したのである。

ただ、明治維新以降、敗戦までの天皇は積極的に国民の前に姿を見せず、またその肉声すら聞かせることのない存在であった。一九二八年一二月二日の大礼観兵式の様子を伝えるラジオの実況放送で、昭和天皇の肉声が放送されたことが一度だけあった。ラジオ局は逓信局から注意を受け、それ以降ラジオ局は天皇の肉声がオンエアされるのに過敏となったという[*4]。逆に戦後の天皇は国民の前に姿を見せ、肉声を聞かせるだけではなく、とりわけ「平成」以降の明仁天皇は国民と接触する様子を積極的にメディアなども通しながら、国民に披露した。そういった戦後の天皇に比べれば、戦前の天皇は自らの姿や声を、明治中期までの巡幸を除いて国民に積極的に披露することはなかったのである。国民に向けて戦前の天皇が詔書などを通して自らの考えを示すことはあっても、頻繁ではなかったし、国民の心情に寄り添うように国民の目線に合わせて語ったりすることはなかった。

天皇が積極的に公の場に姿を見せて、日本国の、あるいは国民統合の象徴たらんと行動し、また発言しようと試みた戦後、とりわけ「平成」以降に比べて、敗戦までの明治・大正・昭和の三代の天皇は海外訪問などの一部の公務を除いて全くといっていいほど公の眼差しにさらされる場に姿を見せず、国民に向かって肉声を聴かせなかった。にもかかわらず、この戦前日本の天皇の方が圧倒的に日本人の内面にその存在感を認めることができた。それはなぜか。

戦前の国民は、天皇が多くを語らない分、「天皇とは?」、「天皇を統治者とする日本とは?」、「国体とは?」と、むしろ多く語ろうとし、また時には議論に及んだ。戦前と戦後の学校教育における天皇を扱う差は一目瞭然である。天皇にとっては他者たる国民(臣民)こそが、天皇について語り、天皇をめぐって思慮を費やしてきたのである。戦後の天皇が積極的・主体的に自らは何者なのかについて発言し、いかなる意味で自らが「象徴」なのかを証明しようとしたのに対して、戦前の天皇は逆に自分自身ではなく、他者である国民(臣民)自らによって何者であるかを語らせる存在であった。戦前の天皇が行動や発言を直接国民に見せなかったことで、その空虚な部分を戦前の国民は積極的、場合によっては主体的に埋めようとした。戦前の臣民に期待されたのは、臣民は単なる主権的権力に服属する消極的な存在ではなく、国家へ向けての求心力を求められる存在、もっとわかりやすく言えば、国家をわがものとし、だからこそその応分の犠牲を払うべく愛国心を発露する主体＝〈市民〉であることであった。このことは、天皇制にとっていかなる意味があったのだろうか。これこそが本書の大きなテーマである。

かくして、近代日本にとって天皇の臣民個人の内面＝精神は最大の争点となったのである。そこで本書でも注目するのは、君民の関係、すなわち国体である。君民関係のあり方はどのように論じられてきたか、どう認識されたか、そのことが近代国家にとってどういう意味を持ったか。そういうことが論点である。国体を取り上げる理由とその問題意識は、そういうところにある。

日本近代史において、国家権力の支配原理や支配秩序を明らかにするために、単に国家権力と国民個人との命令服従関係だけではなく、両者の教化と感化といったイデオロギー的・観念的な相互作用の様相を視野に入れた考察を行なってきた鈴木正幸は、統治権の総攬者たる天皇（君主）と国民（臣民）との関係論たる国体論議に注目した。ここでの国体論は、国家権力が国民個人に向かってほどこした国民教化の手段というより、社会的な強者に向かって社会的な弱者が自らの存在を正当化するためのイデオロギー的な防壁として機能したことに注目されたものであった。だから、鈴木はまずは大正期における友愛会やデモクラシーの旗手たる吉野作造による国体論に注目した。そこで示された国体論は、国体は不変だというものであり、君民同治論的な展開としての君民の情誼的・人格的関係を強調した君民一体論であった。[*5]

一九八〇年代に鈴木が近代天皇制研究のうえで注目した大正期の国体論は、第一次世界大戦以降の世界的な君主制廃絶の動きに対し、日本の国体がいかに民主制と適合的であるかを、君主制危機を受けとめた支配層やイデオローグが論じてきたものであるだけではなかった。鈴木がとりわけ注目する国体論で重要なのが、労働者などの民衆にとって自己実現の手段となる正当性の原理としての位置づけを与えられているということであった。支配イデオロギーとしての国体論の生き残り戦略として、それが民主主義と適合的であるというだけでなく、国体論が、民主主義を下から支える、民衆の主体性の手段であったという側面にも意を注いでいたのである。

吉野作造を初めとするデモクラットらにおいても、彼らの認識した君民関係論は君民が情誼的・人格的関係にあったということも、一九八〇年代に鈴木が明らかにしているところであって、今後の研究課題は、君民関係がなぜ情誼的・人格的関係でなければならなかったのか、それの意味するところは何か、という点にフォーカスを当てなければならないのである。[*6]

では、国体論の内実が君民の情誼的・人格的関係であったという点や、それゆえに君民同治・君民一体こそが日本のあるべき君民関係像であったという点は、いかなる意味を持ったのだろうか。これについて、鈴木は十分に掘り下げているわけではないが、国体論が大衆化していく契機として大正デモクラシー期に注目したという点は、やはり留意しておく必要がある。明治憲法制定過程で、明確に君民同治論（君民共治論）が否定されたにもかかわらず、大正期にはほぼ大きな思想的摩擦なく君民同治論が説かれ、並行して日本の君民関係は情誼的・人格的関係、すなわち法外の道徳的関係であったという趣旨の国体論が展開していくことに鈴木も着目したことはあらためて評価しておくべきだ。

問題は、大正期以降の国体論が君民の道徳的関係を説くものであったという点にとどまらず、そのことの意味をどう考えるか、なぜ君民関係は法的・制度的関係を超えて道徳的関係でなければならないとされたのか、このことを問うことであろう。国体というものが、天皇を神格性ある正統的な統治権の総攬者であることを神話と歴史に根拠を求めつつ正当化されたイデオロギーであったことを考えるなら、そこで展開される君民関係論は、主権国家と国民との命令服従関係の別の表現であるにとどまらず、道徳的源泉たる至高の君主とその教化を受け入れて感化される臣民との関係であるという意味も追加される。国家論・主権論の問題領域に主権者と国民個人との間の道徳的関係という問題領域が重なるということについて、十分な配慮が必要となるのである。国体論について考えるとき、国家論・主権論、そしてその問題の深化と関わる君民の関係認識論は不可欠となるのである。

国体論を主題にするということは、すなわち天皇統治や天皇について議論する者たちを主題にするということを意味する。戦前において天皇自身が自らの言葉で国体の定義やその中身を明確に語ったことはなかったが、その代わりに多くの官僚や知識人たちをはじめ国民が天皇統治について、天皇や国体について論じていた。この議論の連続と集積がさらに国体を確固たるものにし、天皇統治の正当性を所与のものにしていった。そういう意味で、天皇制とは、天皇のことというより、より本質的には天皇と対峙する国民、すなわちわれわれのことであった。

かくして、ここでも問題は国民の内面にもどり、その内面を焦点化する。

もう一つ、なぜ近代が国民の内面を問題にし、その「自発性」の発露を期待したか。それには一応の理屈があると思われる。権力とは、行使される対象が理性的な存在であることを前提に機能する。理性的ではない存在に近代の権力は無力に近い。すなわち人は理性を乱されるから支配されるのではなく、むしろ理性が働くから支配されるのだ。忖度や打算が服従に寄与するのは、われわれの経験するところである。忖度や打算が働くのは、十分に自分自身が理性的だからだ。国家権力が個人を支配するうえで、暴力や執拗な強制は実はコストがかかる。暴力や強制によるより、個人の自発性を引き出した方が国家権力の直接的な行使の出番は減るからだ。国民教育・国民教化というのは、理性的な主体、支配される客体へと国民を馴致する方法の側面を持つ。言葉を理解せず、意味を解さない者に要請や指示は無力だ。

日本史には、究極の「自発性」発揮の歴史がある。神風特別攻撃隊の歴史だ。特攻隊は「志願制」であったが、もちろん自由意思が保障されたうえでの志願ではなかった。しかし、だからといって暴力と強制だけで兵士を入隊させたわけでもなかった。上官が部隊の隊員たちを集めて目をつぶらせたうえで、特攻の「志願」を促し、都合が悪い者だけ手を挙げよと命じ、隊員個人に手を挙げさせにくい環境を作ってから全員を特攻に「志願」させたこともあった。[*7] あるいは最初の航空特攻隊の指令が一九四四年一〇月にくだって、「体当たり攻撃」の指揮官の任務を上官が部下に、目下の情勢を説明しながら依頼すると、依頼されたその部下は数秒間黙って考えたあげく「やらせて下さい」と答えたという。[*8] 実は一晩考えさせてほしいといって返答を保留し、周囲にまさか自分が指名されるとは思わなかったと驚きを漏らし、翌日再度上官から促されてようやく「承知しました」と答えたというのが真実だとの証言もある。[*9] いずれにせよ、暫時の黙考のあと任務を引き受けているのだが、この黙考の間に彼は動揺と逡巡と、しかしながら逃げられない環境と立場を悟り、任務を引き受けたということが想像される。

兵士を特攻に追い込んだ機序と機制とはいかなるものか。「志願」するように追い込み、同調圧力のなか断りにくい環境もあったと想像ができる。確かに国家権力による、剝き出しの単なる強制によってではないことは明らかである。特攻を依頼された者たちはいくぶんの逡巡を経て、日本の状況と自らが考える使命と置かれた立場と、さまざまな状況を勘案して受け入れているし、もちろんほぼ断れない状況と立場であるのに変わりはないが、それでも最終的には自分で理解・了解して、その事実上の命令を受け入れて「志願」ということに置き換えている。特攻隊員たちは、自分と国家との関係を自分たちなりに解釈し、了解する契機を経たうえで、その理不尽な事実上の「志願」の強制を受け入れたのである。このように特攻隊員たちは、文字通り外部的な力によってのみ強制されて死地に赴いたのではなかった。これは必ずしも天皇制イデオロギーだけでは解けないかもしれないが、近代日本の一つの終末がこういう出来事にいたったことについては、本書を執筆するうえで常に頭の片隅にあった。結局、航空特攻は一九四四年一〇月二一日から一九四五年八月一五日までの間に、最低でも海軍一九一六機、陸軍一〇〇三機、合計二九一九機が出撃して帰らなかった。そこでの戦死者は判明しているだけで海軍二五二五名、陸軍一三八八名、合計三九一三名であった。[*10]

とは言うものの近代日本において、やはり愛国心は自発的・主体的に発揮するものではなく、押し付けられるものであり、国家は国民に対して内面化されつくされるものではなく、どこまでも他者たる外部的権力であり続けた。国家をわが共有の公共団体と受けとめる感覚も、したがって弱かった。戦前の国民にとっても、国家はついには他者的な存在から脱することはできなかったように思える。そういう意味では、戦前であっても国民が国家に服従的であるのはしばしば方便であったし、面従腹背的であった。敗戦となり、「八月十五日」の「玉音放送」を聴いた国民のなかで、大人ほどその気分の切り換えはしたがって早かった。例えば一九二八年生まれの作家である田辺聖子は、大阪市内の自宅で「玉音放送」を聴いたあと、自分の母が「やれやれ、ホッホ」と漏らし、父は「早う大阪へ戻って商売せな」と「皇国」の敗戦にほとんど感慨を見せなかった姿を見ている。[*11] また、一九二七年生まれの俳優であった野村昭子は、東京の女子薬専の学生であった時に敗戦となり、学校で「玉音放送」を聴いたあと、ある教授が「やあ諸君、良い時代がきた」と明るい声で話すのを目撃している。[*12] 一九一〇年生まれの映画監督の黒澤明は、「玉音放送」を聴くために撮影所へ呼び出された際、その道中で見た光景が忘れられなかったという。「往路、祖師谷《そしがや》から砧《きぬた》の撮影所まで行く商店街の様子は、まさに一億玉砕を覚悟した、あわただしい気配で、日本刀を持ち出し、その鞘を払って、抜身の刃をじっと眺めている商家の主人もいた」が、その後「玉音放送」の内容が敗戦であったことが市民に知れ渡ると、「家へ帰るその道は、まるで空気が一変し、商店街の人々は祭りの前日のように、浮々とした表情で立ち働いていた」という。[*13]

ここで見られる大人たちは田辺や野村たちの親の世代であり、明治生まれの日本人たちであった。その大人たちは明治の教育を受け、いくぶんかは大正期のリベラルな空気を吸って育った世代の人たちであったはずだ。その反対に、田辺や野村ら一九二〇年代生まれの世代の若者たちは敗戦時（だいたい一〇代か二〇歳そこそこ）に、先に見たような大人たちの振る舞いとは対照的な言動を見せたのである。

例えば田辺聖子は、八月一五日に「嗚呼日本の男児何ぞその意気の懦弱《だじゃく》たる」と嘆息し、「我らはたとえ幾千の原子爆弾頭上に落下するも恐るるに足らず」と、抱いていた覚悟を表明し、「嗚呼、何らなすことなく徒らに双手を上げて、何処に三千年の伝統と美しき国体は存するや。一億必死の時至らば刺違えて死なんものをとまで思いつめ、全てを祖国へ捧げて来たものを」と日記に書いた。[*14] 野村昭子は、アッケラカンと敗戦を受けとめた先ほどの女子薬専の教授の発言に反撥し、「なにっ」と抗議した級友たちの声を聴いている。野村らは「生きて行くことは無意味だと叫び出し、〔略〕死ぬことを目的として宮城広場へと向った」という。[*15] 敗戦後、静岡県三ヶ日国民学校のある四年生（一九三五年頃生まれ）は、学校で教科書に墨を塗ることとなって、その黒々と教科書に墨が入っていくのを自分たちは「悔しくてたまらな」く感じているのに、教師が「少しも感情の動きを見せずに」淡々と墨を塗る箇所を指定する様を見て「不信を抱いた」と言う。[*16]

以上のような、一九二〇年代後半から三〇年代に生まれた者たちは、学校教育の修身や国史などの内容をまともに受け入れ、自らの人格の一部にしていた世代であったのではないだろうか。だから彼ら彼女たちは、本当に国のため天皇のために「玉砕」しようと考えていた。田辺聖子が日記にしたためた内面の吐露が、そのことを示す一つの事例であった。また、日本近世史家で一九三一年生まれの朝尾直弘は、「八月十五日」当日、昼間の「玉音放送」の内容はきっと「本土決戦」を呼びかける内容だろうから、その命令がくだったら、「おまえは覚悟し」て母と妹を殺し、「自決」せよと父から手紙をもらっていたのである。その母と妹はそんなこととも知らずに、朝から近くの海水浴場に出かけていた。[*17]

右に見られるような当時の子供や若者たちの言動は、自らを国家や天皇と一体化させた、あるいはさせようとした精神から出てきたものであり、その結果であると思われる。

さきの田辺や野村と同世代の作家に、一九二五年生まれの三島由紀夫がいる。彼は一九六九年五月一三日、東京大学教養学部九〇〇番教室で行なわれた東大全学共闘会議駒場共闘焚祭委員会主催の討論会で次のような発言をしている。

終戦前の昭和初年における天皇親政というものと、現在言われている直接民主主義というものにはほとんど政治概念上の区別がないのです。これは非常に空疎な政治概念だが、その中には一つの共通要素がある。その共通要素は何かというと、国民の意思が中間的な権力構造の媒介物を経ないで国家意思と直結するということを夢見ている。この夢見ていることは一度もかなえられなかったから、戦前のクーデターはみな失敗した。[*18]

三島は、「天皇親政」と「直接民主主義」とは「政治概念上の区別」はないと述べている。その意図とは、国民意思が「中間的な権力構造の媒介物」、すなわち国民の代表機関たる議会を経ないで統治権の総攬者たる天皇と直結することで、国民と国家意思（天皇の意思として表れる）とは無媒介につながり、両者一体化することとなるということを示す点にある。それを三島は「直接民主主義」と呼び、したがってそれは「天皇親政」となんら変わりはないと言ったわけである。本書でも、君民一体がこういった直接民主制的志向性と親和的であるということを論じようと思う。[*19] こういった「直接民主主義」と同質の君民一体論は、テロをも辞さない昭和戦前期の超国家主義者の君民関係論や、さらには戦前の無政府主義者の国体論と共通するものであった。

戦前の国体論に特徴的であったのが、天皇と国民とが精神的に一体となることを理想とする君民一体論であった。[*20] これは三島の言うように、その中間にある政治的な媒介物を排除することを希求するものであった。すなわち「君側の奸」の排除であった。この観念は、その媒介物が「奸」である以上、その排除の運動は無限であった。「君側の奸」排除の運動を無限に続けていけば、それは天皇と国民との間の政治勢力の存在の余地が無くなることを意味する。大正期の知識人たちのなかにはそれを「無政府」と呼び、無政府主義に引きつけた。[*21]

戦前の国民の内面に植えつけられていったかもしれない、こういった君民関係論的認識＝国体論と日本国憲法第一条に天皇が国と国民統合の象徴として位置づけられたこととは、全く関係がなかったのであろうか。一九四七年、憲法が施行された三か月後に文部省が中学校一年生の社会科の教材のために発行した『あたらしい憲法のはなし』で、天皇について「こんどの戦争で、天皇陛下は、たいへんごくろうをなさいました。なぜならば、古い憲法では、天皇をお助けして国の仕事をした人々は、国民ぜんたいがえらんだものでなかったので、国民の考えとはなれて、とうとう戦争になったからです」と述べられていた。[*22]戦争になったのは、国民と天皇の間にいて、国民から選ばれたわけではない政権が「国民の考えとはなれて」政治を行なったからと、『あたらしい憲法のはなし』では論じられていたのである。つまり、理想は君民一体であったが、「君側の奸」排除の不徹底が国を破滅に追い込んだということであった。こういった君民一体を理想とする観念が、戦後においても否定され反省されることはなかったのである。戦後憲法のなかでの天皇の象徴としての地位と戦前の国体とは、決して無関係であるとは言いがたくなってくるのである。

ここで、近代天皇制を支えたイデオロギー的基盤である戦前の国体をどう理解しておくかということについて、述べておきたい。

国体について、単に天皇制への国民の支持を取りつけ、国民を統合する手段としてそれを見るだけではもはや不十分なのである。むしろ、積極的に近代を創出し維持するために国体論がいかに機能したのかという点について考えておく必要がある。近代天皇制のイデオロギー的基盤であった国体は、主権国家にとってはたして阻害要因となるものであったのだろうか。

実体を持たない国体は、それゆえ国体について論じることを通して初めて姿を見せ、国体を論じることでそれに言及する者の内面に国体論的思考様式を刻印する。したがって国体について論じること自体が、国民の人格を陶冶する一助となるのである。国体論の中心は君民関係論なので、国体論にとって最も重要なのは君民関係についての認識論となる。君民関係論といっても、実はそこで説明されるのは君主の側ばかりとは言えない。むしろ国民について説明を重ねられていくことになった。天皇とは、統治権の総攬者にして、祖先を神話の世界に持つとされ、道徳的源泉たる神格性を有する超越的な存在である。君民関係論というのは、そのような天皇を起点にして、その天皇と相対している国民自身が何者なのかがしだいに説明されていくことで形成されるのである。国体論とは、そういう機序を有する。

統治権の総攬者たる天皇と一体と観念されていく国民は、戦前においては天皇を媒介にして主権と一体と観念されていく存在でもあった（天皇を媒介とした国民国家化）。近代天皇制のイデオロギー的な構成要素にとっても、国民の存在は決しておろそかにできないものであった。しかし、共和国の伝統を持たない日本にあって、国民自身を国家主権の中心にすえることもできなかった。近代日本が立憲制や議会制といった政体を導入し、その統治原理に民主的要素も取り入れていこうとする時、考えられたのは共和政に代わる国家の基本・土台をいかに準備するかということであった。例えば、津田真道や西周といった啓蒙思想家たちがオランダ留学で得たのが混合政体論（王政・貴族政・民主政の）であり、加藤弘之も同様に欧州から混合政体論を継承しつつ、日本風にアレンジして貴族政を排除して君民共治論を唱えていた。加藤の問題意識には、いかに君権専制を抑制するかという問いがあり、そのために国家は君主の私有物ではなく「天下の天下」たる公有物である必要があった。君権専制論に加えて、そのような混合政体論を警戒していたのが井上毅であった。[*23] かくして明治憲法体制はこういった君民共治論を否定して成立したのであった。その意味で、混合政体論たる君民共治論は日本風に形を変えた共和政論であったとも言える。

日本において貴族政が排除されるのは、そもそも近世段階で日本の貴族身分（領主）の徳川将軍に対する非自立性的性格による。だから近世においても武士土着論が論じられたり、近代になっても華族土着論や政治的中間層の欠如論が展開することとなる。明治憲法体制成立の前に否定された君民共治論は、実際はイデオロギー的には消滅することはなく、その後日本の政治思想に潜伏し、大正デモクラシー期には再び展開していくこととなる。それが本書でも取り上げる君民一体論としての君民共治論である。[*24] 君民共治論を否定して制定された大日本帝国憲法では、統治権の総攬者たる天皇と自然権の後ろ盾のない私権の主体たる臣民との関係は支配と服従の上下関係であることが前提となっていたが、「教育ニ関スル勅語」（教育勅語）では統治者としての天皇ではなく、したがって輔弼者のいない天皇個人が臣民個人に向けて自身の言葉を発し、臣民が個人としてその言葉を受け取るという関係が想定されている。そこには支配・服従の上下関係よりも、支配秩序から逸脱した、制度論では説明できない、道徳的で人格的な関係上の天皇と臣民の姿が想定されている。[*25]

共和制について一つ言及しておかねばならない。共和制自体は、君主が存在することを必ずしもさまたげない。歴史的にも君主と共和制は共存することもあった。[*26] 共和国であるということは、国家が市民共有の公共のものであるということである。言うまでもなく、日本は一度も共和国であったこともなく、近代日本の国家は共和国とほど遠い存在であった。しかしながら、天皇制イデオロギーやそれに依拠した政治思想のなかに共和主義的な一面はいっさいなかったのであろうか。自由民権家たちもまた、身分制が廃止され、私的所有権を付与された国民に対して、自由を説くだけではなく、国家を担う国民としての責務や愛国心を説いたのではなかったか。そういった国民の主体性を積み上げていった先に、国民公共の国家、すなわち共和国的な国家を夢想していたと言える。もちろん彼らとて、近代国家を樹立しようとした正当的根拠たる天皇の存在を無視するわけではなかった。だからこそ彼らの構想は、議会と君主の共同統治たる君民共治的国家に帰結していくのである。否定されたとはいえ、こういった共和主義的な思想と力学は近代天皇制のもとでもくすぶり、歴史の局面で運動となり、問題化して社会を動揺させた。天皇制は、それらを阻止せねばならなかったが、一方でそのようなイデオロギーの発露は天皇制を維持しつづけるエネルギーともなっていた。

明治前期とはいえ、国家論上の天皇の位置が共和政論的な議論と調和的であったのには理由がある。明治維新という変革を前提に単一の国家において立法をなすことのできる仕組みを確立するために、その立法行為がつねに一国全体の気脈を通じてなされることを保障してくれる立法以前の根拠の源が必要であった。その立法の根拠の源を担う者は、立法の担い手が誰であるかを根拠づける存在となる。なぜなら、立法の担い手が誰なのかは立法によってでは根拠づけられないからである。それは、ルソー『社会契約論』で言えば、「立法者」、それも最初の立法者と言える存在のことである。[*27] それは、国家における「異常の人」であり、神の権威に依拠する存在であった。いわば建国（共和国をつくること）にも似た行為を担える存在のことである。[*28] その最初の立法者にあたるのが天皇であった。国内上下一致して立法に当たり、そのことを建国の趣旨と調和させることができるのは、明治維新の趣旨が「王政復古」であり、そのことを前提に「皇国」の気脈を通じて上下同治させると謳ってきたからであった。[*29] 共和政を作るということは、こういう国家の根源的なことを掘り出す行為でもあったはずだ。

しばしば明治以降の日本で、議会制の起源について、それはすでに神代における八百万の神々による合議という形で始まっていて、何も西洋からの摸倣ではないと説かれる。岩倉具視は、「万世一系ノ天子上ニ在テ皇別神別蕃別ノ諸臣下ニ在リ君臣ノ道上下ノ分既ニ定テ万古不易ナルハ我カ建国ノ体ナリ政体モ亦宜ク此国体ニ基ツキ之ヲ建テサル可カラス」と述べて[*30]、絶対的な血統を根拠にする世襲王政であることを自明視したうえで、そのうえでの建国と政体の構築をなすべきだと主張する。

さらには議会制の伝統は、日本では「神代」にさかのぼるとも、岩倉は主張する。すなわち、「議事院ヲ設置スルハ欧米各国ノ風ヲ模擬スルカ如シト雖決シテ然ラス我ガ皇国ニ於テ公論ヲ採ルハ既ニ神代ニ昉《はじ》マレリ」と[*31]。議会制（議会制民主主義）を正当化することを目的として、八百万の神々による合議制の展開という神話的世界を引き合いに出しているのである。

つまり、日本の一般意思の発見者としての天皇がこういった神話的世界に位置づけられることで、一般意思の発見者としての地位が、歴史の前にこの日本という共同体の所与のものにされているのである。議会制を機能させる基底となる合議制の導入は、日本の社会に始原から約束されたものであって、近代にいきなり始まったものではないという擬制である。これは、ルソー『社会契約論』における「最初の約束」というものにつながる[*32]。国家は国民協同の結合体であると考え、首相公選論も主張する、共和主義的な思想を展開していた敗戦直後の中曽根康弘もまた、民主主義にはそもそもの「根柢」があると考えて上代以降の君民一体としての関係の歴史を重視する。中曽根は岩倉具視や矢部貞治と違って、神代ではなく上代以降の君民関係を重視する。天皇を主体性ある「人間」として見るからだ。これはさらに、第六章で詳しく論じることにしよう。

王政といえば惰性的に世襲制であると思いがちな日本では、王を選挙によって擁立するというのは、なかなかなじめないかもしれない。しかし前近代西洋史において選挙王政は珍しいものではない。西洋世界の、とりわけ中東欧史における「王のいる共和政」が成立した国々では、特に中世において選挙王政がかつて樹立されていた。[33] むしろ近代日本は、世襲・血統・神話といった非合理的な原理に依存する君主制を意図的に選択し、作為的に作っていったとも言える。そのように改めて考えて見ると、明治憲法下での世襲君主制の規定はとてもよく考えられた仕組みで、もちろん単なる惰性で創られたものではない。一八八九年二月一一日の大日本帝国憲法発布の日に明治天皇によってくだされた「大日本帝国憲法の上諭」には次のようにある。

朕《ちん》祖宗ノ遺烈ヲ承ケ万世一系ノ帝位ヲ践《ふ》ミ朕カ親愛スル所ノ臣民ハ即チ朕カ祖宗ノ恵撫慈養シタマヒシ所ノ臣民ナルヲ念ヒ其ノ康福ヲ増進シ其ノ懿《い》徳良能ヲ発達セシメムコトヲ願ヒ又其ノ翼賛ニ依リ与ニ倶ニ国家ノ進運ヲ扶持セムコトヲ望ミ[34]

絶対的な血統を根拠にする君主であるということを臣民としての国民にも理解させたうえで、その君主に翼賛して共同で国家を運営することを天皇自身が要請するものである。

大日本帝国憲法は実際に第二条で「皇位ハ皇室典範ノ定ムル所ニ依リ皇男子孫之ヲ継承ス」と皇位の世襲制を定め、さらには日本国憲法の第二条においても「皇位は、世襲のものであつて、国会の議決した皇室典範の定めるところにより、これを継承する」と、やはり戦後においてすら世襲制を堅持している。すなわち、皇位が世襲制であるという点は、民主主義や立憲主義の圏外に存するものであるということだ。

そもそも幕藩体制を転覆させ、天皇親政という名分を押し立てて成立した明治国家は、貴族政という中間的な政治システムは「幕府」的なものとして排除させるしかない存在であった。したがって天皇を翼賛する機関以外に、天皇から自立した政治集団の存在の余地は国家の統治機関にはなく、貴族政の一定の自立性への依存を前提とする、混合王政につながる選挙王政の余地は、日本においては一切なかったのである。

井上毅も憲法制定過程の一八八七年四月に、日本の王権は諸外国と異なって憲法外・憲法以前的な存在であると述べている。

各国ノ憲法ハ、多クハ其国ノ創始ノ際、又ハ其国ノ変乱ノ後ニ成レル者ニシテ、王権ハ民権ト共ニ此ノ憲法ニ倚頼シテ始メテ成立シ、或ハ少クトモ存立ヲ淂タル者ナリ。是レニ反シテ、我国ハ、民権ノ成立ハ憲法ニ倚頼スト雖、王権ハ、決シテ憲法ノ力ヲ仮リ始メテ成立シ、又ハ存立スル者ニ非ス、各国ハ憲法アリテ王権アリト謂フヿヲ淂ヘキモ、我国ハ王権アリテ始メテ憲法アル者ナリ。[*35]

明治政府の法律顧問であったドイツのモッセも一八八七年二月二二日に井上毅に対して、天皇統治の「至尊」(すなわち sovereignty)はいわば「創造の伝統」ではなく旧来から国民の内面に刻印され、そのうえで君民が徳義上の関係を有していることを憲法上に書き込むのは必要がないばかりか、それは「弊害ヲ生スヘシト信ズ」と、君民の道徳的関係は憲法外で構築されるものであると主張しているのである。[*36]徳義的な君民関係がむしろ制定憲法や立憲主義よりも先行して存在することが、この場合重要であった。その関係は憲法には明記されず、教育勅語(天皇個人の社会的著作広告=立憲主義の圏外)の内容に委任される。法外の存在たる教育勅語の律する道徳的関係にこそ、立憲主義や憲法秩序に先行する重要な君民関係、すなわち国体が存するとされていたのである。

最後に本書のテーマと関わる論点について、触れておこう。天皇制とデモクラシーは同居・調和できるかという近代天皇制研究での問いについてである。私は前著[*37]において、大正期のデモクラットたちが、国体を所与のものとして位置づけたからこそ、そのうえで自由に民主主義を構想できたことに注目した。むしろデモクラシーは、近代天皇制国家の基盤たる国体によってその根拠を与えられていたと考えるべきなのである。

詳しくは本論で触れるが、大正期を代表するデモクラットである吉野作造でも、立憲主義的な代議政治論を唱えつつ、天皇主権と君主国体を自明なものと認めていたのである。民主主義以前に国体があると考えた吉野にとって、日本の国体はヨーロッパにおける共和国的なものと同等の次元、つまり国家にとっての基底の位置にあった。吉野にとって、ヨーロッパにおける共和政と日本の国体とは主権の所在が異なる点で違いはあるものの、両者とも国家を根源的に支える基盤であるという位置づけがなされている点で共通していた。すなわち、共和政も日本の国体も、民主主義にとっては基底に位置づけられるということであった。このように考える吉野らにとっては、国体と民主主義とが適合的であるというより、もはや日本の国体は民主主義の前提であると考えていたと言った方がいいのではないか。

かくして本書では、日本の国体が天皇と国民との情誼的・人格的関係といった法外の道徳的関係にあるということを明らかにするものではなく、そのことを議論の出発点にして、そのような君民一体論が近代日本にどのような意味をもったのか、主権国家にとって国体とは何か、なぜそれが人格の主体どうしの法外の関係として描かれなければならないのかということについて考察していくこととする。

また本書が分析対象とする時期は、明治憲法制定期から一九五〇年代にかけてとなるが、戦前と戦後は「断絶」しているのか「連続」しているのかという議論はしない。明治憲法体制と日本国憲法体制とは、その依って立つ原理と構造は異なるからである。同じ分析対象でも、異なる原理と異なる構造にはめこめば、自ずと異なる機能を有し、異なる働きをする。単に、連続しているとか、断絶しているというわけではないのである。

さて、本書では、思想的に系譜の異なる知識人や政治家が登場する。そういう意味では分類されていない状態の対象が、整理されないで分析の俎上に上がっているように見える。確かに同じカテゴリーに整理して論じた方が、一見わかりやすいのかもしれない。しかし、問題は整理することではない。しょせんは人はすべて異なるのだ。すべて異なるということになれば、逆にいえばすべて相対的な差異を持つ者どうし同じ分類に入れて議論してもいいということにもなる。「同じ分類」とは、この「日本」ということであり、一九世紀から二〇世紀という日本の近代の時代に存在したという意味で「同じ分類」ということになる。

では問題は、個々に異なる思想や政治的立場にもかかわらず、なぜ同じ土俵を共有するのかということだ。その違いにもかかわらず、同じ土俵を共有するのはなぜかということへの問いが重要なのだ。差異ではなく、共通していることの根源的な理由が明らかにされないといけない。

歴史研究は、物事や考え方を整理するというより、むしろまとまりかかっていた事態をかき乱し、混乱させる役割を果たす一面がある。人に、安易に〝近道〟をさせず、迂遠な道を選択させる、そんな効果がある。そもそも、物事を考えるのに過去に戻るのだから、本来はやはり歴史研究はそうあるべきだろう。本書も、そういう役割の一端を担うことができれば幸いである。

第一章　明治憲法体制のなかの天皇制
——主権と臣民

1　主権国家とは何か

主権国家とは何か。すなわち日本に即して言えば、天皇親政を国是とすることで成立した主権国家としての明治国家とは何か。

もちろん、ここで問題にしたいのは教科書的な定義のことではない。明治維新によって成立した国家が、それまでの幕府や藩に代わって同じ領域の人民に対して新しい統治者として臨むのに、どのようなメカニズムや原理によってそれは当該人民に受け入れられるのだろうか。問題にしたいのは、そのような問いについてである。一つ考えてみたいのは、主権を主権たらしめる存在たる、統治行為の受け皿としての人民、言いかえるなら命令の服従者は、どのようにしてその統治を受け入れるのかということだ。

そのように考えてみた時に、統治を受け入れる人民が対峙しているのは抽象的な国家であるとは限らないということだ。主権とは別に、主権の代位者たる主権者が存在する。主権それ自体は実体のない抽象物である。主権というのは sovereignty であり、sovereignty というのは「至高」であった。「至高」なるものが、つまりは主権であった。「至高」という主権は抽象的な存在であるがゆえに、それに実体を与える存在が必要であった。すなわち主権の代位者のことである。この代位者こそが主権者であった。明治維新以降、日本国憲法制定以前の日本では主権の代位者たる主権者は、もちろん天皇であった。近代日本を素材にして考究すれば、主権国家とは何かという問いは、すなわち具体的には、天皇が主権者として成立する国家とは何かということを問うことと同じなのである。

慶応三年一二月九日（一八六八年一月三日）、「王政復古の大号令」により将軍職や幕府などが廃止され、理念的には天皇が代わってすべてを統御することとされた。それから七八年後の一九四六年元日に昭和天皇による「新日本建設の詔書」が発布された（いわゆる「人間宣言」）。「王政復古」に始まる近代天皇制は「人間宣言」でイデオロギー的に大きな変質をとげた。さらに、それから七〇年後の二〇一六年八月八日に明仁天皇が「生前退位」を示唆する談話を発表した。この合計約一五〇年という時間の持っている意味を考えることは、本書の一つのテーマであるが、本章では主権者と国民、あるいは君主と臣民との関係について考えていくことから始めてみたい。また、天皇はそこでどのような役割を果たすものと期待されていたのか。それらのことについて、天皇論や国体論の観点から考えてみたい。

そこで、「王政復古」で近代国家が始まることの意味とは何か。つまり、「近代」なのに「王政」に「復古」することを宣言するということの意味とは何かである。

2　教育勅語のなかの君民関係

「自今摂関、幕府等廃絶」し、「諸事神武創業之始ニ原《もと》ツ」くことを宣言した「王政復古の大号令」では、新しく政権を樹立するにあたって徳川幕府の制度を否定するにとどまらず全ての統治機構は「神武創業之始」に回帰することが謳われた。[*1] すなわち、これまでの歴史を〝初期化〟することが宣言されたのである。

そして、次のことが言い渡された。

一旧弊御一洗ニ付、言語之道被洞開候間《どうかいせられそうろうあいだ》、見込之向ハ、不拘貴賤無忌憚可致献言《きせんにかかわらずきたんなくけんげんいたすべし》、且人材登庸第一之御急務ニ候故、心当之仁有之《これあり》候ハ、早々可有言上《ごんじょうあるべく》候事、

一近年物価格別騰貴、如何トモ不可為勢《なすべからざるいきおい》、富者ハ益富ヲ累《かさ》ネ、貧者ハ益窘急《きんきゅう》ニ至候趣、畢竟《ひっきょう》政令不正ヨリ所致《いたすところ》、民ハ王者之大宝、百事御一新之折柄、旁被悩宸衷《かたわらしんちゅうをなやませられ》候、智謀遠識救弊之策有之候者《そうらわば》、無誰彼可申出《だれかれなくもうしいずべく》候事、[*2]

新政府の頂点に立った天皇は、幕末の政局において社会が混乱するなか、強者の側ではなく最も困窮する弱者である貧者の側に自ら立ち、「民ハ王者之大宝」であると宣言するのである。「神武創業之始」に親政の範型を求めた新政府のもと、「王者之大宝」として位置づけられた「民」が天皇と復古的にして新たな関係を取り結ぶこととなった。かくして復古や回帰を装う新しい歴史が、その君民関係を基軸にその後蓄積されていくことになった。

実際に、その「王政復古」を起草した一人、岩倉具視が翌年に提案した「政体」案に「議事院」を設けることが記されていたが、ここでは「議事院」とは何かが語られていた。「議事院」、すなわち議会とは、外国を模倣したものなどではなく、「皇国」では神代にすでに始まっていた制度を復興するものだと説明している。いわく、

議事院ヲ設置スルハ欧米各国ノ風ヲ模擬スルカ如シト雖決シテ然ラス我ガ皇国ニ於テ公論ヲ採ルハ既ニ神代ニ昉《はじ》マレリ〔略〕抑《そもそも》大政維新ノ鴻業ハ何ニ由テ成就シタルカト言ヘハ即チ天下ノ公論ニ由テ成就スト言ハサルヲ得ス[*3]

と。
　公論を議する制度を設置するにも、神代にすでに「昉マ」っていたことを〝根拠〟にそれを正統化するという回帰の〝物語〟が起点とされたことがわかる。旧来の制度・組織・慣行のすべてを否定した王政復古は、単なる過去への復古で飽き足らず、井上勲の言葉を借りるなら、「歴史を過去にさかのぼって、そのはての、神々の姿がみえかくれする伝承時代」にまで新国家出発の起点をさかのぼらせた。その復古の姿勢は徹底していて、比喩的に言えば、国家を理念的には〝初期化〟したとまで言えるほどであった。すべてを無にしたが、ゆいいつ天皇家の姿だけは消し去らなかった。〝初期化〟されてもなお残った神武天皇は、国家という文明の根源的な根拠とされた。だからこそ、明治維新から明治憲法制定までのプロセスは、神武天皇の極限までの神格化の試みの歴史であった。一八七三年の紀元節制定、一八七七年大和行幸と紀元節での神武天皇陵親裁、そして一八九〇年の橿原神宮の創建、さらにはそれ以降の橿原神宮神苑化構想（周辺村落の立ち退き問題を含む）という一連の動きは、神武天皇の神聖化とそのことを根源とする主権国家形成（立憲君主制確立）のための壮大な国家的演出であった。[*4]
　近代国家権力生成のメカニズムを解こうとしている小関素明は、近代国家権力とは非人格的・非人称的存在であると指摘する。[*5]ただ、臣民はその国家権力を君主との関係を通してイメージしようとすることもある。その時、臣民の抱く君主のイメージが、非人格的な国家権力観に代わって国家権力を実体的なものとして臣民に観念させるのではないか。そうすると、臣民にとっては国家との関係はすなわち君民関係であるということになるだろう。
　私は、この君民関係が法的・制度的な硬性の関係というより、道徳的で人格的な結合体としてイメージされると考えている。[*6]この点への着眼が肝要であるということを、まずは強調しておきたい。天皇が人格的な存在として臣民に認識されることにより、もう一度国家が君民の人格的な関係を基礎に構成されるものと臣民たちに観念させるのである。

法や制度の外部、すなわち人民の精神への作用としての教化やさらに感化という程度の領域で及ぼす天皇存在の意味については、よく知られているように福沢諭吉が言及している。一八八二年に発表された『帝室論』における福沢の持論は、「帝室は政治社外のものなり。苟《いやしく》も日本国に居て政治を談じ政治に関する者は、其主義に於て帝室の尊厳と其神聖とを濫用す可らずとの事」[*7]であり、政治に「帝室の尊厳」や「神聖」をもちこんで濫用しないということであった。したがって帝室（天皇）は万機に直接あたるものではなく、「統《すべ》る」ものであった。[*8]福沢が言うのは、天皇が百官に逐一指示を出して政治行政に容喙するのではなく、超越的な存在として君臨して国土全体を統御するというものであった。

議会制の積極的な導入論者であった福沢は、政治上の争論に帝室の「尊厳」や「神聖」さを持ち込むことを戒め、帝室の存在を「政治社外」に鎮座させて超越させようとした。しかし、それは帝室の存在やその役割を無視したからではなかった。それは次の福沢が論述するところでわかる。

> 国会爰《ここ》に開設するも、其国会なる者は民撰議員の集る処にして、其議員が国民に対しては恩徳もなく又武威もなし。国法を議決して其白文を民間に頒布すればとて、国会議員の恩威竝行《ならびおこな》はる可きとも思はれず、又行はる可き事理に非ざればなり。国会は直に兵権を執るものに非ず、人民を威服するに足らず。国会は唯《ただ》国法を議定して之を国民に頒布するものなり、人民を心服するに足らず。殊に我日本国民の如きは、数百千年来君臣情誼の空気中に生々《いきいき》したる者なれば、精神道徳の部分は、唯この情誼の一点に依頼するに非ざれば、国の安寧を維持するの方略ある可らず。即ち帝室の大切にして至尊至重なる由緒なり。況《いわん》や社会治乱の原因は常に形体に在らずして精神より生ずるもの

多きに於てをや。我帝室は日本人民の精神を収攬《しゅうらん》するの中心なり。[*9]

福沢は、国会は立法府であって、「人民を威服」させたり「心服」させることができるわけではないと言い、そういった「精神道徳の部分」は「数百千年来君臣情誼の空気」に依存するものであると述べるのである。なぜなら、「我帝室は日本人民の精神を収攬するの中心」であるからであった。なぜ、帝室は日本人の精神を収攬、すなわち掌握して統御できるのか。それは、日本人（「我日本国民」）がこれまで「数百千年」のあいだ君民の情誼的な「空気」のなかで「生々し」てきたからであった。日本人に、君民情誼的な関係の展開という所与の精神構造を認め、それゆえに帝室は政治社会の外部に鎮座しながら人民を心服させることができる。これが福沢の説明であった。

福沢は一部の尊王論者が言うように、帝室は日本固有のものだから尊いのでも、そもそも尊いから尊いのでもないと考えていたが[*10]、だからといって帝室を飾り物にしておいてよいとも考えていたわけではなかったのである。福沢が模範とするイギリス流の立憲君主制構想のなかに、そういった日本人の精神に帝室が道徳を与えて収攬するという役割をしっかりと位置づけていたのである。議会制の導入が具体的に国家的プロジェクトとして日程にあがった時、福沢はその議会ではとうてい担えない、人民を威服・心服させる精神道徳の供給源としての機能を、帝室が日本の歴史に君臨しながら担ってきたことを想起しようとしたのである。

福沢は次のようにも述べている。

人或は我帝室の政治社外に在るを見て虚器を擁するものなりと疑ふ者なきを期す可らずと雖ども、〔略〕帝室は直接に万機に当らずして万機を統《す》べ給《たも》ふ者なり。直接に国民の形体に触れずして其精神を収攬し給ふものなり。専制独裁の政体に在ては、君上親《みず》から万機に当て直に民の形体に接するものなりと雖ども、立憲国会の政府に於ては、其政府なる者は、唯全国形体の秩序を維持するのみにして、精神の集点を欠くが故に、帝室に依頼すること必要なり。人生の精神と形体と孰《いず》れか重きや。精神は形体の帥《すい》なり。帝室は其帥を制する者にして、兼て又其形体をも統べ給ふものなれば、焉《いずくん》ぞ之を虚位と云ふ可けんや。[*11]

福沢は、具体的な憲法の制定作業が始まろうとしたとき、制度や組織以上に精神を重視しているように思える。すなわち、「精神は形体の帥」であると断言しているところからもわかる。右に言うように帝室は「政治社外」にありつつ、つまり「直接に国民の形体に触れずして其精神を収攬」するものであるが、政府それ自体には人々の精神を集約する機能はないので、それは「帝室に依頼する」必要があるというわけである。

福沢は『帝室論』において、帝室にはどのような役割と機能があるのかを語った。さらにそれから六年後、今度は『尊王論』を発表した。ここでは、帝室の存在意義を前提にしたまま、国民たるものいかにあるべきかが説かれている。福沢は、基本的に日本の人民を近代政治の主体としては信用していない。福沢によれば日本人は、「幾千百年来大人の指示に従ふの習慣を成したる者」であって、したがって「能く多数の命ずる所に服す可きや否や」、すなわち多数ゆえ決定された事項に従う習慣を新たに受容することについては「心配」になるところであった。それゆえ福沢は、多数の決定について日本人をしてそれに「甘服伏従」させるために、その決定に「一種の神霊を附」すことが、やや疑いを持ちながらも必要であると認識していた。[*12]議会制度の導入での福沢の心配事は、こういった多数への服従への習慣を欠いてきた日本人の政治社会的順応性の欠如であり、それについては十分日本人を信用していたわけではなかったのである。だからこそ福沢は、それを補足するために帝室の役割に注目したのである。

帝室を信頼する理由はいくつかあった。まず一つは、「政治は一時政府の政治」であるのに対して、「帝室は万世日本国の帝室」であったことである。だから福沢はこのような「事実」をふまえたうえで「帝室の神聖は政治社外の高処に止まりて広く人情の世界に臨み、其余徳を道理部内に及ぼして全国の空気を緩和せんこと」を希望したのである。[*13]次の一つは、帝室の「尊厳神聖」によって人心収攬や「民心緩和」をなしとげようとすることで、政治社会上の「百般の競争を其極端」にいたらないように防ぐことができると考えたからであった。福沢は「人間世界の安寧」を阻害するのは「極端論」であり、その「極端論」をできるだけ事前に排除するためにも帝室の「尊厳神聖」が人心の間に浸透する必要があったと考えた。[*14]そして今一つの理由は、政府が「国民有形の部分を司」るのに対して、帝室は「無形の人心を支配するもの」であるというものであった。[*15]

以上のように、福沢が近代国家建設にあたって皇室の存在を積極的に政治社会システムに組み込むのは、極論と極論とが多数派形成のために政治社会上で対峙する弊害を前提にし、その弊害を事前に排除するためにこそ「至尊」なる皇室の存在を必要としていたからだということがわかる。したがって、むしろ皇室の活用は、そのような弊害が噴出する議会制にとってこそ必然的であったといえよう。

議会制の積極的な導入論者にしてイギリス流議院内閣制論者の福沢でさえ、天皇（皇室）の国民精神への道徳的作用については、むしろ議会制導入にとって不可欠で重視すべき国家的機能の一つであった。

憲法草案の策定過程から熱心にドイツ人法学者に質問をし助言を得ていた井上毅が、大日本帝国憲法が公布された二か月後の一八八九年四月にアルベルト・モッセに憲法と徳義との関係はどうあるべきかを尋ねている。そもそも憲法とは何かという、近代国家にとっての根本的な重い問いに対して、モッセは四月二五日に次のように答えている。

「エーリング」氏亦曰ク、凡ソ法律ノ威権ハ、何ノ国ニ在テモ、人民ノ法律ヲ遵行スル徳義ト并行《へいこう》ス。徳義薄弱ナレハ、随テ法律鞏固《きょうこ》ナラス。徳義厚強ナレハ、随テ法律鞏固ナリ。法律ノ鞏固ハ、国ノ何レヲ問ハス、人民自得ノ事業ナリ。法律ノ鞏固ハ、国ノ沿革ヨリ人民ニ贈与シタル貨物ニ非ス。辛苦艱難ヲ経テ得タル所ノ貨物ナリト。此ニ由テ之ヲ観レハ、国家ノ法律ヲ遵行セント欲スル君主ノ誠実ナル意思ト、人民ノ法律ニ服従セント欲スル義務心ト、人民ノ愛国心トハ、憲法ノ最良倔強《くっきょう》ナル保障ナリ。[*16]

「エーリング」とは、もちろんドイツの法学者で、『権利のための闘争』などの著作で知られるルドルフ・フォン・イェーリングのことであるが、モッセはイェーリングの言葉を参照しながら、憲法の「威権」は人民が法を遵守しようとする「徳義」に依存すると述べる。また「国家ノ法律」を遵守しようとする君主の「誠実ナル意思」、人民が「法律」に服従しようとする「義務心」、さらに人民の「愛国心」、これら三者は憲法の最良で強靱な保障であると述べるのである。君主自身の誠実な意思、人民の法に服従する義務心、人民の愛国心とが憲法を強靱なものにする条件であるという点については、吉野作造の「国家魂」なる概念と関連するので、後述することとする。ともあれ、井上はモッセから、憲法がいかに機能するかは、人民の遵法精神などの徳義に依存するということを理解しつつあった。これは、帝国議会開設の直前になぜ「教育勅語」が発布されたのかに関わる。[*17]

第一回帝国議会開会直前の一八九〇年一〇月三〇日に発布された「教育ニ関スル勅語」（教育勅語）では、君民・父子・長幼・夫婦・朋友の間の倫理、すなわち五倫のほかに、公益や博愛精神などの徳目が説かれた。[*18]

教育勅語については、その勅語の内容に注目が集まりがちであるが、その内容の特徴もさることながら、徳目をどのような規範構造のなかで説いているかということがきわめて重要なのである。教育勅語は「朕惟フニ」から始まり、明治天皇の思惟が披露されている格好となっている。そして、教育とは何かということがまず述べられる。すなわち、皇祖皇宗が国を始め、同時に徳を樹立させたとし、また国民も忠義と孝行を実践しながら心を一つにしてきたことが日本の国体の素晴らしいところであり、そのような国体に淵源するのが教育だと、勅語では語られるのである。ひと言でいえば教育とは、国体の精髄の国民的実践なのであった。

そのうえで教育勅語では先ほどの徳目が説かれ、その徳目を受けて、「是ノ如キハ独リ朕カ忠良ノ臣民タルノミナラス又以テ爾《なんじ》祖先ノ遺風ヲ顕彰スルニ足ラン」と述べるのである。つまり、その徳目を実践することとは、明治天皇の「忠良ノ臣民」であるばかりではなく、臣民自身の「祖先ノ遺風ヲ顕彰スル」ことを意味すると語られる。なぜ国体に沿って各徳目を実践することが天皇に対する忠義にとどまらず、臣民自身の「祖先ノ遺風ヲ顕彰スル」ことにつながるのか。それは、天皇の祖先たる皇祖皇宗と臣民の祖先が互いに協同で日本という国を維持してきたという歴史が前提となっているからであった。だから、忠実な教育の実践は、臣民たちの祖先の「遺風」を「顕彰」することとなり、同時にそれこそが「皇祖皇宗ノ遺訓」でもあるということになっていたのである。つまり明治天皇が説く臣民としての「徳」とは、明治維新以降の政治が作り上げたものではなく、悠久の古から君民両家が協同で育んできた両家の家訓であったということなのである。統治者と被統治者という公法的な関係ではなく、皇室と人民の家どうしの関係の間で醸成されてきた「徳」であったということになろう。ここには、教育が、悠久の過去から維持されてきた君民協同の倫理実践であるということが踏まえられていると考えられる。

教育勅語には、他の詔勅類にはある、国務大臣たちの副署がなかった。そのことの意味については井上毅自身が、「今勅諭（教育勅語のこと――住友）ヲ発シテ教育ノ方嚮《ほうこう》ヲ示サル、ハ政事上ノ命令ト区別シテ社会上ノ君主ノ著作公告トシテ看《み》ザルヘカラズ」と、教育勅語の草案作成を井上に命じた山県有朋首相に述べたように、[*19]教育勅語を立憲主義による制約の対象から除外する意図があったことは注意すべきであろう。その代わりに教育勅語を「社会上ノ君主ノ著作公告」、すなわち天皇個人による社会的次元での「著作公告」と位置づけたのである。国務大臣の副署がないということは、統治権上の行為ではないということであり、個人的な「著作公告」ということはいわば公法上の行為ではないということにされていた。

このように教育勅語は、立憲主義の枠組からはずれた、単なる天皇個人の社会的な広告であるとされたのである。国家権力を維持するための君民間の支配―被支配関係が両者の道徳的関係より発生したもののようになり、それを明治天皇個人が説明するという格好になっていたのである。

また教育勅語は、単に忠君愛国や親への孝行を説いた文書ではなく、天皇家と臣民の家とがともに「天壌無窮ノ皇運ヲ扶翼」するという目的のためにそれぞれの徳目を実行すること、そしてそれらの「道」は「皇祖皇宗ノ遺訓」にして「子孫臣民ノ倶ニ遵守スヘキ」こととして、徳目実行が君民相互の祖先間の〝契約〟であったことを示している点が特徴であった。

教育勅語に示された「徳」を実行することは、君民双方の祖先の「徳」を顕彰することになるというのは、一種の君民両家の〝契約〟であった。教育勅語が臣民に求めるのは、そういう「徳」の実行であり、そのような「徳」を過去から発見し、それを語っていくことでもあった。すなわち、中心にいる天皇の主体性がものをいうというより、そういう「徳」の実行者であり、天皇を翼賛的に支える臣民一人ひとりの主体性こそが天皇制を構築しつづけることになるのである。参政権を得る臣民の人格陶冶のあり方が、範型も公準もない全き自由な空間ではなく、議会制の導入の前にすでにこのような君民間の〝契約〟によって基礎づけられ条件づけられることになったのである。

その後、教育勅語に関しては多くの衍義書《えんぎしょ》（注釈書）が出版された。すなわち、明治天皇の「著作広告」の意味をそれぞれの論者が〝解釈〟することとなったのである。その意味で、天皇の意図は天皇自身によって十分に説明されるというより、あまたの臣民による〝解釈〟によって構成・構築されていったといってもよいだろう。天皇はヴェールに包まれる「空虚なる中心」であるがゆえに、その空隙を埋めるために、本来は天皇にとっては他者であるはずの臣民が、その自らの言葉で空隙を埋めていこうとすること、つまり臣民たちのあまたの言説（「天皇とは……」、「国体とは……」などの）で溢れること、そのことで天皇制は再生産されていくことになった。中心が空虚であればあるほど、その空隙を埋めんとする主体性が立ち上がり、天皇制は循環論法的に維持された。

戦前日本の国家が立憲主義の体裁を整えた、いちおうの近代国家だとすると、それは一八九〇年代に憲法と近代法が整備されて成立したものだということができる（刑法は一八八〇年公布だが、一八九〇年裁判所構成法・行政裁判法・民事訴訟法・商法・刑事訴訟法、一八九八年民法・戸籍法、一八九九年国籍法が公布された）。

では、主権者となる天皇が国家を統治する主体となることを「王政復古」として、なぜ近代国家を成立させるに先行して宣言されなければならなかったのか。さらに、「王政復古」に始まる天皇統治の正当性を否定する昭和天皇による「人間宣言」が、なぜ主権在民を保障する日本国憲法の制定に先行して発表されなければならなかったのか（後者の問いは第六章で論ずる）。

この点については小路田泰直が指摘したように[*20]、民主政それ自体を国民レヴェルで肯定させるために、その政体が神代にすでに約束されたもの、つまり一種の「原始契約」であったとすることで、民主政を根付かせる意図があったとするのは興味深い指摘であった。すなわち、多数決に参加する人々に多数決原理を合意させることなしには多数決原理は機能しないが、ただし多数決原理それ自体を承認するための方法だけは多数決ではなく全員一致の合意でなければならないとする議論である。

さらに言うと、近代国家成立よりも「王政復古」が先行したことによって、国家の制度や機構に国体が先行する。「万機公論に決す」（五箇条の誓文）よりも「諸事神武創業之始ニ原ツキ」（王政復古）が先行するのであって、決してその逆にはならないのである。すなわち、そのことで、国家という無機質な団体への服従という臣民の行為は、国家の創業者との紐帯に根拠があり、日本民族の個々の人格にその紐帯を承認する感性が埋め込まれることになった。そのことが臣民本来の属性として位置づけられることで、君民関係が対立のない、すなわち服従や隷属というものがない、あたかも君民両者が一体のものであるとの「物語」を近代天皇制国家は作ることができたのである。

かつて、近代天皇制を顕教（国体論）と密教（立憲主義）の両側面から論じる議論があった。[*21] ここで改めて注目するとすれば、この両者の関係はいかなるものであったか、そして両側面は交わることがなく、とくに密教的側面は社会的基盤を持たなかったのかということを肝要な点としてあげることができる。

顕教的側面は「天皇を無限の権威と権力を持つ絶対君主とみる解釈のシステム」であり、密教的側面は「天皇の権威と権力を憲法その他によって限界づけられた制限君主とみる解釈のシステム」であった。[*22] 顕教的側面は教育勅語によって構成されんとし、密教的側面は大日本帝国憲法によって構成されんとしていたといえる。

このような顕教・密教二元論は、両者はパラレルな世界の統括原理であるかのように見える。しかし、これは必ずしもそうではないのではないか。密教の次元では天皇と臣民との関係は治者と被治者という関係であったが、顕教の次元ではその関係を超えて、道徳的で人格的な結合体として語られることが多かった。

天皇は、建前としては国民を慈しみ、国民は天皇を敬愛するということになっていて、しかもこの両者の祖先同士がずっとそうであったと教育勅語では説明している。例えば、「一旦緩急アレハ義勇公ニ奉シ以テ天壌無窮ノ皇運ヲ扶翼スヘシ、是《かく》ノ如キハ独リ朕カ忠良ノ臣民タルノミナラス又以テ爾祖先ノ遺風ヲ顕彰スルニ足ラン、斯《こ》ノ道ハ実ニ我カ皇祖皇宗ノ遺訓ニシテ子孫臣民ノ倶《とも》ニ遵守スヘキ所」(「教育ニ関スル勅語」)という箇所である。教育勅語についての解釈書を当時の文部大臣芳川顕正に依頼されて執筆した井上哲次郎は、そのことに関して「我ガ先祖ハ皆歴代ノ　天皇ニ統治セラレ、又我ガ子孫モ永ク　皇統ノ庇庥《ひきゅう》ヲ受ケン、然《しか》ラバ我等臣民ノ　帝室ニ於ケル関係タルヤ、極メテ重大ナリ」と述べる。[*23] 古来、臣民が天皇に対して忠義を払うと同時に、歴代の天皇もまた臣民を「庇庥」、すなわちいたわって保護してきたという臣民祖先の「遺風」は「国粋ノ存スル所」であり、「妄《みだり》ニ之レヲ廃棄スルコトナク、永ク継続シテ之レヲ子孫ニ伝フベキ」だと井上は力説するのである。[*24]

また『大日本編年史』編纂に参加した東京帝国大学教授の重野安繹《やすつぐ》も、同様の点について次のように解説する。

抑ゝ《そもそも》前ニ宣《の》ヘル所ノ孝友和信義勇奉公等ノ道ハ今日始テ天皇陛下ノ新ニ設ケサセ給ヒシニハアラズ即チ皇祖皇宗ノ上世ニ於テ国ヲ肇《はじ》メ給ヒシ時ヨリ定マリタル名教ニシテ人心ニ凝結シ国体ノ精華トナリ三千年ノ今日マデ騫《かか》ゲス崩レズ伝承シ来レル天壌無窮ノ大道ナリ故ニ　畏《おそれおお》クモ上ハ天津日嗣《あまつひつぎ》

ノ聖子神孫ヲ始メ奉リ下ハ億兆臣民ノ皆謹遵恪守シテ須臾《しゅゆ》モ忘ルベカラザルモノナリ　皇祖皇宗ノ遺訓ハ天祖ノ神勅ヲ始メ列聖ノ宣ヒ行ハセ給フ所ニテ緒論及ヒ肇国御事蹟中ニ引証セリ[*25]

教育勅語で列挙された「孝友和信義勇奉公等」の倫理はそれら自体として価値があるのみならず、それらが神話以来の皇祖皇宗の「名教」であり続けたと同時に、その理念が人心に浸潤して「凝結」し、「国体ノ精華」となったうえ、「三千年ノ」現代に継承されて君民間の共同教義へと昇華してきた点にこそあると述べているのである。

以上のような君民の関係を神話に根拠を置きながら祖述する論議こそが、戦前の国体論であった。つまり、立憲主義という公法上の行為が、人格の主体としての天皇と私人としての臣民(およびその「家」)との関係という私法上のあり方に規定されていたということになる。密教的世界が機能するための潤滑油は、顕教的世界によって供給しつづけられることになっていたのである。

考えてもみれば近代天皇制にとって、立憲君主制という制度を超える領域（法外の領域、つまりは国体）の部分が重要であった。だから先述の通り教育勅語は、天皇個人の道徳上の（法外の）「著作広告」ということにしたのである。

臣民個人の内面に刺激を与えて君徳の感化を与えるために、君主は「社会」的な存在の次元で臣民一人ひとりの内面に浸潤しうるようなものとして位置づけられなければならなかった[*26]。

すなわちここでは、天皇は統治権者と臣民という上下(支配)関係のなかで顕在化する存在ではなかった。それは、臣民と同じく「社会」的な存在、すなわち公法次元の存在ではなく私法次元の存在としてであった。

そのために、学校教育や社会教育の場を通じた国民教育や国民教化は、道徳的な存在としての天皇の姿を国民に注入する機会としては、すぐれて重視されるべきプロセスであった。問題は、実体としての天皇ではなく、天皇という道徳的な存在が国民教化を通じて浸潤していく臣民の側が、いかなる認識と理解で皇室および天皇を受けとめていくかであった。

3　社会のなかの教育勅語

その後の国体論のなかでは、日本の君主たる天皇は世界に冠たる存在であって、悠久の過去から日本列島を統治する存在であり、その不変の皇統は世界に類例を見ないものだとされた。そのような国体論とは逆に、現実の明治国家は、権謀術数とクーデタによる権力闘争のすえ成立したものであり、そのなかで近代天皇制は明確な政治的意図をもって創作されたものであった。にもかかわらず、一八九〇年に発せられた教育勅語が国民の間に大きな軋轢を生まず浸透していったのは、それが「明治二十三年」に制定されたものであったということと関係する。つまり教育勅語の意義を学校で叩き込まれた世代はみな、そのような明治維新を経験しない、当時未成年の者たちであったからだ。近世社会を自明とすれば、明治維新以後の変化の時代は、好意的に受容するか否かにかかわらず、いずれも新規の文明経験だったが、明治維新を経て生まれてきた者にとってはその文明経験こそ所与のものであった。

明治維新期に成人であった者たちは、近世社会の終焉から明治維新を経て近代社会に移行してきたプロセスを体感しており、新しい日本の君主としての天皇とそのもとでの天皇制イデオロギーを自明のものとしては受容しきれていない世代であった。それゆえ、何らかの形で教育勅語などへの取り扱いに対してもハレーションを起こすのであった。それが「不敬」事件となって現れたのである。近代日本の教育史を専門とする小股憲明は、明治期のさまざまな「不敬」事件の事例を取り上げ、分析している。[*27] それを手がかりに教育勅語に関する「不敬」事件を見てみよう。

まず、一八九二年六月に起きた青森県の尋常師範学校での紛擾のきっかけの一つになったものである。これは、「同校教員鈴木某が畏れ多くも勅語を取りて、其文法を批難」したり、生徒に向かって青森県人を侮辱する発言をするなどして起きた紛擾である。[*28] また翌年夏には山形県の教員講習会で「倫理講義」を行なった高等師範学校教諭が、「教育勅語の解釈を試み、漫に文法を批評し、筆を執りて、写本勅語中不当なりとなす字句を塗抹し、又は添潤し、間々彼の仮名は語格を失せり、此の句法は顛倒せり、之れが編纂に当る者全く語学を知らざるの致す所なり」などと語ったという。[*29] この時期には、このように教員が教育勅語の「文法」などを批判することがあったのである。また、それら教師の教育勅語に対する発言に憤ったのが生徒側であったということも留意すべき興味深い点だ。

さらに一八九二年の天長節にあたる一一月三日に、愛知県中島郡三輪村尋常小学校教員が天長節拝賀式において勅語の意味を反対に受け取って「誤読」した。このことをもって「大不敬罪」であるという議論が出て、同教員が進退伺いを提出する直前までいたったという。[*30] どのように「誤読」したのか不明であるが、意図をもって曲解しようとしたわけではなさそうなのに、その誤りを「大不敬」であると難詰するような声があがった（誰からかは不明）という事例である。このような、いわばミステイクを許さない姿勢が社会的に醸成されていった。一八九三年一月九日には、金沢市のミッションスクールを前身とする北陸英和学校の始業式の勅語奉読式の際に、伝道師の阪野嘉一が着物に羽織のみを着用して袴を着けない服装で奉読を行なったところ、「何等の不敬ぞや、何等の痴態ぞや」と地元の教育雑誌が非難した。実は本来は校長が奉読する予定であったが、校長は遅刻をし、その代わりに伝道師である阪野が代読することとなり、想定外であったために礼服を欠いた奉読となったのであった。これも過失であったが、阪野に対する非難の声は広がった[*31]。

以上のような「不敬」事件は、教育勅語の内容に対する批評のようなものから、解釈の「誤読」や奉読時の礼服の過失というものまで含まれていた。そのようなハレーションが起きたことは、教育勅語やひいては天皇の言葉への対応の明治国家的マナーが社会的に未確立であったことを意味する。したがって、このような「事件」は時期が下るにつれて減少していった[*32]。

他方、学校にて教育勅語の意味と意義を学んだ明治以降の世代の児童や若者たちは、明治以降の学校という、新しいが、その文明の施設の存在を所与のものとしてしか受け取れなかった世代の者たちであった。学校での教員らによる教育勅語の奉読や訓話のなかの過失的な態度や言葉使いをあげつらって非難するのは、そして生徒たちの方であった。一八九一年一月に起きた内村鑑三事件も、勅語奉読式において内村が薄礼のみであったことを同僚教諭たちとともに生徒が騒ぎだして問題となったものであった。万延二年（一八六一年）に高崎藩士の家に生まれた内村は当時二九歳で、幼少から儒学などの教養を受け、旧体制で人格を形成してきた人物であった。

他方明治一一年、すなわち一八七八年の商家の生まれで、学校教育で教育勅語からの薫陶を得ていた世代の与謝野晶子は、まさに教育勅語を信奉し、最大限の尊敬の念を抱いた、明治以降の教養を受けた文化人であった。

私立女子音楽学校の創設者（一九〇六年創設）で校長であった山田源一郎が、「夫唱婦和」でなければ家庭は成り立たないと述べたところ、与謝野晶子は山田への批判として次のように主張した。

夫唱婦和などと申す事は男の方が自分の都合のいい様に設けられた教で、根が女を対等に見ぬ未開野蛮のあさましい思想から出て居ります。片方の都合のいい様に途中で設けられた道徳以上に、私共は人の心が完全に発展して行けば必ず其処に達せねば成らぬと云ふものを土台にした道徳に由つて安住致し度い。若し夫唱婦和が人の本性に基いたものであるから《(なカ)》、諾冊二尊《だくさつにそん》が天の御柱の廻り直しもなさらないでせうし、又畏多い事ながら教育勅語の中に「夫婦相和し」と夫婦の対等を御認めにもならなかつたでせう。[*33]

与謝野は、夫が「唱」え、妻がそれに「和」すという考えに対して、男目線での「女を対等に見ぬ未開野蛮のあさましい思想から出」たものだと厳しく批判する。また、「人の心が完全に発展して行けば必ず其処に達せねば成らぬと云ふものを土台にした道徳に由つて安住」したいものだと前置きをし、もし山田が言うように「夫唱婦和」が「人の本性に基いたもの」なら、「諾冊二尊」、すなわちイザナギとイザナミという国生みの二神が「天の御柱」の周囲を回って出会うこともなかっただろうし、教育勅語にも「夫婦相和し」と「夫婦の対等を御認めに」ならなかっただろうと述べる。もちろん言うまでもないことだが、教育勅語で言うところの「夫婦相和し」は、与謝野の言うように夫婦の対等を説諭するものではない。井上哲次郎は、「夫婦ノ和合」こそが「一家ノ安全」の基礎だが、それは夫が「妻ヲ愛撫シテ、以テ其歓心ヲ得ベク」、一方妻は「夫ニ柔順ニシテ、妄ニ其意志ニ戻ラザランコトヲ務ムベシ」というような関係が前提になってのことだと主張する。[*34] 夫婦の間の服従関係が前提での「和合」であった。[*35]

ともかくも与謝野は、夫婦間の対等な関係を正当化するのに、そのことが教育勅語に示されていることを根拠に挙げるのである。与謝野は、教育勅語を決して特殊日本的な倫理規範として評価するわけではなかった。透視や念写の実験を行なったことでも知られる東京帝国大学の心理学者である福来友吉が、日欧文明の相違点を強調したことに対して、与謝野はことさらに日本と西洋とを対立させて考えることを戒める。そして、「自分は「之を中外に施して悖らず」と仰せられた教育勅語を世界の文明の大理想であると考へてゐる」と教育勅語の言葉を引用して、教育勅語が普遍的な道徳を開陳していることを主張する。与謝野によれば教育勅語は、「日本人ばかりでなく全世界の人を光被して文明生活の福祉を享得せしめ給ふ理想を如此く明白に示されて居る」ものであった。[*36]

このように与謝野にとっては普遍道徳であった教育勅語は、思想のグローバリズムの展開のなかで日本において歴史的に成立した新しい規範であるということもまた、与謝野自身が強調する点であった。彼女の随筆のなかで、「純粋の日本人の心」に固執する「老人」に対して、ある「男」に、「十七憲法にせよ、大宝令にせよ、五箇条の御誓文にせよ、現行の憲法にせよ、教育勅語にせよ、総て外国思想の長所が参酌してあ」り、「国民性」について「純粋」の側面でだけ見るのは、それが「野蛮蒙昧な太古」をただ「復古」せしめただけだと批判させている。[*37]教育勅語は、彼女によれば復古的で回帰的な道徳ではなかったのである。

さらに一九三〇年代になってからであるが、普遍道徳としての教育勅語は単なる「空文」ではなく、歴史が作りだした国体と国民精神へと結実するものであると与謝野は力説するようになる。それゆえ、与謝野は教育勅語のことを「世界唯一の聖書であり、未来永劫に亘つて世界人類の師表となるべきもの」と評した。[*38]「世界唯一の聖書」たる教育勅語が日本で成立したのは、「皇祖皇宗の御遺訓〔略〕の粋と要とを集めて言言玉《げんげんたま》を聯《つら》ねられた」という歴史があるだけではなく、[*39]その背景に諸外国にはない君民関係が展開され、熟成されてきたという経緯があるからであった。これに関連することで、与謝野は次のように述べている。

歴史以前の太古より、我々の祖先は、斯《か》かる皇室に仕へて、その尊厳と仁慈の下に、他の興亡変転する諸国の臣民と異つた、特別の忠誠、信愛、勤労の精神と其れの実行力とを養つて来た。これが即ち日本精神である。日本精神の実体と発達とは皇室と国民との特異な関係を離れて考へられず[*40]

以上のように与謝野の考える教育勅語は、皇祖皇宗の遺訓の継承、「日本精神」の「発達」、君民関係の歴史、「外国思想の長所」を受容して成立した「世界唯一」の聖典、すなわち普遍道徳として成立した。こういった教育勅語への与謝野の信奉は、明治期から昭和戦前期、彼女が亡くなる（一九四二年没）まで一貫していた。

ここで留意しておいてよいのは、国家に依存して、国民としての見返りを要求する大衆レヴェルのナショナリズムを否定し、逆に国家をも自己の人格を肥大化させた団体として捉え、そのための犠牲をも自己愛の範囲内にとどめようとする、個人主義者であった与謝野晶子が、教育勅語こそ普遍道徳であると、その存在を最大限尊重していたという点である。[*41]「私欲」を根柢に置く個人主義者与謝野の自我でさえ、否、そういう自我であるからこそ、そこには国体を反映させた教育勅語の道徳とそれを発布した天皇の存在感が奥深くまで浸潤し、その個人主義の「個人」を支えていたとも言える。

主権国家が成立するということはどういうことか。以上見てきたことで言うなら、このように言うこともできよう。すなわち主権というものが、主権者という代位者を必要とし、その主権者の存在を道徳レヴェルで受容して、自らの人格を構成する存在としての臣民を得た時、主権の命令はいったん気化して臣民の内面に浸潤して「凝結」する、そのようなプロセスが主権国家の成立であると。

4　主権による自己制限のメカニズム

国家は自らの機関を法によって制限させることで自らを制限するとは、美濃部達吉を初めとする日本の公法学者に多大な影響を与えたゲオルク・イェリネクの定義である。[*42] 近代の主権が冠絶的な権力であると同時に、すぐれて自己制限的な権力として誕生したということは現実の歴史の局面においてもその通りであったのだ。

薩長両藩などが公議政体論を暴力的に断ち切り、「王政復古の大号令」を発して新政府を樹立するが、[*43] この宣言は同時に貧困な国民の存在に眼差しを置こうとする天皇が新しく成立する主権国家の君主であるとするものであり、その限りで権力自らの外部（＝社会）に自らを拘束する原理を自ら発見したものでもあった（主権国家成立の契機は暴力的であっても、自らの正当性は社会という他者にあるということを自己準拠的に言及する。すなわち強制的な契機を内面的には自己制限に読み替えているのである[*44]）。

日本国憲法は、表面的にはアメリカによる「押し付け」にのみ由来するように見えるが、その「押し付け」をもたらしたのは、帝国日本の権力発動たる戦争とその敗戦および無条件降伏を要求したポツダム宣言への主権国家日本の受諾にあるのは間違いなかった。最終的には新憲法を国会による議決を経て成立させるという意味において、日本国は外部的強制力を主権内部に引き込み、それを自己決定として擬制させるにいたった（外部的強制力の内面化[*45]）。この外部的強制力を内面化するというメカニズムこそ、日本の権力構造が一九世紀以来獲得してきた近代国家の要諦であった。[*46] その意味で自己制限の「自己」とは、外形的な他者からの制約を自らすすんで取り込み、それを自己制限のための必須の機制に転換して新たな「自己」を再構成できる、そういう「自己」のことであった。

そのような「自己」を自らの機制に取り込んだ国家こそが、理念的には主権国家と呼ばれるのである。一方で主権の冠絶性を担保しつつも、他方で主権の自己制限の原理を内包させていくことが主権国家であり、そのような相互に相反する力学を装備する主権国家を立ち上げることが近代の課題となる。

さてここでは、そのような課題に対して、民主主義と立憲制の調和によって対応していこうとした吉野作造についてみてみよう。

まず、吉野は主権についてどのように説明しているか。日露戦争のまっただなかの一九〇五年、当時二七歳、東京帝国大学大学院生であった吉野が書いた論文を見てみよう。


予の観る所に依れば「主権」とは各個人の国家的行動を命令し得る法律上の力なり、故に主権は全然各個人に臨むに其の国家的行動に対する外部的規範として服従（語を極端にして云へば盲従）を迫るものと云はざるべからず。[*47]

ここで、主権が諸個人に対して「外部的規範として服従を迫る」ものであると吉野が述べている部分に注意しておこう。主権は、諸個人に対しては有無を言わさず国家的行動を命令する法律上の力（外部的規範）として服従を強いるものであると、吉野はいったんは規定しているのである。諸個人にとっては、主権は全き外部的存在であり、問答無用の服従を迫る力であった。

では、主権とは諸個人に対してただ単に服従を強い、国家的行動を命令するだけの権力なのだろうか。吉野は次のように述べる。


法律上より論ずれば主権は国家に於ける最高の権力なり主権者は何人の支配をも受くべからざるものなりと雖も、政治上より之を論ずれば主権者は実際国家威力の支配を受くること多きものにして且つ又之が掣肘《せいちゅう》に甘《あまん》ずるを可とするものなり。何となれば主権者が能く主権者として永久に万民の尊敬を博せんとせば一に国家威力の指示する所を着実に顕表するの措置に出でざるべからざるを以て也。故に近代国家に於ける国家威力は単に臣民を統制するの規範たるのみならず又実に主権者をも指導するの活力たるものなり。*48

主権とは何かという問いに対して、それを国民との関係について論じた部分として、この右の吉野の発言は最も重要な部分である。吉野は、「法律上より論ずれば」と議論を法制度の次元に限定してまず言うのは、主権は国家最高の権力であって、したがって主権者もまた何人からの支配を受けないものだということである。この部分は、主権とは国家が持つ権力のことであり、対外的には独立し、対内的には最高の権力であるという、われわれが一般的に知る、おなじみの解説となんら変わりがない。吉野の述べている点は、さらにそこから先に進む。吉野は今度は、「政治上より之を論ずれば」として、法制度の硬質な議論から離れて、「実際」の議論に移る。すなわち、主権者というものは「国家威力」が指し示すものを「着実に顕表する」にいたらざるをえないものであると言うのである。ここでは「国家威力」とは何かが問題になろうが、これはいったん保留したまま議論を進めるが、「国家威力」が指し示すものを「顕表」せざるをえないのが主権者であるという点に注意しておこう。「顕表」というのは、ここでは表象、もしくは代表という意味にとれる。「国家威力」が示そうとするものを表象・代表するのが、主権者であるということだ。主権者は多数の尊敬を受けるために「国家威力」の指し示すものを表象・代表し、それゆえに主権者は「国家威力」によって支配・指導されることとなる、これが吉野の説明であった。

ここで吉野が、一体であるはずの主権と主権者とを区別している点に、まず留意しておこう。法律上は確かに主権は諸個人に盲従を強いるものの、政治上は、主権者はその諸個人の総体が発する「国家威力」に拘束されるというのだ。つまり、主権者が「国家威力」に拘束されるということは、主権もまた自らと一体化しているはずの主権者の情態を通して「国家威力」に結果的に拘束されることを意味する。

では「国家威力」とは何か。国家威力とは、元は木下尚江との論争のなかで出てきた言葉である「国家魂」のことであった。

吉野は、「抑も人類はもと孤棲するを得ず」、物質的にも精神的にも「社会国家を離れて存在するものに非ず」、それぞれ「個人は皆社会国家なる団体の一員として常に其団体の意思に統制指導せらる、ものゝ」であり、「この各個人の内外一切の生活の最上の規範たる「団体の意思」を国家精神又は国家魂と云ふ」と述べていた。[*49] 吉野は、社会という団体の生活をほぼ本能とする人類は社会や国家といった団体の意思の指導を回避することは不可能と考えており、そのような人間の宿命から「国家精神」や「国家魂」という「団体の意思」の存在意義を捉えていたのである。

そして、「国家精神は各個人を支配する一大意力なるが故に又之を国家威力といふ」と述べ、[*50]「国家魂」とも呼ぶ「国家精神」を言い換えて「国家威力」と呼ぶのである。吉野は「国家威力」という言葉を表現するのに、「独乙語の Staatsgewalt なる辞」は「格好の名辞なるに似たり」と評していた。[*51] Staatsgewalt は国家権力とも訳すことができるように、gewalt（ゲヴァルト）には「威力」以外に「権力」や「暴力」という意味があった。吉野はあえて、暴力や権力といった物質的な力という意味があり、また威力といった精神的な力という意味を持つ gewalt という言葉で、国家という「団体の意思」が持つ力の多義性を表そうとしたのである。

さらに吉野は各個人を支配する国家精神は国家威力のことだと言うのに続けて、「国家威力は即ち多数人民の意思の合成力たらずんば非ず」と言い、さらに「国家威力は国家独り之を有す。而《しこう》して何人が果して此国家の威力を行ふかは是れ各其国の歴史と国民の信仰とに依りて定る所、或は君主たることあるべく、或は議会たることとあるべし」とも説明している。[*52] 国家威力とは、「多数人民の意思の合成力」であり、それは国家のみが占有するもので、国の歴史と国民の「信仰」によって定まるというわけである。吉野が言う「国家」とは、以上の叙述でわかるように、それは国民も含めた総合的な有機的な組織のことであって、国家権力そのものを「国家」と表現しているわけではないのである。実際に吉野は、「「主権が国家にあり」と云ふの観念にあらず」と、国家が主権の所在であることを否定している。国家に所在があるのは国家威力であった。[*53]

国家威力とは何かという時、次の引用でさらに明確になるだろう。

近世の始めに於ける個人的自由の叫びと人民主権論の主張との如きは実に庸暗なる君主の専擅に反抗して起れる国家威力の声に外ならざりき。所謂《いわゆる》民主々義（Demokratie）なる名称の下に包括せらるべき一種の主張は実に「主権」に対する「国家威力」の要請の声たりし也[*54]

国家威力とは、右のようにヨーロッパの絶対王政や専制君主に対抗して「個人的自由」や「人民主権論」を主張する国家規模での人民の声、すなわち「民主々義」の要請の声のことであった。要請する自由や権利というのは一つの例だが、要するにそれは主権に対する、国家的規模における国民の要請の力であるということであった。それは、「多数人民の意思の合成力」ということであり、だからこそ国家規模での「威力」ということになるのである。そのように考えると、国家威力とは一般意思に近い概念と考えることができる。

吉野はさらにこう言う。「各個人は啻《ただ》に受働的に国家威力の統制に服するのみならず今や又実に能く主働的に国家威力を維持し発生せしむるものたらんとす」[*55]と。国民（臣民）個人から見ると、国家威力の統制には服さなければならないものの、その国家威力自体を発生させるのは、他ならぬ国民個人自身であるというのだ。

国家威力はこのように、国民（臣民）諸個人のみならず主権者をも指導・制約するものであった。なぜ、諸個人は国家威力に制約されるのか。さらに、主権者もまた国家威力に制約されるのか。

それは、まず一つはその国家威力が個人にとって元来外部的な存在ではなく、内部的な存在であったからである。諸個人は「能く主働的に国家威力を維持し発生せしむるもの」であり、したがってそのような国家威力とは「多数人民の意思の合成力」ということになるのだ。諸個人から発生した国家威力は、元来諸個人の内面に存在するものであり、その限りですでに諸個人とその構成要素たる国家威力とは一体のものであって、諸個人には国家威力から指導を受ける潜在力があったことになる。またもう一つは、主権者はなぜ国家威力に制約されるのだろうか。これについて、もう少し吉野の議論を詳細に見てみよう。

国家権力を制約するところの正体は、このように根源的には「多数人民」という社会のなかの意思が合成され力となったものであり、それは個人一人ひとりの内面に潜在するものとされる。吉野の政治思想に影響を与えた浮田和民は、「社会」という存在の自律性を重視する視座から道徳に注目する。すなわち、「道徳は上帝の命令によるにあらず、人間の作為によるにあらず、必ず社会より出づべきものなり。自然に社会の必要より発すべきもの」であり、「畢竟社会は道徳によりて立ち、道徳によりて存す。故に社会の初めて成立するや、必ず之を成立せしむる一種の道徳なくんばあらず」[*56]と。個人にせよ、社会にせよ、その自律性を担保するのは道徳であったと浮田は考える。個人を動かし、社会を動かすのは、根源的には、個人の内面の自由たる道徳であった。この浮田の考えからそう遠くないところに吉野がいたと思われる。
先述のとおり吉野は主権から主権者を区別したうえで、主権者は主権（「国家の権力」）に代わって人民を支配し、服従を強制するが、また同時に国家威力を表象することを通してこれの「掣肘」を受けると述べる。さらに次に見るように、他方で、主権の代位者たる主権者は、国家威力（ここでは「国家魂」という言葉だが）を「顕表」しつつ、国家威力に拘束されるものとして位置づけられている。

所謂国家の権力とは国家魂が各人の行為を強制する外部的勢力として発現せる場合を指して之を云ふもの也。而して各人の行為を厳格に強制せんが為めには国家魂は明確なる具体的形式を得ざるべからざるが故に、権力としての国家魂は必ずや特定の一個人又は個人団体の意思を通じて発表せられざるを得ず。〔略〕然《しか》り、国家の権力は主権者を通して人民を支配強制す。国家の権力を表するが故に人民は主権者の命令に従ふ。主権者が永久に能く主権者たるを得る所以《ゆえん》は一に国家の権力を着実に顕表するの点に存せずんば非ず。然らば夫の国家魂（国家威力と同義――住友）は単に臣民を統制する規範たるのみならず、また実に主権者をも指導するの活力なりと云はざるべからず。然るに世往々国家と主権者との観念を混同し、国家に謳歌するを以て徒《いたず》らに君長に阿諛《あゆ》する所以と做《みな》す者あるは頗《すこぶ》る怪むに堪《た》えたり。〔略〕然らば吾人は主権者をして其拠る所を知らしめ民衆をして其則る所を悟らしめんが為めに敢て国家魂の意義を明了にせざるべからず。[*57]

主権（国家権力）を「顕表」するものとして主権者が生まれるという指摘は重要である。このことによって主権は主権者を通して人民に命令を与えながらも、多数人民の意思（国家威力）によって拘束される。なぜなら、主権者が主権を「顕表」することで主権者は主権の代位者として振る舞うこととなり、主権者は自ずと国家という団体の精神を吸収して国家次元の「多数人民の意思の合成力」と一体化するからである。これが、主権者が国家威力に制約されることの理由である。そして、実体を持たない主権の方は、主権者という実体のある主体を代位者とすることで初めて効力を持ち、それゆえに主権者が国家威力によって拘束されることを通して主権は自己制限されるのである。

5　明治国家が「教化国家」である必然性

なぜ主権は超越的でありながら、制約されなければならないのか。

それは、新しく成立しようとしている主権国家がその領域内の人民を統治してよいという正当性などが最初からあったわけではないからである（明治維新の歴史的性格からも明らか）。ただ、統治したという冷徹な事実があるだけである。[*58] だからこういう場合の主権国家は、自らの統治の正当性を自らが後追い的に証明しなくてはならない。一定の領域を国土として統治できるほどの超越的な権力だからこそ、それは統治という実行力の以後的問題なのであり、だからその統治に永続性を与えようとすればつねに事後的に正当性を明示し、それを受容する国民を不断に作っていかなければならなかったのである。しかも近代国家は、国民の主体性を引き出そうとしながらも、税負担と受益との照応関係はきわめて不合理につくられる。つまり、税は累進的に課税されながら、その対価である行政サーヴィスは累進性とは無関係に一律であった。近代国家とは不合理につくられているのである。それゆえ、そのような不合理性を受け入れ服従する国民を創るための国民教化が必要なのであった。

日本でも、明治維新以降は自由放任主義下の夜警国家ではなく、「クルツール・スターツ」（教化国家）をめざしはじめ、社会公共の安寧福利と国民の生存保障を目的とする介入的な国家が成立しはじめた。[*59] 伊藤博文が枢密院で一八八八年に述べた、教化のための公準（機軸）として皇室を位置づけ、一八九〇年に教育勅語を作ったことなどはその現れだ。[*60] 伊藤は枢密院での演説の前に、すでにフランスの政治思想家アレクシ・ド・トクヴィルの『アメリカのデモクラシー』を読んでいた。トクヴィルがアメリカの公共精神に宗教的な機能を見たように、伊藤もまた国家を公共的なものとして捉えるものとしての宗教的なものに注目し、それが皇室であったという点は留意しておきたい。[*61] 伊藤が宗教的なものを公共精神と捉え、その機能を代行するものとして皇室を位置づけて国家の機軸にせんとしたことは、欧米の共和政体と代替しうる政体を日本においても天皇を中心に構築しようとしていたことを示唆する。

井上毅が日本の君主統治の姿は欧米のウシハクではなく、シラスなのだと説明したことも重要であった。井上は、ヨーロッパや中国の国王が国土や人民を私有するがごとくに支配してきたのに対して、日本の君主はそういった物質的占有ではなく、君徳による公共的な統治であると説明する。『古事記』などの言葉を使って、前者をウシハク、後者をシラスと言った。その鍵は、君徳による精神的支配であるか、物質的な支配であるかの違いであったという。日本でも大国主神の所業はウシハクで、だからそれは否定された。シラスは「知らす」であり、君主の姿と徳を人民が知ることで、君主の持つ「無形的の高尚なる心識の働き」を知って精神的に支配されるというわけである。さらに井上は、国家をいわば私有するのは公法・私法の分別がなされていないからであって、だから私法領域の力で、本来は公法の領域の国を占有するのだが、日本は公法・私法の分別は古来からなされていて、だから国家の支配はシラス的に、すなわち公法的に行なわれるのだと言う。[*62] こういう国体論は、むしろ天皇制イデオロギーが共和政的思想空間を創出する可能性を示唆していたのである。

ともあれ、主権国家が成立するためには、皇室を国民の精神的支柱とすることが大きな鍵を握ることとなったのである。では、教化国家をめざすということと主権国家として存立するということとは、さらにいかに関連するのか。もう少し掘り下げてみよう。

近代日本における国民教化とは何か。それは、公権力の力によって個人の人格が天皇を神格性ある君主として道徳を通して受容することにより、国民へと陶冶されることである。したがって、教化は一定の強制（権力行使）を伴う。しかし国民教化のプロセスは確かに強制かもしれないが、教化ののちは、その意思がいかに発露されるかは臣民個人の内面（人格）にゆだねられることとなる。

吉野はそういった個人の意思の発露が総意となって国家の行動に大きな規範を与えると述べる。

> また主権の命令あるにあらずとも我より進んで或る国家的行動を為すに至らしむるものはなきか。予の所謂「国家威力」とは実にこの各個人を統制指導し、彼をして自ら好んで行動するに至らしむる所の者、換言すれば各個人の国家的行動の最上の内的規範たるものを云ふ也。[*63]

そして、次の如くである。

> 夫れ国家は非常に多数なる人類の集合なるに拘らず能く儼然《げんぜん》として纏《まと》まりたる一体を成す所以のものは、上に最高の主権者ありて下万民を統制し給へばなり。然れども上主権者が能く主権者たるを得るは、下万民に之を仰ぎ之を奉ずる忠誠の志あるに依るものなくんば非ず。果して然らば夫の万民を統一し之をして団体生活に集中せしむるの求心力は、主権其者《そのもの》なりと云はんよりは、寧《むし》ろ主権を主権として崇敬して絶対の服従を捧《ささ》ぐる所の人民の忠誠に在りと云ふを適当なりとす。故に此忠誠の志の厚薄は、やがて団結張弛《ちょうし》の因にして即ち国家強弱の岐《わか》るゝ所たらずんば非る也。[*64]

主権（＝主権者）を主権たらしめるのは、臣民の内的規範たる「忠誠」、すなわち「忠誠」を含む国家威力であるという。主権は臣民に「国家的行動」を命令する「法律上の力」ではあっても、「万民を統一し」て「団体生活に集中せしむるの求心力」は望むべくもない。「万民を統一し」て、「団体生活に集中せしむるの求心力」は主権からではなく、臣民の側から発せられる「忠誠」にあると説くのである。つまり、主権は臣民に対しては冷ややかな「力」そのものであっても、その主権の下で国家を公共社会として糾合する力それ自体は臣民の側から発せられると吉野は解するのである。糾合する力たる「忠誠」は、教化された人格の所有者たる国民でなければならないのは、言うまでもなかろう。このような行動規範を内面に有した臣民とは、国民のことであった。

以上のように国家威力は、国民が国家を自らのものとして支える精神のことであったと言ってよかった。そして以上が、吉野作造が考えた主権がその代位者たる主権者の意思・行為と臣民の意思・行為を通じて制約されるメカニズムであった。

ここで、今一度、これまで述べてきたことをまとめてみよう。

主権者が「国家威力の指示する所を着実に顕表する」ことは、国家威力による主権制限を意味した。つまり、臣民の内面から発せられた意思が同じく多数の臣民から発せられた意思と総和されて国家規模で合成されることにより主権者を拘束する。さらにそのことで主権の運用を担い、それによって主権と一体化する主権者の主権的行為を拘束し、主権を制限することにいたる。

主権者の命令に国家的価値を付与し、臣民内部から発せられたはずの「多数人民の意思の合成力」は臣民にとって外部的な力となって自分たちを服従させる、そんな精神的な力（これを「国家威力」と吉野は呼んだ）によって主権が拘束されるはずであった。そして国家威力が主権を制約するというのは、主権にとって自己制限であった。のちに述べるように教化された臣民の理想的な姿とは、主権の代位者たる主権者と人格的関係性を取り結び両者一体となろうとするものであった。つまり主権の側からすれば、主権の制約主体は主権の代位者たる主権者と人格的結合をなそうとする存在、すなわち「多数人民の意思の合成力」の主体たる臣民一人ひとりであり、それは主権にとって自己に同化せんとする存在、すなわち自己そのものであった。このように帝国臣民の精神運動は国家の自己制限となるはずであった。

また臣民が国家威力を内的規範に持つことによって、それぞれ臣民個人は自らの内面自身によって自らを制限することにもなる。これは「我より進んで或る国家的行動を為す」よう自らを作為的に奮い立たせること、すなわち個人の自己制限であった。要するに自己制限する国家と自己制限する個人とが相互に向き合うかっこうとなる。言うまでもなくそのような個人の精神は、教化（教育も含まれる）という人為によって創られる。言い換えるなら、教化の行方、すなわちそれによって形成される人格如何によって国家のあり方まで決定されることとなる。吉野のように考えるなら、主権国家は、このような原理と構造が必然化することとなった。

本書では、日本において近代国家の成立が天皇制という姿をとって立ち上がることの意味を考えていくために、主権（国家）—天皇（主権者）—国民（臣民）の関係がどのような精神作用によって展開していくのかを洞察していくことにする。近代天皇制とは、神話上に祖先を持つと考えられた、神格性をもつ超越的な存在である天皇が、究極の道徳的源泉として全国民の人格の最重要構成主体であるのみならず、その天皇自身が国家の統治権をすべて掌握し、そのことを根拠に天皇こそが国家統治の権力の源泉として位置づけられ、国家機構もまたそのことを根拠に構成される、国民統治のシステムのことである。

第二章　無政府主義と国体
――「動物的自由」から「道徳的自由」へ

1　逸脱は可能であったか

近代日本は、主権国家創出のために主権の代理者たる統治権の総攬者、すなわち天皇の徳を利用して主権国家による統治構造に主体的に包摂されんとする国民を創出しようとした。そういった国民こそが臣民の内実であり、臣民は天皇の徳に主体的に同化されることを通して国民となるはずであった。

国家存立の基盤が、このように個人の内面に依存していくことは、創造される個人のあり方に国家が規定されていくことを意味した。もちろん個人のあり方は、それが個々の人格によるものである限りで、千差万別であった。ではそういった千差万別な国民の主体のありようは、どこまで天皇制の統治構造から逸脱するものでありえただろうか。

天皇制国家からの逸脱者はいたか。例えば革命をなそうとする運動家、あるいは社会主義者、または無政府主義者。彼らは逸脱者だったのか。

本章では、一九一〇年の大逆事件によって検挙され、明治天皇暗殺計画の共同謀議に関わったという容疑で翌年に死刑となった幸徳秋水について、その社会主義から無政府主義への変転、彼の天皇観を含む国体観を取り上げ考察してみたいと考える。[*1]

無政府主義者は、君主制を否定しないのか。中江兆民からいくぶんでも共和主義の薫陶を受けたであろう幸徳にとって君主制とは何か。君主制を共和主義は許容するのか。それらのことも問うために次の補助線を引いておこう。トルストイは日露非戦論を説くなかで「日本人を屠殺す可き」と命ずるロシア皇帝と「同様の宣言」を行なう「日本皇帝」たる天皇を同列に置いたが、[*2]さらには梅森直之が指摘するように、戦う兵士一人ひとりに訴えかけて戦場に向かう「個々人の心の弱さ」の責任を問うた。すなわち、トルストイが平民社に投げかけたのは、こういった個人の内心を動かす不可侵の精神の責任問題であった。梅森はそこから、「神なき非戦論」は可能か（神に依存しないで個人は存在しうるか）という根源的な問いの存在を発見した。[*3]では、幸徳秋水はそれにどう答えたか。

2　道徳と「革命」

幸徳秋水は、生涯を通じて道徳の重要性を信じ、世界・国家・社会を評価する際の規準にしてきた。私がここで留意しているのが、道徳の中身ではない。幸徳が道徳を重視していたということ、それ自体に注目したいということである。道徳とは、個人の思想と行動における他律的・物理的な力ではなく、自律的・内面的な力のことであり、それはそれぞれの良心を規定するものであり、個人の人格に関わる問題であった。

一八九六年、前年に『中央新聞』に翻訳係で入社した幸徳秋水は、この時軍拡を続けて日清戦争で勝利をもぎとった日本について、次のように国家は軍事力だけで成立するのではなく道徳こそがその基礎となると主張していた。

国家は鉄砲のみにして立たず、人間は米飯のみにして活きざる也、必ずや明晃々の徳教あり、活潑潑の気魄《きはく》あつて、而《しこう》して個人初めて尊かるべく、国家随つて雄なるべき也、而して此徳教や此気魄や、之を経典に尋ね学校に討《たず》ね法文に待ち議会に望むが如きは抑《そもそ》も末なり[＊4]

右に見るように、幸徳にとって「個人」の存在こそが社会や国家の基礎であった。この「個人」は徳教によって得られた。すなわち道徳によって善導された個人こそが、国家の堅固な基礎となる、このように幸徳は考えたのである。そして、その徳教、すなわち「国民心性的教化」のための一つの方法として、「我名刹古塔勝地旧蹟の秀霊の気」を活用すると述べる。すなわち、「名勝古蹟は活ける宗教也」と幸徳は断言するのであった。[＊5]

国家をいかに立たせるかという明確な問いがあり、そのために道徳を通して教化された国民の存在を描き、その国民の心性、しかも善導されたそれを前提にしていたのが日清戦後の幸徳秋水であった。

翌一八九七年四月に幸徳は、社会問題研究会が発足した際に友人の紹介で入会し、さらに一八九八年二月に『万朝報』に入社する。そして、社会主義原理の是非とこの原理を日本に適用する是非を考究することを目的とする社会主義研究会が一〇月に結成されると、幸徳はこれに一一月に入会する。その二年後に、道徳を涵養する宗教教育が必要であると、次のように述べる。

科学は進歩せり、生産は増加せり、生活の度は上進せり、然《しか》れども何ぞ同情、博愛、義侠の心の衰へたるや。同情、博愛、義侠、是れ社会人道の大精神也、文明進歩の大目的也、世に政治有る所以《ゆえん》も是《ここ》に在り、世に宗教々育ある所以も是れに在り、之れ有つて而して後《の》ち人は初めて自由と平等の福利を享受するを得んのみ、之れなくんば人生は是れ直ちに太古の蛮人のみ、直ちに狺々《ぎんぎん》相《あい》喰《は》む禽《きん》獣《じゅう》の社会のみ、科学や生産や、如何に進歩し如何に増加すと云ふと雖《いえど》も、豈《あに》文明の真意義ならんや。[*6]

幸徳は、科学の進歩や生産の増加や生活の上昇がある一方で、同情・博愛・義侠が衰えていると危機意識を表明している。この同情・博愛・義侠といった道徳心を養うのは宗教教育であり、宗教教育の充実によって人は自由と平等の福利を享受できる。自由と平等といった近代的価値の前提に道徳が位置づけられているのである。

近代化の一面を「科学の進歩」「生産の増加」「生活の度の上進」と捉えて、それらが向上することと反対に、道徳的な側面が衰退すると見る見方はこの時期珍しいものではなかった。日露戦後に広島県沼隈郡（現、福山市）を拠点に青年会運動を指導するようになる、当時小学校教員であった山本瀧之助は、一八九六年の自著のなかで次のように述べている。

道徳の関係は一変して法律の関係となり、昔堅気なるもの跡を潜めて法律々々の声喧しく、如何に不道徳なることを働くも、弁さへ廻りて甘く非を理に言ひ枉《ま》ぐれば、偉らしく〳〵と人々持囃《もてはやし》、利口弁妄巧《たくみ》に法網を脱し、五右衛門をして三舎を避けしむるが如きもの独り跳梁跋扈し、徳義の制裁全く解けて刑法即ち人道の標準となり、義理人情なるもの漸《ようや》く地を払つて、人は人、我は我、如何なる醜状を呈するも絶えて一人の之を訓誡《くんかい》するものなく、如何なる放埒を働くも絶えて一人の之を戒飾するものなくして、田舎青年知らず識《し》らずの間に愈々《いよいよ》堕落することとはなりしなり。[*7]

明治維新以降の近代化を「法律の関係」が支配的になっていくプロセスと捉え、逆に道徳などのような、人格に訴える内面の問題が疎かになるといった不安が、近代化・文明化にきわめて高い関心を持っていた地方青年の間にも醸成されていたのである。

刑法（旧刑法）が制定されるのは一八八〇年であり、それ以前は明治初年の中国律令制の系譜を引くような刑法典が存在した。刑法などのように欧州の法律に準拠する法整備が一八八〇年代以降進み、一八八九年には大日本帝国憲法、九六年には民法（総則、物権、債権）、九八年には民法（親族、相続）、九九年には商法などが成立する。

では、法的諸関係が社会に浸透してくる際に、道徳に拘泥する幸徳らは文明を理解しない蒙昧な民であったのだろうか。それは、決してそうではなかった。

明治四年（一八七一年）に高知県幡多《はた》郡中村（現、四万十市）で生まれた幸徳秋水は、幼少の頃から孟子・老子・荘子のほか、啓蒙書などを読みふけり、九歳の時には兄とともに「幡多郡一の儒者」と言われ、「古勤王党」に所属した木戸駒次郎（号は鶴洲、称は明）主宰の修明舎に学び始めた。ここで幸徳は、『孝経』など漢籍の素読を始め、木戸から王道論を基礎とする勤王思想や「至尊」に対する「特別の感情」が備わったと考えられる。[*8]

一八八八年一一月には、幸徳が一七歳の時に中江兆民（弘化四年〈一八四七年〉生）宅に初めて寄寓し（その後体調を崩すなどして中江家からたびたび離れては再度寄寓するということを繰り返したが）、中江から共和主義を含む近代啓蒙思想の影響を受けた。この中江のもとでも、ヨーロッパの啓蒙思想のほかに、やはり漢文の基礎的勉強を促され、孟子などを読んだという。[*9]

近代は、法が道徳に優先されることを信じ、またそうあるべきだと言われる時代であるかもしれない。だが、前章でも述べたように、法と道徳とは区別され距離を取る関係にあるというより、むしろ依存し合う関係にあるといってよかった。近代で、道徳の役割が小さくなるわけではなかった。

むしろ道徳を重視し、植民地支配や国内の搾取・差別・貧困などの社会の歪みに対しては道徳の不足を論じたのが、一九世紀末に日本に登場した社会主義者たちであった。幸徳の代表作で帝国主義を論じた『廿世紀之怪物帝国主義』の序文を書いた内村鑑三（教員を辞めて万朝報の記者をやり足尾鉱毒問題にも関わる）が訴えたのは、「腕力」に対抗する「信仰」の重要性であった。

> 人類の歴史は其始めより終りに至るまで信仰と腕力との競争史なり、或時《あるとき》は信仰、腕力を制し、又或時は腕力信仰を制す、〔略〕信仰、腕力を制する時に世に光明あり、腕力、信仰を圧する時に世は暗黒なり、而して今は腕力再び信仰を制する暗黒時代なり。朝に一人の哲学者ありて宇宙の調和を講するなきに、陸には十三師団の兵ありて剣戟到る処に燦然たり、野には一人の詩人ありて民の憂愁を医《い》すなきに、海には二十六万噸《トン》の戦艦ありて洋上事なきに鯨波を揚ぐ、家庭の紊乱其極《そのきわみ》に達し、父子相怨み、兄弟相鬩《せめ》き、姑息相侮るの時に当て、外に対ては東海の桜国、世界の君子国を以て誇る、帝国主義とは実に如斯《かくのごと》きものなり。[*10]

ここで内村は、「腕力」という暴力に対して、「信仰」をつきつける。時代認識も「家庭の紊乱」などを挙げ、帝国主義はこういった道徳の退廃と同列の出来事として位置づけられている。信仰が弱くなれば時代は暗黒になり、信仰が強まれば光明が差すというぐらい、人の内面的な部分や精神を優位に位置づけている。物理的な力ではなく、形のない精神的な力を重視している。当然この秩序観は、幸徳も共有するところのもののはずである。

道徳、精神的な力、信仰的な力、こういうものを重視しているからといって、それらの力が形骸化したものへは、幸徳はかたくなに容赦ない批判を浴びせる。

左の文章は、幸徳が一八九八年に『万朝報』に書いたものである。

> 現時我国教育の、最も急要とする所は、世の所謂教育問題に在らずして、実に教育社会に瀰漫する

一種の迷信を打破するに在る也、〔略〕迷信とは何ぞや、所謂勤主《（ママ）》愛国を以て直ちに教育其者の目的なりとなすこと是也、勤王愛国素より美事也、結構なる事也、然れども人は勤王のみを以て生くる者に非ず、社会は愛国のみを以て進歩繁栄する者に非ず教育を以て単に勤王愛国の為に生死せしめんと力むるものは、直ちに教育を以て勤王愛国宗と名くべき一種の宗教となすもの也、天下の青年を愚にして一種の神像仏龕《ぶつがん》に向つて拝跪《はいき》せしめんとするもの也[*11]

ここで幸徳は、「迷信を打破する」ことに言及する（のちの「基督《キリスト》抹殺論」につながる論点）。「迷信」とは、教育の目的が「勤王愛国」であるとし、それを一種の偶像崇拝のごとく扱うことであった。「勤王愛国」自体を否定しているわけではない。「勤王愛国」を絶対視し、教育の上位に置いてそれに盲従させるように国民を強いることである。ここには、個々の人格を経由しないで、偶像、要するに外形への機械的な服従が前提とされていて、幸徳はそれを拒否しているのである。道徳の他律的な強制はもちろん、その過剰な形式化や偶像崇拝を幸徳は否定しているといっていいだろう。すなわち、幸徳にとって道徳による善導においてその論点となるのは、偶像に依存せず、いかに内面的な力、すなわち良心を涵養できるかが大きな論点であったということになる。

ここで幸徳は、教育勅語の真意義を重視することになる。次のごとくである。

教育とは勅語礼拝楠正成の謂《いい》に非ざる也、授業料教科書の事に非ざる也、儒教耶蘇《ヤソ》教の事に非ざる也、都筑馨六、嘉納治五郎、久保田譲、竹越与三郎の事に非ざる也、根幹先づ濯《ゆす》がずして徒《いたずら》に枝葉を争ふの甚しきや、到底是れ象を評するの群盲也。〔略〕文相たる者真に其人なりとせば、何ぞ先づ断々乎教育勅語の真意義を説示し、以て現時の深憂たる這箇《しゃこ》の迷信を打破し尽して、天下をして帰向する所を知らしめざるや、糊塗摸稜《もりょう》し一時の俗に媚びんとするは、予輩文相の為《ため》に執らざる也。[12]

幸徳は、「教育とは」と言って、それは「勅語礼拝」などではないと否定する。これだけを見ると、幸徳は教育勅語を否定的に評価しているようだ。しかし彼は、なぜ、「教育勅語の真意義を説示し」て、それにより「現時の深憂たる這箇の迷信を打破し」、すべての者の心が向かうところを知らしめようとしないのかと訴えているのだ。彼は、偶像崇拝たる「迷信」を「打破」して多数人民の内心を善導するためにこそ、教育勅語の「真意義」を説くべきだと主張しているのである。

では、なにゆえに国民を道徳によって善導すべきなのか。それは、革命をなすためであった。

幸徳にとって「革命」とは何か。それは決して、国家要人を暗殺して君主制を転覆させることではなかった。どういうことなのだろうか。「革命」とは、社会を善導するための社会的な大変革のことであった。日本最初の社会主義政党（社会民主党）が一九〇一年に結党される二年前に幸徳は、「現時の腐敗堕落を防拒せんと欲せば、先づ自由競争の社会組織を根本的に改造せざる可らず」と前置きして、その「改造」の必要性を主張し、「之を為す者は、即ち社会的大革命に非ずして何ぞや」と述べる。社会の矛盾を解消して、その矛盾の原因とみる「自由競争の社会組織」を改造することは、すなわち「革命」なのであった。したがって、「維新の国家的政治的大革命」は「我日本国民を亡滅に救へるが如く、社会的大革命は再び我日本国民を救はざる可ら」ざるものとなった。[13] これが幸徳の考える「革命」であった。

幸徳は、右に見るように、明治維新を肯定的に評価するのである。それがたとえ「王政復古」をともなうものであったとしても、幸徳にとってはそれは「革命」にほかならなかった。幸徳は一九〇〇年に「革命論」を『万朝報』に発表している。それを見てみよう。

革命の語を聞きて、直ちに是れ不敬也と誤解する勿《なか》れ、是れ謀反也と誤解する勿れ、是れ弑《しい》逆也と誤解する勿れ、是れ共和政治也是れ無政府也と誤解する勿れ、革命はクロムウエルの専有に非ず、華盛頓《ワシントン》の専有に非ず、ロベスピヤーの専有に非ず、鉄火と鮮血の専有に非ず、四民平等は社会的一大革命なりき、王政復古代議制度の設立は政治的一大革命なりき、十八世紀科学的殖産器械の発明は殖産的一大革命なりき、弑逆を行はずと雖も、革命は即ち革命たる也、鉄血を用ひずと雖も、革命は即ち革命たる也*14

幸徳はここで、「革命の語」は「不敬」ではないと断言し、「弑逆」、すなわち王殺しと誤解してはならないと主張する。また、クロムウェル、ジョージ・ワシントン、ロベスピエールの名前をあげて、それぞれピューリタン革命、アメリカ合衆国の独立、フランス革命後の「恐怖政治」などとだけ「革命」が関係づけられるのを拒否し、代わりに「王政復古」や「代議制度の設立」を指して、明治維新や帝国議会の開設すら「革命」の名にふさわしいことを力説した。幸徳が「革命」のイメージから遠ざけようとしていたのが、「鉄火」と「鮮血」、すなわち武器と暴力であった。人を殺めるイメージのある「革命」を武器や暴力から遠ざけようとし、それとも関係して「共和政治」や「無政府」と「革命」とを関連づけることも、幸徳は諌めようとした。

ここでの幸徳の意図は、「革命」を論じる際にその方法のみが焦点となることを避けようとする点に見いだされる。「革命」とは、それをなす手段や方法のことではなく、したがって「革命」の契機は暴力ではないというのが幸徳の考えであった。

では、「革命」の契機とは何か。幸徳は、「革命は天也、人力に非ざる也」と断言する。したがって「革命」が「来るや人之を如何ともするなく」、できることがあるとすれば、「唯だ《た》之（革命──住友）を利導し助成し、以て其成功の容易に且つ平和ならんことを期す」ことのみであった*15。社会を善導する大改革が「革命」であると考えた幸徳は、「革命」のことを「新時代の産婆」と説く者がいるが、実際はそうではなく「分娩」そのものであると言う。それは社会進化の必然の結果であるのであった。分娩にも難易度があるように、「革命」にも時に暴動を伴う「難産」があるとして、暴動になりうることを認める。[*16]幸徳は、つまり「革命」というものを起こそうと思っても起こせるものではないし、起こる必然性がそろえば「革命」は起きるので、人為的に可能なことはそれをなんとか「利導」するだけであると主張するのである。

如上のように幸徳は、君主制のもとであっても社会的大変革が起こりうることを容認しようとしているのである。だから「王政復古」や天皇が統治権を総攬する憲法のもとでの国会開設も、一つの「革命」に数え上げられるのである。そもそも幸徳が皇室に愛着があることは、既往の研究においても指摘されてきたが、[*17]「革命」に果たした皇室の役割について、幸徳が社会主義に傾倒したあとでさえ認めていたのである。

3 尊王論

幸徳秋水の「革命」論は、天皇の存在を前提とするものであり、その限りでは事実上君主制に依存する「革命」を希求するものであったとも言える。一九〇二年の「革命来《きた》る」で幸徳は、「我国維新の革命を為したる者は、実に五条の御誓文なりき、憲政創始の革命を為したる者は、実に十四年の大詔《たいしょう》なりき」と述べ、社会的な大変革がいずれも天皇の「詔」に牽引されたものであることを説く。また欧州の君主制が「社会の大勢に逆抗せんとせし者多」いがゆえに、その「革命」は「暴力」となるが、日本では「能《よ》く民意を容《い》れ玉ふ、是を以て其革命や平和」であると述べる。[18] 日本では、「革命」は君主制に依存し、天皇の存在が「革命」の契機であったと、幸徳は位置づけたのである。

幸徳にとって、以上のように天皇は「能く民意を容れ玉ふ」存在であり、天皇の意思と民意とが一体となることで「革命」が断行されるのである。

さて、ここで中央新聞と万朝報の記者時代の幸徳秋水が書いた皇室関連の記事について触れておこう。幸徳が幼少の頃から抱き、また木戸鶴洲から受けた尊王思想の余韻が社会主義者になってもなお、どれほど維持されていたのかを確認するためである。

一八九七年一月一一日に、孝明天皇の女御《にょうご》（侍妾の一つ）である英照皇太后が亡くなった。明治になって初めて「陛下」と呼称される皇族が亡くなり、その死は「崩御」と伝えられた。二月二日正午にその遺体を安置した柩が東京府の青山御所を出発した。さらに柩は列車に乗せられ、青山の軍用鉄道停車場から出発し、途中小学校等生徒を含む多くの国民に見送られた。二月七日から京都で大喪の儀が挙行されるにいたった。[19] 二日に大森駅で柩を見送る小学校生徒の状況を伝えたのが、万朝報の記者であった幸徳である。彼は、「数百の小学生徒前列に立ち列びぬ彼等未来の大国民たる幼児等が 国太母陛下（英照皇太后——住友）の梓宮（柩のこと——住友）を拝みまつりては其清浄なる頭脳の中あはれ他年尊王忠君の気を養ひ立てんこと幾何《いくばく》なるべき」と記述した。[20] 柩を乗せて京都に向かう列車を見送り拝む小学生たちの姿に対して幸徳は、いつかは「尊王忠君の気を養ひ立てんこと幾何なるべき」と書いたのである。「尊王忠君」意識を涵養する契機として、英照皇太后の柩を乗せた列車を見送る行為を位置づけ、そのことをむしろ希求したのである。

一九〇〇年二月一一日に皇太子嘉仁親王（大正天皇）と九条節子の婚約が正式に発表されたその日の

記事「立皇太子妃の盛儀を賀し奉る文」では、無署名だが、幸徳は「皇太子殿下は慈仁の恩祖宗に肖《に》させましまし英明の声中外に播《ほどこ》したまひ」と記した。[*21]

これまでの幸徳研究でも指摘があるように、幸徳自身の尊王意識は社会主義者となったあとも隠すことはなかったのである。なおかつ、幸徳の「革命」論は君主の存在を前提とするものであったのであり、以上のような尊王意識の発露はなんら不思議なことではなかったと言えよう。

幸徳の尊王意識は、天皇が日本の国土を統治していることの正当性を国体の淵源から理解するものでもあった。幸徳は、「我宗祖列聖の大八洲《おおやしま》に君臨する、綿々二千五百年の長き、此御趣意御精神は曾《かつ》て一日も休することなかりき」と述べ、[*22]その認識を前提にした民主主義論を次のように展開する。

彼の高津《こうづ》の宮の、民の富は即ち朕の富なりと詔《の》らせ玉ひ、延喜の帝の、寒夜御衣を脱し玉へるが如き、実に此御趣意御精神の時に臨んで大に発揚せられたる者にして、吾人は此御趣意、御精神を名《なづ》けて、完全なる民主々義と名くるの甚だ適当なることを信ず。[*23]

仁徳天皇が難波の高津宮の高殿に昇り、人家の竈《かまど》から出る炊煙が乏しいのを見て庶民の窮乏を知ったという伝説に幸徳もまた注目し、民情と天皇の「御趣意御精神」とが一致する姿に民主主義を重ね合わせている。さらに続けて、「吾人の所謂民主々義が、国史の上に無前の光輝を放てる」のは、五箇条の誓文を見ても明らかかと言い、「豈《あ》に是《こ》れ所謂民主々義の神随《(ママ)》精華を発揮し尽して余蘊《ようん》なき者に非ずや」と問う。[*24]民情と天皇の意思とが一致することが、民主主義であると胸を張るのである。

日本で初めて成立した政党内閣である隈板《わいはん》内閣（第一次大隈内閣）が一八九八年六月に成立した。同年一〇月（内閣瓦解の前月）に、幸徳は政党内閣である隈板内閣について論評する記事を書いている。幸徳の隈板内閣に対する評価は厳しく、「初めから無為無能」と断言し、[*25]支持しない姿勢を見せる。「今の政党員なるものに責任といふ念は微塵もない」がゆえに「今の政党なるものは政党の資格は全くない」[*26]と考える幸徳は、したがって天皇の信任を隈板内閣は得られていないと推測する。幸徳が考えるあるべき組閣の姿は、天皇は「人民の信頼する所と背馳《はいち》」せず、「人民が信頼する所は直ちに、御信任在らせ玉ふ所」として、首相を任命するというものである。これこそが五箇条の誓文が言うところの「所謂上下《しょうか》一致」のことであったとする。逆に、「現内閣に御信任が在らせられぬ」ならば、「現内閣が既に民心を失つて居る」のと同じであり、本来は「上陛下の御信任と下人民の信頼が背馳するといふことは決してない」のだから、逆に「若し之れありとするものは、実に国民を不忠の賊となすもの」というに他ならないと言う。[*27]

天皇の「御信任」と人民の「信頼」とが常に一致するものであり、君民間には本質的な矛盾はないとするのが幸徳の考えであった。君民のそれぞれの意思が政治的にも一致するところに民主主義が成立し、その君民一体を前提に幸徳が考える「革命」がなされるのである。近代日本で、天皇意思と人民意思とが一致するところに民主主義が成立すると見る者は他にもいる。[*28]特段に幸徳がその点ユニークなわけではない。ユニークなところは、そのような君民関係を前提に「革命」を説く点にあった。

幸徳にとって君主の存在が重要なのは、君民関係のあり方にあった。「皇室と人民」と題する記事のなかで幸徳は次のように述べる。

古今東西、王化の洽《あまね》く行はれて、人民忠良の心極めて熾《さか》んなるは、独り皇統の一系なるに在らず、独り所謂皇室の藩屛《はんぺい》てふ貴族の多数なるに在らず、皇家が一般人民と直接親近するの時に在り、皇家が事実に於て人民全体の代表者たるの時に在り、皇家が事実に於て人民を赤子として教養するの時に在り、皇家を以て国家なりとするの時に非らずして、却《かえっ》て国家を以て皇家なりとするの時に

在る也[*29]

ここで幸徳が注目しているのは、連綿と続く皇統ではなく、君民間の距離であり、その関係のあり方であった。皇室の人民に対するその感化作用、すなわち皇室の文化的機能を重視しているのである。少なくとも、ここで言う「人民忠良の心」自体には肯定的な価値が与えられている。人民の内面に「忠良の心」が醸成されること、すなわち人民が皇室の徳に感化を受けて臣民として同化していくこと（「王化」）への承認がある。

右田裕規によれば、メディア産業が皇室写真を利用して商業的利益を上げようと、近代複製技術が動員されていく起点が一八八八年であったという。さらに立太子式における皇太子の肖像を附録にした新聞は発行部数を伸ばし、雑誌では一八九五年一月に創刊された『太陽』が皇室写真ブームの牽引役となっていき、その後一九一〇年代には多くの雑誌がこの『太陽』に追随しはじめるという。一九〇〇年代半ばから天皇家の日常を撮影したスナップ写真までが新聞に掲載されていくようになる。[*30]このように、国民は直接天皇と触れあうことはなかったものの、新聞・雑誌に掲出される写真を通じて一八九〇年代以降その姿に親しむこととなる。幸徳の尊王的記事が発表される時期は、そういったメディアの消費者戦略が開始されていった時期とも重なっていたのである。君民関係が感覚的に近くなっていく実感は、幸徳自身の規範的な国体観にももとづくが、そういったメディア戦略ともあいまっている部分があったと思われる。

メディア戦略もあり、世紀転換期の天皇（明治天皇）をはじめ皇族は、神話のなかの神聖で神格性のある存在とばかりは言えず、人格の持ち主たる一人の自然人としてもイメージされていったのではないか。天皇は、国民からは現実には接近しえないものの、精神的には緊密な関係をとりうる存在として立ち現れていったのではないか。幸徳が次のように、天皇を媒介にして「民主主義」を成立させうるように述べることができるのは、そういった世紀転換期におけるメディアによるリアルな皇室イメージの明確化とも関係しているように思われる。

> 夫れ所謂民主々義を以て、共和政治の専有物となし、立君政治と両立せずと信ずる者あらば、是れ大なる誤り也、堯舜《ぎょうしゅん》は実に民主々義者なりき、禹湯《うとう》文武も民主々義者なりき、而して古来其君主の尤《もっと》も完全に、尤も熱心に之を執持し代表し実行せるは、実に我日本に如《し》くはなし、我万世一系の宝祚《ほうそ》、宇内《うだい》に冠絶して、振々無窮に栄ふる所以、豈に偶然ならんや。然り、之を民主々義と名く可らずんば、即ち之を忠君主義と名くるも可也、愛国主義と名くるも可也、但《た》だ万機民意を主とし玉ふの御誓文、木戸公の所謂、民と偕《とも》に居り民と共に守るの御趣意、御精神は、炳乎《へいこ》として日月と光を争ふ、是れ我国是也、国体也、之に背き之を忌む者は、実に陛下の罪人也、而して宗祖列聖の罪人なるを断言する也。[*31]

ここで幸徳は、民主主義は「共和政治」の「専有物」ではないとし、民主主義は「立君政治」、すなわち立憲君主政と矛盾しないと主張する。古来日本では君主が最も熱心に民主的であって、その意味では民主主義というのは「忠君主義」、もしくは「愛国主義」と言ってもよいのだとまで述べる。さらに一八七三年七月に公表された木戸孝允の「憲法制定の建議書」[*32]の一節を引いて、「万機民意を主と」する政治志向が「民」と一体となって国家を守るべきとする天皇の「御趣意」にあることを幸徳自身も示そうとした。幸徳は、これこそが「我国是」、「国体」であり、これに違背する者は「陛下の罪人」であり、「宗祖列聖の罪人」であると断言する。

ここはかなり積極的で強い調子で、幸徳が述べていることが伝わってくる部分である。民主主義は立憲君主制とも、「忠君主義」や「愛国主義」とも矛盾せず、国体とも矛盾しないということを力説するのである。民主主義を共和政だけに独占させないと幸徳が述べる時、それは共和制と君主制とは世間一般には矛盾するという認識を前提にしていると考えられる。もし民主主義が共和政だけの専有物なら、君主制の日本は民主主義と矛盾する体制を採っていることになるが、それは否定しなければならなかったからである。結果的に幸徳は、共和制と君主制とは民主主義を媒介させることによって地続きであることを肯定しているのである。

また皇室の「万世一系」の冠絶性を神話に求めず、それを君民一体を基礎とする日本の「民主主義」に求めていることに留意したい。それは、自明で静態的な神話ではなく、民主主義というダイナミックな人為の継続に求めていることを意味する。そういった民主主義の継続は君民間を接近させることによって可能であり、この一体化した君民両者が国家を「共に守る」というのが、幸徳の考える「忠君」であり「愛国」であり、立憲君主制であった。

このような幸徳の理想とする政治形態は、国家が直接民主制によって支えられるというものであった。一九〇二年に「社会主義と直接立法」と題する論説を幸徳は書いている。幸徳は、明治憲法が国民による直接投票権、とりわけ憲法改正に直接国民がコミットする契機を許さない点を不満あるものとして位置づけていることがそれによりわかる。ここでは、憲法改正にコミットするための国民による「直接投票権」や「直接発議権」が得られないことを「承知」しながらも、やはり「現時の国民参政権がノンセンスであるのは確かである、政治の本義が国民直接の政治に在るのは確かである」と嘆息する。そして、「直接投票と直接発議とが、政治の本義に一歩を近づくものたるも亦確かである」と述べる。[*33]このように幸徳にとっては、国民投票やイニシアティヴ（国民発議権）は「政治の本義」に近づくための一段階であった。

直接民主制的契機があってこそ、「政治の本義」に近づくというもの――このように考える幸徳が、一方で君民一体の国体論を抱いていたという点からすれば、田中正造による天皇への直訴の際の嘆願書原案を幸徳が書いたというのはなんら不思議ではない。

一九〇一年一二月一〇日、衆議院開院式を終えた明治天皇の乗る馬車が日比谷公園の南西側、西幸門前交差点付近にさしかかったところ、衆議院議員田中正造が、足尾鉱毒問題の惨状を訴える直訴状を天皇に渡そうとして現れた。田中はすぐに警官に捕縛された。田中の手にあった直訴状の論理はまさに、日本が日本たるゆえんは君民両者の距離が密接な君民一体にこそあるとするものであった。左が、幸徳が素案を書いた直訴状の一部である。

> 吾人は信ず、人生茲《ここ》に至つて唯《た》だ天に訴へ仏神に訴ふるの外なきことを、幸ひにして我が国民は至仁至慈の皇室を奉戴《ほうたい》す、昊天《こうてん》に号哭《ごうこく》して而して竟《つい》に　天皇陛下に直訴せんと欲するに至ること、洵《まこと》に日本帝国臣民の至情なることを、是れ洵に我が日本の日本たる所以にして、仁慈なる皇室と忠誠なる臣民との関係実に斯の如きことを。〔略〕我が憲法法律の多く範を取れる欧洲の君主国に於ても、其臣民は君主に直接請願する慣例多し、直接に郵書を帝王に奉贈するあり、聖駕出遊の途次、天顔に咫尺《しせき》して願意を奏するあり、毎月幾多の不敬罪者を生ずる独逸《ドイツ》に於ても実に斯の如き也、〔略〕明治聖代の臣民にして何ぞ独り　天皇陛下に直訴し奉ること能《あた》はずとす可んや、夫れ皇徳は天の如く覆《おお》はざることなし、地の如く載せざる所なし、雨露の如く潤さゞる所なし、而して臣民の皇室を敬愛し奉つること赤子の慈母に於けるが如し[*34]

このように、田中正造が明治天皇に直訴したことは「帝国臣民の至情」から来るものであり、そのことは慈恵的な皇室と忠誠的な臣民の関係を示そうとするものであった。それがこの直訴状の論理であった。

先にも見たように、幸徳にとって国家は天皇と国民とがこぞって守るものであり、それは「貴族の国家でない、将校の国家でない、御用商人や投機師の国家ではない、社会人民全体の国家であ」った[*35]。したがって幸徳は、「我輩も亦日本国民」であり、「日本国家を組織する一分子なり」というアイデンティティのもと、「日本の国家と国民とが真に危急に瀕するの時」は「若《も》し当然の順序方法に依りて其選に当らば、一兵卒の任と雖も甘んじて其命を奉ずべきなり」と述べるのである。ただし、徴兵の実態は「金ある者は教育を受け教育を受くる者は兵役を免」れ、実際の兵士たちは「殆んど皆貧乏人の子弟」であるという不公正な状況になっていると非難する。にもかかわらず、徴兵において「当然の順序方法に依りて其選に当たる」ならば、「我輩実に甘んじて国家国民の為に死すべきなり」と明言する[*36]のは、国家は人民全体のものであるからであった。

以上見てきた幸徳の尊王論・国家論を要約すれば、国民は天皇の徳に感化される存在である一方で、尊崇と忠義の念を天皇に向ける存在であった。こういった法外の文化的領域における君民関係は、理念的には共同して国家を支える存在ともなった。そのような共同関係の延長線上に、幸徳はめざすべき「革命」の帰着点を見いだしたのである。ここには、中江兆民からおそらく影響を受けたと思われる共和主義的な側面が見られる。

4 「君民共治」としての共和政

幸徳にとって国家は、君主と一体化した国民全体による共同体であった。国家を擁護・維持するために徴兵制も位置づけられていた。そのような幸徳が理想とするところは、直接民主制による政治が保障されている国家であった。そういった「政治の本義」からはずれるものの、代議政治のもとでの選挙へのコミットについては、幸徳は国民による重大な義務であると主張する。すなわち、「選挙は権利也、然れども一面に於ては確に義務也」、「国家の為めに善良なる議員を択み、其国家の進歩と隆昌とに竭《つく》すの点に於ては、明かに重大なる義務たらずんばあらず」というわけであった。[37]

　幸徳にとって国家の存在には大きな意味があり、選挙は国民自らの代表を選ぶ国民の権利というよりも、国家の運営を国民が担うための重大な義務であるとされたのである。幸徳の師であった中江兆民は、一九世紀末の日本にあって共和政の本質をその言葉の原義から正確に理解していた数少ない思想家の一人であったと、近年でも注目されている。[38]

　ここで多少の留意をもって見ておかねばならないのは、中江にとっての国家がいかなる存在なのかという点と、皇帝や国王の存在の意味である。

　中江は「共和政治」とは何かについて、「帝王位ヲ置キ又ハ大統領職ヲ設クルトヲ問ハズシテ、只国法ヲ以テ政府ト為シ一国ノ職務悉《ことごと》ク全国民ノ意ニ出ルトキハ、余ハ之ヲ名ケテ共和政治ト曰ハン」と述べている。[39]「国法」によって政府を設置し、その国の職務がことごとく「全国民ノ意」にもとづくときは、それは「共和政治」と言ってよいというわけである。注目すべきは、そこの国に大統領職があることは言うまでもなく、帝王すらいても、そのことは問わず、「共和政治」の範疇に入れることができると述べている点である。

　中江はそのすぐあとに、「共和政治」の原義である「列彪弗加《レピユブリツク》」に注目し、この言葉は「公共ノ事務ノ義」であると説明している。[40]共和政・共和国と訳される res publica ／ république の本来の意味は、公共のものとか公共社会であるということだ。中江は、res publica/république の本質に寄り添って中江は正しく共和政とは「公共ノ事務」のことであり、だからこそ「全国民ノ意ニ」政治が「出ルトキハ」、それは共和政と言うのだと説明するのである。また同じように、「苟《いやしく》モ政権ヲ以テ全国人民ノ公有物ト為シ一二有司ニ私セザルトキハ皆「レスピユブリカー」ナリ皆ナ共和政治ナリ君主ノ有無ハ其問ハザル所ナリ」とも言う。[*41] res が「もの」という意味であるということを中江は理解し、それゆえ res publica には共和政・共和国という前に「公共のもの」「公共のこと」という意味があったことを知っていた。中江も説明するごとくそこに本来的には帝王や大統領の存在の有無は問われないのであり、中江はそう正しく認識していた。中江は、イギリスのような立憲君主政の国もまた、国民が選ぶ議会と首相がある以上は「行政立法ノ権並ニ皆人民ノ共有物」であり、それもまた共和政というべきであると述べる。[*42]

国家は、全国民による共同体であり、その国家の「万機」に民意を反映させるための選挙権は国民の権利というより義務と述べた幸徳は、「共和政」「共和国」という言葉を使わなかったが、その国家観は中江の「共和政治」にもとづく国家という理解を、不完全ではあるが、継承している。幸徳は自分が支えようとする国家を「共和国」としては位置づけていなかったという点では不完全であるが、国家を人民全体による共同体として捉え、その国政を民主的に継続させる選挙は国民の義務として位置づけようとした点においては、共和政的な国家観に近かったのである。

中江もまた、ルソーの『社会契約論』の翻訳のなかで、「彪弗利《ピユブリカ》は公を言うなり、列士彪弗利《レスピユブリカ》は即ち公務の義、猶《な》お衆民の事と言わんがごとし」と言い、「民すでに自《みず》から律例を造為するの権を操《と》る」時は、「則ち所謂る帝なるもの、所謂る王なるもの、皆な一長吏の類たるに過ぎずして、初より我の自から治を為すに害なきなり」として、民選の立法機関の成立によって国民による「自治」が立ち上がれば、皇帝も国王も国家の一機関となって相対化されると述べていた。[*43] 中江は、一八八一年三月に「君民共治之説」を書いたが、共和政になると君主の居場所が無くなるのではないかと恐れる日本の共和政嫌いの人間について意識しながら、君主の存在・不在が共和政であることを決定づけないと述べる。したがって共和政を支持する者は君民の区別をつけるべきではないと考えるものだと、中江は指摘する。まさに共和政であるかどうかについては、「君主ノ有無ハ其問ハザル所ナリ」というわけであった。[*44]

君主の存在にかかわらず共和政は成立すると中江が述べたのは、伊藤博文・井上馨・大隈重信・黒田清隆らを初め、薩派や大隈の側近らが一八八一年一月半ばから二月初めにかけて熱海の井上邸に入れ替わり立ち替わり訪れ、憲法や国会のあり方について（憲法制定がほぼ決まりであることは熱海会議の前に井上が福沢諭吉に漏らしていた）[*45]、あるいは国家財政や新規の国家事業などについて話し合われた、いわゆる熱海会議のおよそ一か月後のことであった。イギリス型の議院内閣制からプロシア型の立憲君主制までの幅でなら天皇の存在は否定されないし、国家は人民の公共物であるという共和政理解をもってすれば、天皇の存在すら包摂してしまう中江の共和政認識は、現実の国家構想とそう遠くに離れてしまったわけではなかった。

第一回衆議院議員総選挙が行なわれる数か月前の一八九〇年四月に、中江は『撰挙人目ざまし』を公刊する。そこで中江は、「国会をして議政の権を専有せしむ」るのを「無限委任論者の言なり」と述べ、他方「国民をして議政の権を監督せしむ」るのを「有限委任論者の言なり」と説明する。要するに前者は代表委任のことであり、後者は命令委任のことであったが、中江は続けて、「有限委任論は平民主義に於て最とも適合せる者なり」と付け加える。[*46] 命令委任、すなわち直接民主制的志向性こそ「平民主義」と最も適合的であるとしたのである。

幸徳もまた、「直接投票と直接発議とが、政治の本義に一歩を近づくもの」と述べ、「政治の本義」に近づけるものこそ直接民主制であるとの認識を持っていたことはすでに述べた。国家は人民全体の公共のものであり、人民と国家とを結びつけるものとしての、神話を必ずしも媒介しない人格的な君民関係を重視していたのが幸徳であった。国家が人民にとっての公共のものとなる際に天皇の存在は問題にならないどころか、むしろ有益に働くというのが幸徳の認識であり、そのことは、中江の共和政理解と矛盾はしなかった。

ただし、中江が言うように、君主、すなわち天皇の存在を前提とする共和政を構想することは可能である（「君民共治」論）というのと、幸徳の文字通り君民一体の共治論というのとでは、君主の位置づけ、その重点具合は異なる。幸徳における天皇の位置づけの方が、より重点がある。

さて、社会主義者であった幸徳秋水が、いかなる意味で社会主義者であり、その後いかなる意味で無政府主義者に変転していったのだろうか。これまで見てきた幸徳の天皇論・国体論や共和政的志向性との関係如何はどうなのか、次はそのことを見ていこう。

5　初期社会主義の時代

明治後期の日本の社会主義の特徴として、国家や社会を有機体として捉えるということに関しては、先駆的な研究として松沢弘陽『日本社会主義の思想』[*47]がある。欧州の社会学者であるコントやスペンサーらの国家有機体説、あるいは社会有機体説が一九世紀末の日本において社会主義者たちに受容されていった。人々の個性や職能などを根拠に分業化され、相互に有機的な連関を持ち、全体として国家や社会を構成するという認識は、資本家と労働者、地主と小作農という関係を優劣・上下関係として捉えず、並列の分業関係として捉える利点があった。差別ではなく差異として捉える認識である。

ここには、社会の底辺で労働する者も、決してその地位が劣位であるとは捉えられず、それもまた社会を担う役割であると理解される一方で、一人ひとりは国家や社会という全体抜きには存在しえないという、全体の絶対化につながりかねないパースペクティヴが内包されていたこともまた事実であった。

国家を有機体として、団体として理解しようとするのは社会主義者だけではなかった。いわゆる「天皇機関説」論争で国家は団体であり法人なりと主張したのが、公法学・国法学の専門家であった美濃部達吉であったことは周知のことである。法人というのは民法上の概念で、その団体に権利義務の主体であることの資格を認めるもので、そのことにより権利義務の主体である私人との間で法的な権利義務関係が見いだされることになる。すなわち国家が法人であれば、私人である国民個人に国家が損害を与えた場合、国家はその賠償の責を問われ、その責任を果たす義務が生じることとなるのである。美濃部は、そうして国家権力が無答責なものではなく、場合によれば制約されるのだという点を明らかにしようとしていたのである。実際に一九〇五年一〇月頃から翌年六月頃まで美濃部は『法学協会雑誌』や『国家学会雑誌』などで、権力の濫用問題や国家が私人の利益を侵害した場合の賠償責任などを論じていて、その後に展開される「天皇機関説」論争にそこでの美濃部の論説が強い根拠となっていくのである。[*48]

逆に天皇主権説を唱える穂積八束《やつか》や上杉慎吉は国家を法人と見ることに反対しており、彼らは美濃部の論を「私法的の観念を以て説明したる弊《へい》」があると非難していた。[*49] また国家を有機体的な法人と見なすことは、国家を人民や君主個人と引き離して別個の団体として捉えることにつながることになるとして穂積や上杉は美濃部を批判していた。それに対して統治権の主体を国家ではなく、天皇に置く穂積や上杉の議論では統治権が君主一身の利益のためにあることになり、国家があたかも君主個人の利益のために運営され、ひいては国家が君主の所有物のごとくになってしまうと懸念を表明する[*50]。国家は君主一個人の所有物ではないと考える美濃部は、君主が個人の欲望として人民を支配したり、国家を支配したりするものではないと説く。もしそうだとすると、領土や人民は君主の世襲財産であるとする、かつての西洋思想のようになってしまうと言う。美濃部によれば天皇は、団体としての国家認識が進んだ日本において、国家のために国家を代表して統治を行なうもので、みずからの私的欲求を満たすために統治権を総攬をするものではないと主張するのである[*51]。

これは、かつて法制官僚の井上毅が記紀神話にまでさかのぼってその根拠を求めた天皇支配の正当性の型である「シラス」と親和性の強い統治理念である。すなわち、君主の私欲が排除され、公共物としての国家のために君主が国土と人民を文化的に（その感化力によって）支配するというのが「シラス」型統治であった。その「シラス」型統治とは対極にあったのが、国土・人民を君主の私有物として支配する「ウシハク」型統治であり、これは西欧の君主制があてはまると想定されていた[*52]。美濃部は、統治権の主体が天皇であるとした場合に、それがあたかも天皇による欲望的な国土支配・人民支配となると して、そこに「ウシハク」型統治の片鱗を見つけたということになろう。穂積・上杉と美濃部との間の相違は、統治権の主体が自然人なのか、非自然人たる団体なのかという点にあった。統治権の主体が自然人なら、国家の決断如何は統治権者の主体如何に依存する。逆に統治権の主体が自然人ではない団体なら、国家権力の行使は統治権を現実に運用する自然人はその団体のなかで必然的に制約されることになる。

以上を穂積や上杉の側から見ると、まず国家有機体説は西欧における君主制と共和制（あるいは二人は民主主義とも言う）の妥協の産物であって、その両者の対立の歴史を有さない日本にあっては不向きの説であった。[*53] また、統治権の主体が、美濃部が言うところの、自然人とは区別された団体である国家というものに属すこととなれば、それは君主の存在・不在を問わず「民主共和国」のようになってしまうと上杉は危惧する。[*54] 上杉からすれば、美濃部の国家法人説は日本の国体を共和国に近づけてしまう危険なものであったのだ。穂積や上杉にとって国家は、法理上の抽象物として考えれば、そこに意思があるとギリギリ想定することは可能であっても、現実には国家の意思は自然人たる天皇の意思をおいてほかにはないと考えるものであった。穂積は、国家は法理上の観念においては人格を具有していて、[*55] よって国家には意思があり、その意思は主権であると述べる。[*56] また権力は意思であると言い、意思は人を離れて存立せず、国家の意思とか国家の権力というのは法理上の抽象であって、その本体は必ず自然人の自然意思に帰属するものであると述べる。国家の意思は法理上に成り立つ法律意思のことであるが、法理は空中に楼閣を築くことができず、自然人の自然意思の上においてのみ国家の法律意思を構成することができると結論づけるのである。[*57]

以上のような美濃部の議論については、国家や社会を有機体である団体として捉える社会主義者らと認識が共通していたのである。

幸徳が社会主義論を展開する時も重視したのが、ここでも道徳であった。幸徳は、一九―二〇世紀転換期において道徳と相反するものが一つは「愛国心」であり、いま一つが私有財産制であったと主張する。「愛国心」は、国境や国籍で共感や同情の熱情を区別するものであり、惻隠・慈善という普遍的な道徳からはずれていると見る。[*58]

「愛国心」については、さらに次のように言う。

社会が適者生存の法則に従つて、漸く進化し発達し、其統一の境域と其交通の範囲も亦《ま》た随つて拡大するに至るや、其公共の敵とせる異種族、異部落なる者、漸く減じて、彼等が憎悪の目的亦た失はる。憎悪の目的既に失ふや、其親睦結合せる所以の目的亦た失はる。於是乎《ここにおいてか》、彼等が一国、一社会、一部落を愛するの心は、変じて唯た一身、一家、一党を愛するの心となる。曾て種族間、部落間に於ける蛮野なる好戦的天性は、即ち変じて個人間の争闘《そうげき》となれり、朋党間の軋轢となれり、階級間の戦闘となれり。嗚呼純潔なる理想と高尚なる道徳の盛行せざるの間は、動物的天性の尚ほ除却し能《あた》はざるの間は、世界人民は遂に敵を有せざる能はず、憎悪せざる能はず、戦争せざる能はず。而して之を名けて愛国心と云ひ、之を称して名誉の行となせる也。[*59]

幸徳は、社会というものは「適者生存の法則」が働いていて、それにより社会は「進化」していくと理解している。そして、統一された人々の「境域」や「交通の範囲」はその社会進化とともに拡大すると、種族間や部落間が敵対視し憎悪しあう目的を失い、国・社会・部落ごとの愛着心は分解されてしだいにアトム化し、愛着の対象は縮小して一身・一家・一党になっていく。幸徳は、集団的な闘争心、すなわち「蛮野なる好戦的天性」が維持されている時、それを「動物的天性」と呼んだ。逆に、そのような闘争心の集団性が個人性へと縮小していくことが社会進化の方向性であり、文明化であると考えたのである。したがって、そういった「動物的天性」は反道徳的とされる。社会進化の法則は、動物的自由から道徳的社会へ進むはずと考えられた。

ところが、日本では社会の進化は進まず、道徳も得られず、憎悪の減少も見られないで「動物的天性たる「蛮野なる好戦的天性」は解消されない。むしろその「愛国心と軍国主義の狂熱が其頂点に達する」と、領土拡張による帝国主義政策の展開により、国費と人命を犠牲にして「其終局する所を知ら」ない状態に陥る。これを称して、幸徳は「動物的愛国心」と言う。[*60]

もう一つの反道徳的なものが私有財産制であった。反道徳的、すなわち「動物的愛国心」や私有財産制にとって、本来はブレーキ役を担うのが科学の進歩であった。私有財産制は社会的な公平性・平等性を損ねる。社会的な公平性や平等性を促す背景に科学・歴史・進化があると、幸徳は見る。したがって私有を廃して、社会主義に移行するのが科学の進歩に適合的であると判断するのである。

一九〇三年に著した『社会主義神髄』の一節を引用しよう。

今日の社会を救ふて其苦痛と堕落と罪悪とを脱せしむる、貧富の懸隔を防止するより急なるは無し、之を防止する、富の分配を公平にするより急なるは無し。之を公平にする、唯だ生産機関の私有を廃して、社会公共の手に移すに在るのみ。換言すれば即ち社会主義的大革命の実行あるのみ。而して是れ実に科学の命令する所、歴史の要求する所、進化的理法の必然の帰趨にして、吾人の避けんと欲して避く可らざる所にあらずや。[*61]

「貧富の懸隔」を防止するには「富の分配を公平にする」ほかなく、そのためにこそ「生産機関の私有を廃して、社会公共の手に移す」、すなわち社会主義の実現は必然であり、それは科学・歴史・進化にもとづく「必然の帰趨」であると述べたのである。科学・歴史・進化にもとづく「必然の帰趨」は、もとより個人の意思を超えた法則に他ならなかった。「革命」は「天」であって、「人力」ではないと喝破した幸徳は、ここでも社会主義への転換は科学・歴史・進化にもとづく変革であるという認識と重なる。

幸徳としては、世紀転換期に日本に定着しつつある資本主義は、労働や生産のあり方は「協同的」で「社会的」になっているのに、その生産がもたらす利益は社会的に共有されず、「地主資本家てふ個人の為めに領有せらる」状態であると指摘する。幸徳のイメージする社会は、協同の労働を必要不可欠な要素とする有機体的な組織であった。日本においても一九世紀末以降はマニュファクチュア段階から機械制を導入した工場制機械工業の段階に突入し、「生産機関の膨大し、事業の発達し、生産の増加すること高度なるに及んで」いて、したがって「其運用は到底個人の技量の能く堪ふる所」ではなく、「遂に多数協同の手腕を要するに至る」ような社会へと変貌していた[*62]。個人の意思如何で大きく左右されるような組織ではもはやない、そういう社会が成立しているというのが幸徳の認識であった。

労働・生産が協同的に機能し、個人の意思如何で左右されない客観的で有機体的な組織に社会が変容しているにもかかわらず、その主な利益のみが地主・資本家個人に限定されることが「一大矛盾」であった点に幸徳は注目する[*63]。ここに、幸徳が社会主義者たるゆえんがある。それに対して、富の分配を公平にして貧富の格差を是正するのが社会主義であった。社会主義への大変革は、科学・歴史・進化的理法が可能にする（個人の意思を超えた法則）、そう幸徳は考えた。

では、これらの矛盾を解消し貧富の格差の是正を阻むものは何か。それは、排他的な個人の「自由」であった。しかもそれは反道徳的であるという意味で、いわば「動物的な自由」であると言ってよかった。幸徳は言う。「土地や資本や、一切の生産機関は、人類全体を生活せしむる所以の要件也、之を壟《ろう》断《だん》し占有するは、即ち人類全体の生活を左右し、死命を制する所以」であると。逆に人類の平和・進歩・幸福に反し、それらを蹂躙するのは地主・資本家たちである。したがって、これらの社会問題を解決する唯一の方法は、「一切の生産機関を、地主資本家の手より奪ふて、之を社会人民の公有に移す有るのみと」なる[*64]。

以上のように幸徳は、反道徳的な「動物的」で「蛮野」の「自由」に、生産手段の公有を対置するのである。社会主義とは、このように「動物的」なる「自由」を制限する道徳的な公有化体制ということになる。さらに幸徳曰く。

社会主義は即ち是等《これら》世襲の所有者に代ふるに、社会公徳の代表者を以てし、放逸の資本家に代ふるに、責任あるの公吏を以てし、私人の使役せる雇人若《も》しくば社員に代ふるに、公共の任命せる職員を以てせんと欲するのみ、而して其産業の進歩は独り所有者の利益たる者に非ずして、社会全体皆直ちに其恵に欲するを得べしとせば、予は未だ各人が今日に比して其職に忠ならざる所以を発見することを得ざる也。[*65]

地主などの土地所有者に代えて「社会公徳の代表者」を、「放逸」の資本家に代えて「責任あるの公吏」を、私企業の社員に代えて「公共の任命せる職員」を幸徳は充てる。幸徳は「動物的な自由」を抑制するために有機体的な組織としての社会という存在に満足することなく、生産手段の公有、「公共」に奉仕する「公吏」「職員」を重視する社会主義への転換を主張する。

ここで幸徳は、社会主義の向かうところは「我国体」となんら矛盾しないと主張する。

社会主義の目的とする所は、社会人民の平和と進歩と幸福とに在る、此目的を達するが為めに社会の有害なる階級制度を打破して仕舞つて、人民全体をして平等の地位を得せしむるのが社会主義の実行である、是が何で我国体と矛盾するであらう歟《か》、有害なる階級制度の打破は決して社会主義の発明ではなくて、既に以前より行はれて居る、現に維新の革命に於て、四民平等てふことが宣言せられたのは、即ち有害なる階級の打破ではない歟、そして此階級の打破は即ち我国体と矛盾どころ歟、却つて能く一致吻合《ふんごう》したものではない歟。[*66]

幸徳は、「階級制度の打破は決して社会主義の発明ではなく」、「維新の革命」における「四民平等」

のことではないかと言う。幸徳は国体を弊害のある階級制度の打破のことであると措定したうえで、本来は近世身分制の解体であった明治維新の変革を社会主義による階級支配の打破の問題と同等のものと強弁するのである。ただ、ここで幸徳のこの認識が歴史的事実に照らして間違っていると指摘するよりも、国体にどういう意味を込めようとしていたかを理解しておくことの方が重要である。

そこでさらに次の幸徳の言葉も見ておこう。

社会主義は元より君主一人の為めにするものでなくて、社会人民全体の為めにするものである、故に進歩したデモクラシーの主義と一致する、併し是でも決して国体と矛盾するとは言へぬ、何となれば、君主の目的職掌も、亦社会人民全体の為めを図るの外はないのである、故に古より明王〔君〕賢主〔王〕と呼ばれる人は、必ず〔立派な〕民主主義者であつたのだ、民主主義を採られる君主は必ず一種の社会主義を行つて、其徳を謳はれたのだ。[*67]

幸徳はここで、社会主義は「社会人民全体」のために行なうものであり、君主の「目的職掌」もまた「社会人民全体」のためにあったと強調する。したがって古来「明君賢王」と呼ばれる君主は、「社会人民全体」のために働くなど「民主主義」を採用しようとする者であり、その意味で「民主主義」を採用する君主は「一種の社会主義を行」なうに等しいと評価するのである。日本の君主たる天皇は、「社会人民全体」のために存在することを通して社会主義とつながっていると幸徳は説明する。幸徳の「革命」論は、君主に依存することを前提とするものであり、すでに述べたように天皇は「万機民意を主と」することを自らの規範とするものだと幸徳は捉えていた。幸徳にあっては、こういった国体は社会主義と矛盾しないものであった。

先述したように、幸徳が理想とする君民関係は神話ではなく人格を媒介とするものであり、そのような関係を前提に君民ともに国家を守るものとした。こういった君民一体の姿は、直接民主制によって補強されるものでもあった。こういう、国体と矛盾しないという幸徳の言説は弾圧逃れというより、本当に国体論もまた日本の社会の共同性を根源的に支えるものであると考えていたからというべきだろう。[*68]

幸徳にとって天皇は、国家を理想の姿へ変質させるための手段であった。国家とは人民全体の公共のものであり、そのための「不純物」を排除するためにこそ天皇は存在した。その変革の目指すものは社会主義であり、それは「決して君主一人の為めに図るのでな」かった。言うまでもなく「朕は即ち国家なりと妄言したルイ十四世の如き極端な個人主義者は、元より社会主義者の敵であ」った。[*69]そして次のように述べる。

　日本の皇統一系連綿たるのは、実に祖宗列聖が常に社会人民全体の平和と進歩と幸福とを目的とせられたるが為めに、斯る繁栄を来したのである、是れ実に東洋の社会主義者が誇りとする所であらねばならぬ、故に予は寧《むし》ろ社会主義に反対するものこそ、反つて国体と矛盾するものではない歟と思ふ。[*70]

社会主義と国体は矛盾するものではないというだけではなく、天皇統治の正当性は「皇統一系連綿」という自明性にもとづくのではなく、「祖宗列聖」による「社会人民全体」に対する行ないの連続にもとづくものであると主張したのである。幸徳は、所与のものなる「万世一系」性と天皇家による国家統治の正当性とを一体不可分のものにするのではなく、その正当性は皇室による行ないの帰結であると位置づけてみせたのである。

幸徳は、「動物的な自由」（個人本位）に対して、社会というメカニズムと、道徳という個人抑制の原理とに依存して社会を構築しようとしていた。だが、日露戦争末期以降、こういった「社会化」から再び「自由」（個人本位）へと幸徳の思想は転回していくことになる。

6　無政府主義への変転

幸徳がいつ無政府主義（直接行動論・アナルコサンジカリズム）に転じたかという点については議論があるが、[*71]『週刊平民新聞』での筆禍事件（新聞紙条例違反）で一九〇五年二月から七月まで投獄されていた時期も、その後渡米していた時期も、ともに無政府主義への変転の一つの契機になっていたことは大方の認めるところである。投獄中には『田園・工場・製造所』などを通してクロポトキンから影響を受けていたことは周知のことであるが、[*72]元来、幸徳には直接民主制論にもとづく直接行動的な志向性があったし、幸徳には無政府主義に変転する要素がもともと潜在していたという点は考えておくべきだろう。

そのうえでやはり決定的であったのは、一九〇五年一二月からの渡米であったであろう。その間の一九〇六年四月一八日に起きたサンフランシスコ震災が、その決定的な契機になった。サンフランシスコでマグニチュード七・八の大地震が起き、約三千人の死者を出し、人口約四五万人のうち約二〇万人が家を失った。幸徳はこの機に、ある「実験」を経験したという。それは無政府主義状態についてであった。

予は桑港《サンフランシスコ》今回の大変災に就て有益なる実験を得た、夫れは外でもない、去る十八日以来、桑港全市は全く無政府的共産制（Anarchist Communism）の状態に在る。商業は総て閉止、郵便、鉄道、汽船（附近への）総て無賃、食料は毎日救助委員より頒与する、食料の運搬や、病人負傷者の収容介抱や、焼迹の片付や、避難所の造営や、総て壮丁が義務的に働く、買ふと云つても商品が無いので金銭は全く無用の物となつた、財産私有は全く消滅した、面白いではないか、併《しか》し此理想の天地も向ふ数週間しか続かないで、又元の資本私有制度に返るのだ、惜しいものだ。（桑港四月二十四日）[*73]

サンフランシスコでは突発的ながら「無政府的共産制」の状態が現出され、財産私有を消滅させた。一方で破壊のなかからそれを修復しつつ相互扶助を自律的になす者が現れる。いわば「災害ユートピア」[*74]の展開を幸徳は見ている。社会のメカニズムが破壊され、財産の所有関係が混沌としたなか、他方では人々の自発的な救済活動も展開されたことを幸徳は目撃していた。幸徳は、この「災害ユートピア」に「無政府的共産制」の幻影を見る。ただし幸徳にとって無政府主義とは、国家による権力作用そのものの喪失では必ずしもなかった。六月二三日、幸徳は帰国した。

すでに直接行動論への傾斜が見られていた幸徳であったが、このサンフランシスコ震災での体験を契機に、幸徳は自己の思想を「社会化」重視から改めて「自由」重視へと変容させた。彼自身、「余は正直に告白する、余が社会主義運動の手段方針に関する意見は、一昨年の入獄当時より少しく変じ、更に昨年の旅行に於て大に変じ」たと。そして、「社会主義の目的を達するには、一に団結せる労働者の直接行動（ヂレクト、アクション）に依るの外はない」と論じるにいたった。[*75] 段階的に無政府主義へと傾斜していったことがわかる。このあと一九〇七年二月一七日には、第二回日本社会党大会で議会政策派と論争するにいたる。

かつて社会を有機体的な組織として見た幸徳は、それに見合う国家＝社会主義を目指そうとしたが、投獄と渡米を契機に無政府主義に傾倒した。かつて、「動物的な自由」を克服するために社会というメカニズムを呼び寄せようとした幸徳は、その社会に埋没していた個人を呼び覚まして、再び「自由」に注目した。ただし、これは「動物的な自由」への回帰などでは全くなく、むしろ道徳に依存した新しい「自由」への追求を意味していた。

この点は、同じ無政府主義者でも大杉栄とは異なる。大杉は、法外の存在である道徳でさえ容赦しない。いわく、「法律は折々圧制をやる。けれども道徳はのべつ幕なしだ」と。[*76] あるいは、近代の「征服の方法」は発達した。すなわち、「政治！　法律！　宗教！　教育！　道徳！　軍隊！　警察！　裁判！議会！　科学！　哲学！　文芸！　その他一切の社会的諸制度！」と。[*77] 逆に幸徳は、道徳の力を信じて疑わなかった。無政府主義については幸徳は、「決して暗殺其物に非ず、狙撃其物に非ずして、実に今の学術智識より醞醸《うんじょう》し来れる大思想」であると断言し、「筆は剣よりも強し、何者の威力、権力、金力も、決して是等の大思想を鎮圧絶滅することを得ず」と言い切る。[*78] 道徳は、それが物理的な実体を持たないがゆえに破壊されないという信念があった。物理的な力、実体ある力と比べて何ほどかの力があるのかという疑問に対しても、物理的・実体的な存在でないからこそ「鎮圧」されないという、まごうことなき真実に幸徳は依存するのである。

道徳・内面の重視は、実体あるものがこれら内面によって生成しているということへの認識となった。その一つの表れが、政治権力が権力の主体であることを「迷信」と理解する点につながる。幸徳は、「政府に対して迷信を抱て居る」とか、「自分は政府の保護によりて生活して居るものだ、政府がなければ秩序も何もなくなつて生活して居られぬと云ふ迷信を抱て居る」と言って、政府の政治権力が生活をも包括する秩序を生成していることを衆庶の民による「迷信」の結果として受けとめたのである。精神作用如何によれば、政府の政治権力でさえ無力化できるという信念を、このように幸徳は抱くのである。そのうえで幸徳は、「労働者は議会に上るの必要はな」く、「議会は取れなくてもい、」、ただ直接行動で土地もカネも権利も実力占拠するだけだと主張するのである。[*79]

このように見ると、幸徳が主張するのは、明らかに強い個人（道徳や思想、内面の良心を基礎とする）が想定されていることがわかる。構想されているのは、体制（＝迷信）の再生産の否定であり、そのためにこそ直接行動が先行し、行動の前に思想（「自由」の思想＝迷信からの自由）が先行するということであった。

一九〇九年に管野スガと創刊した『自由思想』の「発刊の序」でも、幸徳は迷信から自由になれと主張する。「自由」の思想が「自由」の行動を促し、それが社会の幸福につながると。そこで否定されているのは思想の「外部」にあるものであり、肯定されているのが思想の「内部」であった。神も国家も政府も法律もすべて受け入れればよいが、これらは「外部の強権の為めに強ひらるゝ」のではなく「自己良心の論理と宇宙の理議とに合するを待て為さしめば」、そこではじめて奴隷であることを免れて「真個自由の人」になると言う。[*80]

道徳・内面を重視するからこそ、迷信・陋習・世俗的伝説的圧制からの自由に執着する。一九一〇年六月一日に大逆罪容疑で検挙された幸徳が死を目前にして「基督抹殺論」を獄中で書いて（脱稿は一一月二〇日）、キリスト教を否定してみせたのもその一つであった。

なぜ幸徳はこれを書いたか。近代日本においてすでに「国民旧道徳の根底」が動揺をきたしたものの、それに代わりうる「新倫理」が確立せず、したがって人々は「安心立命」を得るためにキリスト教に信仰を求めたと幸徳は見るが、ではたしてキリスト教とは何か、それを見きわめねばならないとしてこれを書いたのである。[*81]

そのうえで幸徳は、キリスト教が道徳的訓話として価値があることと社会に多大な影響を及ぼすこととを認めながらも、聖書は史実ではない点、その訓話は時代に合わないこと等の理由で国民の道徳としては却下するのである[*82]。キリスト教は現代宗教としては古く、進歩した社会に適合せず、安心立命を得られない。キリスト教はその迷信性・虚偽性において否定されるのである。キリストの伝記は史実としては迷妄・虚偽であり、その「仮面を奪ひ、扮粧を剝ぎて、其真相実体を暴露」するためにもキリスト教を世界歴史のうえから「抹殺し去る」ことが必要だと「宣言」するのである[*83]。これがキリスト教「抹殺」の意図であった。

　もちろんキリスト教の「抹殺」は天皇制解体のメタファーというわけではなかったのは、これまで見てきた行論上からも明らかであった[*84]。元来の「迷信」嫌いであった幸徳の延長線上で考えれば不自然なことではなかったのである。獄中で幸徳が弁護士に語ったところによれば、「私共の革命はレヴオルーシヨンの訳語で、主権者の変更如何には頓着なく、政治組織、社会組織が根本に変革されねば、革命とはもうしません」と言い、明治維新では天皇は「依然たるも」、それにかかわらずこれは「革命」と呼ぶべきだと述べている[*85]。

　そのうえで幸徳は、無政府主義者による革命が起きた時、「皇室をドウするか」という問題については、「我々が指揮命令すべきことでありません、皇室自ら決すべき問題です」と結論づける。皇室は「他人の自由を害せざる限り」、「自由に勝手に其尊栄幸福を保つの途に出で得るので、何等の束縛を受くべき筈はありません」と明言する[*86]。

　天皇の存在は革命を阻害せず、革命後も天皇を含め皇室の存廃は皇室自身の自己決定によると述べ、さらに「迷信」であるところのキリスト教を「抹殺」すると表明する幸徳は、では最後に何を明確に残すのであろうか。それは「真個の道徳」であった。「真個の道徳」とは、決して「天下《（ママ）》より降下し来れる者」ではなく、「地上人間の自然の性情に根ざして開ける美花」であると言う。天上のあらかじめ神格化されたものではなく、世俗の自然人の内面から生まれる道徳に、幸徳は依存しようとしていたのである。[*87]

7 「君側の奸」排除としての無政府主義

無政府主義者へ転向した幸徳は大逆事件に連座させられ、一九一一年一月一八日に死刑宣告を受け、それからわずか六日後の一月二四日に絞首刑を処されて、この世を去った。それから二年後に第一次護憲運動が起き第三次桂太郎内閣が瓦解するという大正政変に発展して、それ以降、立憲政にもとづく民主化運動の推進が活発化した。「大正デモクラシー」は、直接行動論と無政府主義に傾倒していった幸徳秋水がこの世から葬り去られたあとに展開した。

社会主義者から無政府主義者に変転した幸徳は、一貫して君民一体論なる国体観を抱き続けた思想家であった。そのうえで革命や直接行動も説き、無政府主義者となっても君民一体論は捨てなかった。その後大正デモクラットの多くが、国体を前提とする民主化論を展開していったことを考えると、幸徳秋水は、そういった大正デモクラットたちの民主制論の範型を先取り的に形成させていったとも言える。

君民一体論と直接行動論・無政府主義は、案外相性は良かった。一九〇七年二月一七日に日本社会党大会において、幸徳は講演を行ない、議会制を否定して直接行動論を主張したのである。次に見るように、幸徳は直接行動論を説くことを通して政治的中間層を否定しようとする。曰く、「電車騒動の時に、西川（光二郎――住友）君が太鼓を敲《たた》いて先に立つたとしても、決つして労働者は西川君に引《ひき》つれられたのではない、太鼓を敲く人は何時でも必要ではない、仮に西川君が途中で逃げ出したとしても、労働者は構はず進で行くことが出来る」と。[*88] さらに、「労働者の直接行動に於ては、先きに立て行く者は労働者を引連れて行くのではなくして、後から押されて行くのである」と述べる。[*89] 大衆を導く中間的エリートはここで不要とされており、ここではその存在は広く大衆のなかの一人とされる。君民一体論からすると、これら横一線の大衆と天皇との間には何者も存在せず、精神的には君民両者は政治的中間層が排除されればより一体となる。やや形を変えれば「君側の奸」排除の状態とも言える。「君側の奸」排除は無政府主義の向かう先と大きくは違わなかった。

幸徳の天皇観や国体論を詳細に考察した倉重拓は、「右翼思想家の北一輝と幸徳秋水を並べて語ることには抵抗を感じるが」としながらも、北と幸徳との君民一体論の共通点があることを展望しようとする。[*90] 幸徳と「右翼」を結びつけることについて倉重にやや躊躇があるものの、両者の共通項を探り、それが君民一体論にあるという点は疑う余地はないものだ。

その後、幸徳の無政府主義を継承したのが大杉栄であったが、大杉は大正期の思想家には珍しく、彼の国体観を確認することはできなかった。自己の内面にまで厳しく目を向け、外部から抑圧されて「他者」的なまま自己のアイデンティティに食い込む「自我」の棄脱を試みようとした。[*91] そこまで徹底して自己すらも疑うにいたった大杉は、関東大震災の混乱状態のなかで伊藤野枝らとともに憲兵隊の甘粕正彦大尉らに連行され虐殺された。

「大正デモクラシー」は、時期的にはサンフランシスコ震災以降熟成されていったが、関東大震災で大きな曲がり角を迎えた。そのなかで多くの初期社会主義者たちは、本能・感情・道徳といった法外なるものを人と人とが対等な関係を結びうる緩衝帯として位置づけていった。これらは幸徳にとっては「革命」の主体を構築する手段であり、また精神的には君民一体を担保できる領域でもあった。本章で見たように、その領域への執着は有機体的な組織としての社会から自立する個を強化する手段でさえあった。

逆に大杉は本能や道徳などすらも他者から強制された結果としての「自我」と見て、それらを「棄脱」することをめざそうとした。大正期の思想家のなかでの大杉の突出具合は、幸徳や、また同じ無政府主義者でも石川三四郎でさえもかなわないものであった。

石川は敗戦後「無政府主義宣言」を執筆して象徴天皇制を支持する論を展開する。[*92] 石川は、「日本民族」を救うために「無政府主義の原理」を実行するといって「政権」も「天皇制」も存在しない「自治協同の平和境」の実現を夢想する。それは天皇の存在を否定することではなく、「愛と和とに勇敢なりし天皇を擁護する」ことであった。天皇は原点回帰的な、すなわちすべてを初期化する（「神武創業」に帰る）力があったと位置づけられている。[*93] この初期化機能こそ、さまざまな立場からの国体論に共通している論点ではないか。すなわち、無限の「君側の奸」排除の志向性である。無政府主義者から言えば、「無政府共産制」への回帰だ。ただし幸徳秋水の場合は、天皇という存在の正当性の根拠は神話にはない。人民との間で構築されてきた歴史的なプロセスでの関係にあった。

日露戦争中にトルストイが平民社に投げかけた、「神なき非戦論」は可能か（神に依存しないで個人は存在しうるか）という根源的な問いに対して、大杉は神の存在そのものを否定し、個人の存立すらあやうくした。幸徳は辛うじて神話に依拠しない物語としての国体を内面化させたが、国体に依存することを回避できなかったどころか、国体を前提にしなければ「個人」を確立させることはできなかった。

第三章　デモクラシーによる立憲主義
——国体とデモクラシー

1　デモクラシーの主体は何に依存するか

人は、神という超越的で絶対的な存在に依存せず、自らの意思だけによって善を判断できる規範を持つ個人へと陶冶されていくのだろうか。これが根源的な問いであると、近代の日本人にどれほど理解されたかはわからない。社会主義者から無政府主義者へと変転していった幸徳秋水でさえ、自己の良心が依って立つ根本に自覚的であったかどうかは非常に怪しい。だからこそと言った方がいいかもしれないが、近代日本の民主化の時代、その政体を支える国民の良心が神格化された天皇を範型として作られていたとしても、そのことはいったん留保することができたし、その限りでは民主化を支える国民は自らの主体性に疑いを持つ必要はなかった。

また、明治憲法体制自体も国家統治の基盤の一端を臣民の内面に期待して、そこに依存しようとした。主権国家の自己制限たる立憲主義は、教育の場を通じて教化された臣民個人の内面にも依存し、臣民個人が内的規範を自己内に常駐させることで、民意を通して堅固なものになるはずであった。これは見ようによっては民主化であり、また同時に国家の自己制限、すなわち立憲主義であった。したがって、明治憲法体制下での民主化は決して体制からの逸脱ではなく、むしろ体制の再生産、あるいは強化を意味した。

天皇権威と軍閥とを背景として国政のルールを逸脱する第三次桂太郎内閣に対して、議会勢力の一部と多くの国民を巻き込んで展開された内閣打倒運動が「憲政」を「擁護」する運動（第一次護憲運動）であったというのは、当時の立憲主義と民主主義との関係を示唆しているのである。

第一次護憲運動以降に本格化する「大正デモクラシー」と呼ばれる政治社会運動と思想が、立憲政治に反する専制へのカウンターとして始まったというだけではなく、一九三〇年代以降立憲政治を逸脱して議会主義への懐疑心が強まる国民意識を準備していくという視点にも留意しておこう。そういう意味で、大正デモクラシーは明治史からの文脈と昭和戦前期にかけての歴史につながる文脈を持っていたということになる。

本章ではもう一度吉野作造に注目して、彼が一九一六年一月に「憲政の本義を説いて其有終の美を済《な》すの途《みち》を論ず」において代議政治を機軸とする「民本主義」を華々しく提唱した一方で、君民関係は支配・被支配の制度的関係ではなく、それを止揚した人格的・道徳的関係であらねばならないと述べていたことはきわめて重要であると指摘しておきたい。[*1] しかし、そのことは既往の大正デモクラシー研究にとって死角となっていた。[*2] では、なぜ民本主義の提唱が君民の人格的・道徳的関係に帰着するのか。本章では、デモクラシー思想と国体論との関係の一端を明らかにし、大正期のデモクラシー状況の再考に資する論点を呈示しつつ、吉野の君民関係論の意味を考えてみたい。

2　立憲主義の方法としてのデモクラシー

立憲主義とは、国家権力は制限されなければならぬという原則のことである。[*3] 明治期の論者の言葉にも耳を傾けてみよう。「内に立憲主義、外に帝国主義」論の代表的論客であった浮田和民によれば、「立憲政治とは憲法によりて政府の権力を制限し、人民（個人及び私設団体）の自由を確保し、政府をして憲法上許可せられたる条件の外に出で人民の自由を侵し、又は行政上無責任の事を為さしめざるの謂《いい》」であった。[*4] 人民の自由を確保するために政府権力を憲法によって制限する、それが立憲主義だという模範的で明快な定義である。

明治憲法は、統治権を総攬するのが「万世一系の天皇」であると規定し、内閣に強力な権限を与えていた。民意や議会から超然としている内閣への権力抑制は、立憲主義の原理にかなうものであった。選挙という国民信託の洗礼を受けていない藩閥政府にまともな責任を負わせることが、同時に「憲政」を「擁護」する、すなわち立憲主義を堅持することにほかならなかったのである。議会が政府の行為を監視してその権限を制約することも立憲主義の原則であったという意味で、民主的原理もまた立憲主義の手段と位置づけられていたことになる。

二〇世紀最初の一三―一五年間の日本では、大正デモクラシーを象徴する「民本主義」という理念よりも、むしろ「立憲主義」という理念の方がより大きな響きを持っていた。「民本主義」を初めとするデモクラシー思想が言論界・思想界で盛んに提唱されていくようになるのは、第一次護憲運動を経た一九一三年になってからである。それまで「内に立憲主義、外に帝国主義」という理念が日本における有力な政治的理念であったことなどは、その表れである。
　後世の歴史家が「大正デモクラシー」と呼んでいるものは、政府権力の制限のための方法として、民意に基礎を置いた議会中心の政治のことであった。ただし、議会政治が何の障害もなく重視されたわけではなかった。まずは民意が重視された。しかもその民意は、それまでの議会に投票を通じて集約される制限選挙下の有産者の意思の総和ではなく、議会から放逐されていた実体のない民意を含めてのものであった。前者を輿論《よろん》だとすれば、後者は世論《せろん》と言うべきであった。[*5]世論は日露戦後に表出してきたものであった。しかもその世論は、大衆レヴェルのナショナリズムを前提とするものであった。言うまでもなく、それは日比谷焼打事件において表出した。ジャーナリストや新聞はその民意を「公憤」と呼んだ。[*6]
　こういった、ナショナリズムを前提とする群衆の鳴動が、一見実体を持たないように思える民意にリアリティを与えた。日比谷焼打事件から二年数か月後に、ある地方新聞は「輿論」は虚無かと問い、「吾人は社会の存在を認む、何ぞ輿論の存在を否《いな》まん」と答えた。なぜそのように言うことができるか。それは、マスメディアの一つによれば、「民族精神、時代精神、国民精神」という個人の「複合心理的実在」、すなわち人びとに「挙国一致」的な「知的作用」を及ぼしうる、確固たる現実の社会が存在しているからであった。[*7]
　この文脈で言う「輿論」――私なりの言葉で言えば世論だが――は、その実在への確信は社会の実在への確信に依存し、その社会の実在への確信は「民族精神、時代精神、国民精神」といったナショナリスティックな意識の表出に依存するのである。
　桂園時代が終焉を迎えようとする一九一二年に、『憲法講話』で美濃部達吉が法人という民法概念を使って国家を表現し、だから国家の権限は絶対的ではないとして国家の主権の制限を説き、さらに立憲政の手段として政党内閣を唱道した。[*8]また翌々年には先の浮田和民も同様に主張する。浮田は「世間」が「立憲政治と政党内閣とを混同」することを戒め、「立憲政治の方便」として政党内閣を提唱する。なぜ政党内閣なのか。それは、政党内閣が「政府の責任を確実にし又た民意輿論を発揮する為めの機関に外なら」ないからであった。[*9]このように、政党内閣は立憲政の方法として位置づけられ、重視されたのである。

　しかし、二〇世紀初頭の国民には政党内閣に対するトラウマと不信感が存在した。それは、日本初の政党内閣であった隈板内閣が単なる議席の寄せ集めであり、理念・政策の違いからあえなく空中分解したという経験と、日露戦後の民衆騒擾が示すように多くの国民は議会政治＝代表制そのものへの信頼感を失いつつあったという点である。このように、「大正」という時代は、すなわち大正デモクラシーは代表制の揺らぎのなかで始まったのである。[*10]

　議会外の世論が民衆騒擾というかたちで実体化することで、人びとに議会外、すなわち社会の意思（世論）の存在を確信させたと同時に、その群衆の直接行動が暴走することへの懸念も生じることとなった。日比谷焼打事件の五か月後に浮田は「日本人民には未だ政治思想あらざるなり」と、半ば諦念にも似た感想を吐露しなければならなかったほどであった。[*11]輿論政治の基盤となるべき「群」としての個人の欲望をいかに制限するかという問題は、早くも二〇世紀の社会の課題になっていた。やはりそれに対して浮田は、一九〇一年に「群集の精神は個人の精神に比較すれば其状態幼稚《ようち》にして劣等に属するものなり」と述べていた。[*12]私人としての欲望を持つ個人が群となって集まった時の無軌道な力をいかに制限するかという問題に、国民国家の成熟度を上げていこうとした知識人たちが直面したのである。

では、この難問に彼らはどのように答えたか。それはまず、「人類」の人格を公私で分離し両者を区別することから始めていくのである。

　個人を離れて、別に国民あるに非ず。唯《た》だ国家の中に生活する人類は、同時に二種の精神を有するものにして譬《たと》へば同一体中に二個の霊魂あるが如し。一は個人としての精神、一は国民としての精神即ち是なり。第一は私情的霊魂にして、第二は公共的霊魂なりと謂ふことを得べし。二者固《もと》より相離れて存するものに非ず。第一は第二の基礎として離る可からざるなり。人誰か己を愛せずして国を愛する者あらんや。然《し》かも愛国心と愛己心とは同一に非ず。何となれば己を愛する者必しも国家を愛する者に非ざればなり。己を愛するは人情の自然にして所謂第一の天性なり。国を愛するは教育、習慣の結果にして第二の天性なり。*13

この一九〇一年の文章で浮田は、「個人」の次元で「愛己心」を発揮するのは〈自然〉で、「国民」の次元で「愛国心」を発揮できるのは〈作為〉によると解釈していた。ここでは、自己を愛することと、他者を含む「国」を愛することとを区別していることに留意しておこう。

　さらに、民衆騒擾を目の当たりにした浮田は、「我国の多数人民は未だ公議輿論を発生し得る迄に進歩し居らざるなり」、「彼等の意見は猶《な》ほ一種感情の程度に止まれり」と、日本人に政治思想が根付かないことを憂いつつ、「現下政党第一の任務は先づ此の輿論を発生せしむるに至り。政党にして若《も》し能《よ》く幾分にても民間に真個輿論の発生を促《うな》がし、其の成立に於て成功することあらば政党として能く其の現下の職分を果たしたりと言ふ可し」*14と、それを補ううえで政党の代表機能を評価するようになった。

　一方で、桂新党構想の出現から大正政変、そしてシーメンス事件を経て、政党の暴走を警戒する声も聴かれるようになる。吉野作造に先駆けて一九一三年に「民本主義」を提唱する、穂積八束《やつか》の正統的継承者の上杉慎吉はもちろんだが、東洋経済新報社の石橋湛山までそのような危機感を表明する。桂新党計画が発表された一九一三年一月二〇日の直後に石橋は、「代議政治の場合に於いては、善悪共に、人民の承諾の下に之れを行うものな」ので、「代議政治の下に於ける暴虐は、かえって遥かに専制政治の下に於ける暴虐よりも甚だしき」と代議制による「暴虐」の危険性に注目し、「政党主義の下に、我が国民また英国民の如く、腐敗堕落の悪政に沈淪するなきやを、甚だ懼《おそ》れずんばあらず」と述べた。[*15] そして、こういった制限的な代議制による「政党専横の弊」を防ぐためには選挙制度の改正、すなわち普通選挙の採用（有権者の拡大）よりほかはなしと断言するのである。[*16]

このように輿論政治への人びとの関心が高まるなかで、民衆騒擾を起こす群衆とそれに対峙する議会政治とがともに新しい政治の拠り所としては信頼されていたわけではなかったのである。しかし、民衆騒擾と政党への不信があってもなお、輿論政治そのものに対する不信が高まらず、むしろ立憲主義と調和しうることが確信されていたのはなぜか。それは、当時の日本人にとって明治維新という歴史的経験があったからであった。実際はともかく、明治維新を民力の発展として捉える維新観が流行したことは、そういった日本人の自信を増幅させるのに十分なほどであった。

田中彰によれば、大正期の最も特徴的な維新観は憲政史的維新観であり、封建制度から立憲国家への転換という視角で見る見方であった。[*17] 例えば、大正期には政党内閣制論を唱道するも、その後アジア主義や「社会国民主義」などを提唱しつつ、日本におけるファッショ運動を展開していく中野正剛は、「明治維新は内幕府三百年の専制治下に鬱結せし国民の元気が、外世界の大勢に刺戟せられて一時に勃発し、等族国家主義の政体を打破して公民国家主義の政体を確立せる未曾有の盛事」であると豪語した。[*18] 明治維新はそれまでの徳川治下の「専制」的な「等族」支配を解体し、そこから解放された国民を等質な「公民」として編成する国家に変容させたというのが、中野の近代日本理解であった。こうした明治維新認識のために、国家は国民の解放者として理解され、「国民の元気」を伸張・暢達させて輿論政治を発達させることと国家の存立とは矛盾のないものと受けとめられていたのである。

二〇世紀初頭の日本人にとって民主化を進めるために自らが輿論政治の主体になりうる能力を持つという自信を得るためには、その同時代を作った歴史こそが輿論政治形成のプロセスで、その歴史を君主たる天皇と共有しているという物語が必要であった。そうすると、大日本帝国憲法発布は明治維新が王政復古であったことを正当化する出来事で、大正期のデモクラシー的状況は帝国憲法が国民の憲法であることを正当化する出来事ということになる。権謀術数と暴力的なクーデタの連続であった明治維新の過程は、かくして民主的なプロセスとして正当化されていく。権力が保有する暴力に源泉を持つ立憲主義が民主化の起点として正当化されることで、主権の自己制限が可能になる。これこそが国民国家化の効用であり、これが大正デモクラシー状況の意味である。

3　デモクラシーの主体としての個人創造

国民の「妄動」に対する警戒心は、もちろん明治憲法体制成立時から一貫して支配層内部で存在した。よく知られた、一八八八年六月の伊藤博文の枢密院演説はそれを表明していた。また超然主義もそうであった。例えば、第一次山県内閣の主要ポストなどを歴任した都筑馨六は「多数ノ意見」そのものに対する忌避感を示し、「日本ノ議会ハ〔略〕初ヨリ国家ノ一機関ニシテ、決シテ人民ノ代理人ノ集合体ニ非ズ」と述べるのである。[*19]

国体論からは、民主制の原理（議院内閣制・直接民主制・国民主権）が否定され、日本の国体たる君主主権のもとでの立憲主義を採用することが謳われる。その意見の代表格である穂積八束の言葉を見ていこう。

所謂立憲自治ノ制ハ国民ノ国家的精神ヲ基礎トシ社会的公徳ニ倚頼《いらい》シテ建設セラレタル者ナリ。此ノ要素ヲ欠ク時ハ立憲制ハ断シテ国ノ秩序ヲ害スルノ禍源タラン。輿論ハ何カ故《ゆえ》ニ尊重スヘキカ。国家ノ目的ヲ以テ其ノ目的トスル公同心ニ富メル国民ノ公同ノ意志ナルカ故ナリ。此ノ前提ナクシテ個人アルヲ知テ国家アルヲ知ラサルノ私益ヲ主張スル声カ偶然器械的ニ多数ヲ為スニ於テ何ソ所謂輿論アラン。参政ノ権自治ノ自由ハ皆国民カ此ノ権利ト自由トヲ国家公同ノ目的ノ為メニ行使スルコトヲ条件トシテ認許シタルナリ。個人私利ノ為メニ之ヲ行フト云フトキハ立憲政体ハ国家組織ヲ解放スルノ制タルヲ免レサルヘシ。[*20]

ここで穂積は、「立憲自治ノ制ハ国民ノ国家的精神ヲ基礎トシ社会的公徳ニ倚頼シテ建設セラレ」るものであると指摘する。立憲主義という一種の「自治ノ制」は、「国家的精神ヲ基礎ト」するものであり、それは「社会的公徳」、すなわち国家社会を構成し共有しようとする国民公同の道徳によって構築されていくものであるというのである。また〝国家のための輿論〟を尊重するが、〝個人私利のための輿論〟は「公同心」を欠き、それがいかに多数になっても「立憲自治ノ制」の基礎としては、穂積は却下している。先の浮田同様、穂積も個人（私利）と国家（公同）という二分法をとり、前者を「輿論」の主体から斥けたのである。

さらに別のところで政体と国体との区別について言及する穂積は、立憲制か否かは政体の問題であるが、民主主義か否かは国体の問題であり、日本は民主主義を国体として採用することを認めず、政体としては立憲制のもとで代議制を採用する国であるとも述べている。[*21] 政体たる立憲制（+代議制）と国体たる民主政（+直接民主制）とは区別され、日本の国体のもとでは代議制を採用するが、直接民主制を誘引しかねない――社会契約的国家やジャコバン的共和主義的な――民主主義はきっぱりと拒絶しているのである。したがって穂積にあっては、立憲主義+代議政治という政体こそが日本の国体に適合的であり、民主化を主張しようと思えば論理的には立憲主義に反抗せざるをえなかった。穂積としては、立憲主義に反抗するという意味でも、民主主義は否定されなければならなかったのである。

日露戦後から米騒動まで続く民衆騒擾は代表制原理を相対化させたにもかかわらず、その群衆は決して中心点のない分散孤立型のそれではなかった。実際に民主化・輿論政治の動向が国体と齟齬を来していくかといえば、必ずしもそうではなかったのである。日露講和問題で、対外硬派は「閣臣全権委員は実に陛下の罪人にして又実に国民の罪人なり」と叫び、[*22] 一九〇五年九月五日には日比谷焼打事件に発展した講和問題国民大会を終えた対外硬派と群衆の一部は二重橋前の広場まで行き、楽隊によって「君が代」が演奏されるなか、解散命令を出す警察官に向かって「君ヶ代奏楽中無礼なり」と叱咤するのであった。[*23]

帝国議会に回収されない有象無象の世論（議会に総和されていく輿論と区別して）は、こうして日露戦後に社会の領域から姿を表す。桂太郎が山県有朋に送った書翰で、そのことを「社会と政事の混同」と呼んだ[*24]のはまことに的確な表現であった。日比谷公園から締め出され、議会政治への直接の参加資格を持たない多くの群衆が民衆騒擾というかたちで瞬間的にでも実体化されたことで、社会の実在を人びとに意識させ、このような大衆ナショナリズムの出現を前提に新しい民意（世論）が誕生することとなったのである。

立憲主義を標榜する近代日本で、そのための手段とはいえ、輿論政治論を唱道するためには国体論との折り合い如何は大きな問題であった。それは、日本が民主制を国体の立場から拒絶しているからであった。したがって、大正期に立憲主義の手段として「民本主義」が主張されていく際に、決まってそれは国体と調和するものとして主張されるのである。その方法は、国体観念を包蔵したものとして個人を描く、あるいは国体と調和しうる人格を陶冶するというものであった。美濃部達吉の論敵で天皇主権を主張して譲らない上杉慎吉や、大正期のデモクラシー思想では傍流でさえあったが、敗戦後には国民主権を明記した憲法案を起草した室伏高信などもそうした「民本主義」を説く思想家であった。どちらも直接民主制的原理を志向し（代議制相対化論）、穂積流国体論とは異なる、天皇への翼賛型民意集約論とでも言える新しい国体論を展開していた。彼らの「民本主義」思想は、代議制危機の時代を色濃く反映するものであった。[*25] この点については第五章で展開することにしよう。

さて、日露戦後以降の民衆騒擾、大衆社会化状況、[*26] 社会への実証的認識[*27]の深化などにより代表制が相対化され揺らぎが起こるなか、立憲制の手段として輿論政治に頼らざるをえないにもかかわらず、輿論政治の基礎たる「民」が暴走しかねない状況はデモクラシー思想にとって諸手を挙げて礼賛できるものではなかった。吉野作造も、一連の民衆騒擾の擡頭については一定評価しつつも、そういう事態を背景に注目され始める直接民主制的原理を改めて拒否しようとした。一九一三年七月に欧州から帰国した吉野がのちに提唱した「民本主義」は、大衆社会化状況のなかで盛り上がる新たな民主制への対抗原理を含んでいた。すなわち吉野は、「レフエレンダム」（国民投票制）について、「議会は国民の意思を常に其儘に発表することが出来ない」という実証主義的認識から立てられたものと評する。一方、「今日の民衆運動と云ふものは、或意味に於て一つの政治上の進歩とは見るけれども、他の一面に於て非常に不健全な方向に向つて居」り、「(日比谷公園に――住友)来るものは時勢に慨するとか何とかいふ、感情は昂ぶつて居つても、先づ大体脳中無一物である所の下層〔階〕級の人か、若くは無責任の学生」だという規範的認識により、「議会政治と云ふものは大体に於て今日最良の制度であると云ふ事は疑ない」と結論づける。[*28]

このような日露戦後から大正初期にかけての社会状況を見て、立憲主義のために政党内閣樹立を訴えた知識人は、一方で国民の人格陶冶を訴えた。国民の人格の価値を向上させることが人格の規範的能力を高め、ひいては政府への民主的制限機能に資すると考えた。その限りで人格の価値は「絶対的」なものであった。浮田は、「日本に於て偉大なる国民的理想の実現が必要である」という観点から、「此の大理想を発揮するには人格の絶対的価値を認識したる倫理的思想を普及せしめねばならぬ、又た此の人格の価値を認識する立憲政体を完備し之を形式に止めずして実際に効力あるものと為さねばならぬ」と述べる。[*29]人格陶冶こそが、「国家の威厳も其の根本を破壊さるゝこと」から免れる手段であり、かかる「人格によつて組織されて居るから尊い」のだ[*30]と考えたのである。

吉野も、「民衆を開発して正義の声を理解し之に同情し、又之に饗応する丈《だ》けの素養を作ることに力めたい」と考え、そのことができなければ、「民衆政治と云ふものは、動《やや》もすれば腐敗堕落して、其堕落の底から浮び上る事が出来ぬ」ものとなると述べたのである。[*31]吉野は、代議政治にとって、「民衆」が代議政治に持つ「民衆政治」という側面を機能させるためには「正義の声を理解し之に同情」する「素養」、すなわち「民衆」の「開発」が必要であると述べていた。

彼らが「民衆」に求めた人格とは、およそ自らを制する能力、すなわち自治あるいは自己制限の能力であった。そもそもが立憲主義とは平たく言えば自治のことであった。つまり主権にとっては自己制限である。この能力を個人にも求めたのである。大正政変直後に、大阪朝日新聞神戸附録が紹介した英字新聞『ジャパン・クロニクル』によれば、民衆騒擾が起きたことは「自治の能力の欠如するを表明するもの」であり、「抑《そもそ》も自治国民は自らを制する国民」であるべきだが、実際は「日本帝国の立憲国たる前途夫れ遼遠なりといふべし」という状態であったという。[*32]「自治」能力なき国民の上に「立憲国」は築かれないという発想であった。

このような国民の「自治」能力の目安は道徳にあり、その道徳の準拠となったのが言うまでもなく教育勅語であった。第一章で述べたように、教育勅語は天皇による「政事上ノ命令」ではなく、統治者たる天皇が被統治者たる臣民に命じたものではなかった。教育勅語は、天皇自身による「社会上ノ公告」に過ぎず、したがってそこでの天皇とは公法上の関係において臣民に君臨する存在というより、社会的次元、すなわち水平関係において説諭・感化を与える存在と言えるものであった。水平関係ということでは、君民関係は私法的関係のようなものであった。このように、公法的には天皇は立憲主義によって制約されるが、私法的には臣民それぞれの内面に侵入して人格陶冶を行ないうる感化者であった。その感化者が統治権を総攬する君主として主権国家の一機関となることによって、その国家は事実上の介入型の国家（教化国家）となることができる、そういう仕組みになっていたのである。

立憲主義の原則（公法）からは天皇権限といえども制約されるが、社会上の立場からは、天皇個人の徳によって国民教化を進め、感化の主体としての天皇は国民個人の内面へのアクセスが可能となっていたのである。公法的関係とは異なる、社会上・水平的関係では君民は道徳的関係として取り結ばれることとなるので、そこではいわば天皇は私法上の関係のなかで国民教化を進め、国民個人の内面へのアクセスが可能であったと解釈されていたことになる。

ここでは、権限が大きく制約される立憲主義的な立場と徳の体現者として国民を感化する道徳的な立場という二様の側面が天皇には期待されていたことになる。公法上の制約を受ける立憲主義的な立場としての天皇に対して、私法上の立場として道徳的にふるまう天皇という二様の側面が想定されているといってよい。

日本法制史家の水林彪は、明治憲法は公法・私法二元論を前提に公法上の制約のみが明文化されたと言っていいものの、日本国憲法については通説とは異なり公法・私法一元論で、憲法には両方の制約が盛り込まれていたと説いた。憲法は国家と国民の間を律する法であり、私人間を律する私法と区別されるという考え方からは、憲法と私法は役割を異にする法ということになるが、一七九一年フランス憲法やのちのワイマール憲法では、基本的人権を尊重する観点から憲法が私人間をも律する法としてその役割を与えられており（憲法は公法であると同時に私法）、日本国憲法はそれらの影響もあって公法・私法一元論の性格を持つにいたったと、水林は論じた[*33]。

さらに水林は次のように述べる。そのような性格の憲法が敗戦後に制定されたことで、それを受けて民法も改正されたと。すなわち、私人間の人権の衝突を想定して私権の制限を憲法上設けることとなり、これは敗戦後の民法にも同様の私権制限の原理が書き込まれることとなった[*34]。このような戦後民法の性格は、明治民法では私権制限の条文がないこととは対照的であった。戦後民法に新たに加わった私権制限の条項は第一条に言う、「私権ハ公共ノ福祉ニ遵フ」、「権利ノ行使及ヒ義務ノ履行ハ信義ニ従ヒ誠実ニ之ヲ為スコトヲ要ス」、「権利ノ濫用ハ之ヲ許サス」であった。

水林が示したような憲法の公法・私法一元的性格は日本国憲法の制定をもって成立するとしても、それは戦後に唐突に成立するのだろうか。それとも、それ以前の日本近代の歴史のなかに憲法の公法・私法一元的性格を用意するような準備期間はなかったのだろうか。公法・私法二元論であった明治憲法下での一元化へ向けての展開過程は、実はあったのである。

明治憲法下の日本において、公法と私法を一元論的に捉える、あるいはその境界線を解消させようとする議論が現れ、実際にそのことを要請する社会のあり方が出現することになる。代表的なのが美濃部達吉の公法と私法の関係論である。美濃部は穂積八束・上杉慎吉との天皇や国家をめぐる論争（一九一二年のいわゆる「天皇機関説論争」）の前にゲオルク・イェリネクの影響を受けて国家を法人とみる議論を展開する。法人というのは、団体を自然人と同様に権利義務主体として見る民法上の概念で、美濃部は国家を法人として位置づけることで、国家と国民個人とを支配服従関係としてだけ見ないで、その上下関係を相対化して権利義務上の関係として見ようとした。そのことで、国家が権力を濫用して私人である国民個人の権利を侵害する主体として位置づけようとした。[*35] 国家と国民との関係を、単なる権力関係としてだけ見るのではなく、相互に権利と義務を持つ主体として見ることで、国家権力の冠絶性を相対化し、国家権力といえども無制限ではないという考え方の可能性を広げた。その結果、公法と私法の領域も、必ずしも厳格に区別できるわけではなく、両者の重なる領域、混同する領域を認めていこうとした。[*36] この議論は、憲法のなかに民法の概念が侵入し、憲法の民法化の展開を促すこととなった。

さらにこういう議論は、法と道徳とが混在していく方向を示すこととともなった。例えば、東京帝国大学で学んだあと井上哲次郎と教育勅語の衍義書を執筆し、社会学的倫理学の観点から国民道徳論を展開した藤井健治郎（早稲田大学や京都帝国大学の教授を歴任）は、第一次世界大戦後に次のように述べている。

人間の思想、社会の組織、及其内外的の関係が複雑となるに従ひ法律が次第に複雑となり、完備するやうになるのは洵《まこと》に自然の趨勢であつて、不得已事《やむをえざること》である。〔略〕法律の職能は、消極的のものと思惟せられ、積極的に国民の利益幸福を増進するを企図するは、むしろ道徳の範囲であつて、法律の関与する所でないとせられてゐたのである。然るに輓近に進んでは、かく道徳の職分と做《みな》されてゐたところの積極的企図をも、採つて以て法律に規定すべきものとするやうになつたのである。それは近時頻《しき》りに唱道せられ、現に諸国の立法制《(例カ)》に表はれてゐたところの、無過失損害賠償の思想である。[*37]

ここで展開されている藤井の議論は、いわば法と道徳の一元化の話である。とりわけ、道徳の領域に法が積極的に介入する方向での一元論であった。すなわち、法は私人間（社会）に介入せず、代わりに道徳が私人間（社会）への介入と個人の人格陶冶を担うという分業関係があったが、社会の進展と複雑化にともなって、もはやこの分業関係は崩れていき、道徳の領域を法でカヴァーしなければならなくなったというわけである。そのような発想の議論であった。

以上見たように、立憲主義の方法として積極的な議会政治や政党内閣の成立を図ろうとした立憲主義者たちは、大衆ナショナリズムの昂揚と民衆騒擾が惹起するなか、国民個人の人格陶冶如何という問題に関心を寄せていったのである。また、立憲主義が定着し、実質的に国家の権力を制約していくためには、国民自身の道徳的な陶冶が下支えされなければならず、公法領域（立憲主義）と私法領域（道徳）とは実は融合していく展開を欠くこともできなかったのである。

では、この人格陶冶という目的は達成できたのであろうか。立憲君主制を支える個人の人格はいかにして陶冶されていくのだろうか。またそういった人格形成をめぐる思想的環境とはいかなるものであったのか。

4　自然に〈服従〉する精神

吉野作造にとって代議政治というものは、国民が客分でいることをある程度は容認するものであった[*38]し、先述のような公園で群を作る「大体脳中無一物」な者たちを前提にすれば、立憲君主制を主体的に支えるような人格を備えよという方が困難であった。それが大衆社会であるという一面でもあった。主体的たらんと要請し、大衆の自覚を喚起することは、人民にそういった〈作為〉というストレスを与えることを意味した。このストレスを与えない程度で個人の自制心を発揮できるとすれば、それに越したことはない。その方法の一つが、〈作為〉の有無に関係なく、自己が社会に制約されざるをえない存在であると自覚することであった。これは、上杉慎吉の考える「社会的なるもの」であり、個人に過剰な〈作為〉を説く必要を感じさせないものであった。

一方、吉野作造は一九一六年に大正デモクラシーにとって記念碑的論文となる「憲政の本義を説いて其有終の美を済すの途を論ず」を書いて本格的に民主制原理を重視した代議政治論を説くことになるが、それでもその民主制原理が天皇（吉野は天皇を主権者と捉える）の統治権と鋭く対立することについては想定しなかった。それは後述するように、天皇と臣民との関係は法的・制度的なザッハリッヒなものではなく道徳的で人格的な関係にあると考えていたからであった。民主制原理と主権者天皇との衝突の可能性を、両者の道徳的・人格的関係のなかで自律的に解消できると考えていたからであった。天皇の主権的行為を緩衝可能と考えることができるのは、臣民の側にそれを可能とする道徳的・人格的素養が〈作為〉以前的に備わっているからであった。だからこそ吉野は国民の間にある国体観念の存在を前提に立憲君主制を説き、君徳に感化された臣民が、そのことを通して人格が社会のなかで陶冶されて、個人が創造されていくというプロセスを夢想したのである。かくして、〈作為〉に依存せず国家（主権）を想像し、個人の社会化を促して、立憲政治の基礎として整序された主体へと国民の人格が陶冶されることが要請され始めたのである。

日本における二〇世紀初頭は、生きるためには社会化から逃れることはできないということが喧伝もされ、また多くの人がそのことを自覚していく時代でもあった。社会化せねばならないという実践態度が必要とされていき、いかに生きるか、いかに世渡りをするか、いかに世間とつきあい自分の居場所を見つけるか、そういった処世訓が叫ばれた時代であった。[*39]「いかに生きるか」が注目されるのは、容易に死ぬことはなくなり、より上質の生への渇望が強まることを意味した。実際、日本人の人口の自然増加率を見ると、一九〇〇年頃を境にプラスに転じていて、日本が「生きていける」国として安定しだしたことを意味した。[*40]そのような時代のなかだからこそ、人間の生への強烈な欲望は、生きていくうえでのまた何らかの恐怖や不安による苛虐を呼び込んでしまう。

こうした世の中の、精神上の不安・不調・動揺・圧迫などの症状に対処して、その改善をなして治癒に導く独特な療法が日本において確立していく。ここでは、そのような、ある精神療法に注目したいと考える。それは、一九一〇年代に誕生し、一九二一年に確立した森田療法のことであった。

森田療法の生みの親である森田正馬《まさたけ》（一八七四―一九三八）は、幼少の頃から死への恐怖を抱き、体の不調を深刻な病気だと思い込む心気症（ヒポコンドリー）もあり、たびたび心悸亢進やパニック発作を起こしていた。自分自身がパニック障害を抱え、それを克服した経験から神経症の研究と精神療法の道を歩んだ森田は、東京帝国大学医科大学で「日本の精神医学の草分け」と称された呉秀三に師事し、数多くの臨床経験からやがて神経質（神経症）に対する独特の治療法を第一次世界大戦期から大戦後にかけて確立させていく。これが森田療法と呼ばれるものであった。[*41]

　森田療法の特徴は、精神と身体とは一体のものと捉え、人工的な療法を放棄して「自然に服従すべし」[*42]ということを要諦とするものであった。まず森田は、「精神と云ふものは物質が化合して熱を生ずる如く身体の一つの機能であ」ると、精神を身体と区別せず、一体不可分なものと捉え、さらに、「身体と精神とは、全く周囲の事情と境遇とに由つて定められて居つて周囲の事情を離れて精神はない」と述べたように、心身の作用は外界（環境）によって大きく規定されると指摘した。[*43] 精神とは周囲の環境によって影響を受けた身体の作用のことであり、精神も身体も一体不可分なのだと、森田は位置づけたのである。ここでは、精神の作用はことさら〈作為〉されたものであると認められず、外界（環境）如何によって自ずと決定されるものであり、むしろ精神が作用しないように意識する方が不自然で〈作為〉的であるとされた。

　そもそも森田は、ジークムント・フロイトなどの西欧の精神療法が、人格とは区別された下意識（無意識）に病的原因があるとする点を批判していた。第一次世界大戦後の一九二一年に出版され、森田療法を確立させたと言われている森田の著書『神経質及神経衰弱症の療法』に曰く、

> 特にフロイドは、吾人の日常生活に於ける病的現象は此の下意識観念の影響といふ事から説明が出来るとまでにい（ママ）つて居る。〔略〕吾々は之を唱へて居る人に対してさへも、此下意識観念といふものは、其の自我人格といふものを離れた外物であり、フロイドのいふやうに魔物であり、咽喉に魚骨の刺つたやうな異物であるやうに思つて居るのではないかと疑はれるのである。思ふに此の下意識といふ言葉を使ふ時には、吾々の人格若くは自我といふものの殆んど全部は此の下意識から築

かれて居る。〔略〕されば吾人の日常生活に於ける精神活動は、普通の事であれ、病的観念であれ、皆此の下意識から出て居るのである。[*44]

フロイトは、病的現象の原因となっているものをその人物の人格の「異物」であると捉えており、したがってその療法は「異物」をその人物の人格から除去する方向に向かった。それに対して森田のそれは、病的現象を起こす身心の働きに〈作為〉的作用を強要することなく、その状態に対して従順的・服従的作用を促す点にその特徴があったのである。

例えば、森田は次のように言う。

吾人の感覚、気分は外界に調和、適応する事によりて、臨機応変、其生活機能を完全に発揮する事が出来るが、之に反抗、背離する時には、益々其活動が不調和になり、種々の故障を生じ、終《つい》には病的異常に迄も増進して行くのである。吾人の機能は、生理的にも、自然に外界に調和、適応するやうに出来て居る。〔略〕併し之は吾人の心が自然に対して従順である場合の事である。[*45]

森田は、「吾人の機能は、生理的にも、自然に外界に調和、適応するやうに出来て居る」点を強調する。しかも、「吾人の心が自然に対して従順である場合」であると念を押すのである。逆を言えば、生理や自然、すなわち病的現象を起こす身心と外的環境に抗って何かを〈作為〉せんとすれば外界に調和・適応できず、心に不安・恐怖が生じると述べているのである。森田にあっては、「人為的の工夫によつて、随意に自己を支配せんとすること」は徹底して回避しなければならなかったのである。[*46]「人為的の工夫」、すなわち〈作為〉を放棄して、あるがままの自然に服従すべしと諭すこと、これが森田療法の真髄であった。

ただし、ここで注意を要することは、ことさらに自然に服従せねばならないとして努力することは、これまた否定されているということである。それは、「既に自然ではない」からであった。つまり、「工夫、努力は既に自己を第三者として、客観的に取扱はんとするものであつて、自己其ものではないからであ」った。ここで要請された精神的な態度とは、「他でもない。外界の事情、境遇の選択が是れ」なのであった。[*47]「外界」に抗うことなく、その「事情」や「境遇」を「選択」することが要請されたのである。森田は心気症（ヒポコンドリー）や神経性の心悸亢進症の治療にあたって、その恐怖をあえて除こうとせず、患者には「恐れなさい。思ひ切つてやりなさい」、「病を気にするのが人情だ」と諭すのである。[*48]

そもそも、このように不安を抱き、恐怖におののくのは人間の本質であったと森田は考える。恐怖の最たるものは死であり、死の恐怖の原因は生への渇望にあったからである。生への欲望ゆえに死を恐れ、それがさまざまなものへの不安や恐怖につながった。すなわち、森田の理解では、そのような不安や恐怖こそが、人間の本質の表出なのであり、フロイトのように異質なものとして除去すべきものではなかったのである。

森田は精神と身体とを同一のものと捉え、人の機能は環境に調和・適応できるのが本来の姿であると理解した。精神の世界を自然科学の問題として捉えているのである。実際に森田はフロイトの方法が自然科学的な見方から脱している点を批判する。[*49]本来、精神も自然と同化しているものであるから、西欧的療法のように、人間の良心をあえて意識化してそれを規準に「かくあらん」と当為を積み重ねる必要性は、森田療法にあっては存在しない。森田は、当為の果てに近代をつかみ取ろうとした西欧に対抗して、人間の精神も自然と一体であるということを説いて、当為ではなく自然との一体性を〈発見〉し、受容することに重きを置いた。そのことで、実態と理想とのギャップが生みだす精神的疲弊から人は解放されると見たのである。無用に考えてはならない、あるがままでいいのだという自然への無抵抗な服従（自然と自我との調和）それ自体が重視されている。[*50]

例えば、生まれつき神経質で、心気症のきらいのある四〇歳男性患者への森田の診察が興味深い。彼は、ある日突然電車のなかで「理由なく四肢の運動麻痺が起り」、それ以後たびたび同様の発作が、しかも深夜二―三時頃に起きたところから、一九一九年二月に森田のもとに診察してもらうために訪れた。森田はこれを一種の「恐怖発作」であると見て、[*51]患者に対して次のような指示を行なった。それは、今夜就寝する際に発作が起きるように念じて、もし発作が起きた際にはその発作は一〇―二〇分で自然に治まるので、苦しいのを我慢して発作の模様をくわしく観察をし、次回の診察の際に報告するというものであった。森田は、さらに薬を飲んだり、発作が起きたからといって決して他の医者にかかってはならないと釘を刺した。患者は一〇日ほど後に再び診察に現れ、それから一度も発作が起きなかったと報告した。これに対する森田の所見は、発作が起きるかもしれないという恐怖からこの患者は逃げず、むしろ正面からその恐怖や不安に向き合って恐怖を受け入れた結果、それを原因とする発作が起きなかったのだろうというものであった。その後も一九二一年現在、この患者に発作は起きていないという。[*52]

森田が自らの療法を通して実践し、患者を善導した方法とは、自然に服従せよということであった。決して「思想によつて事実を作り若くは事実をやりくりし、変化させようとする」ことではなく、「思想とは、もと事実から起つたものである」のだから、[*53]恐怖すべき環境になれば恐怖し、安心すべき環境となれば安心するだけでよかったのである。[*54]

興味深いことに、大正デモクラシー期、立憲政治や「民本主義」が説かれ、その基盤となるべき国民の人格陶冶が要請されたその時代に、精神療法の世界のことであったかもしれないが、人為的に「かくあらん」となすのではなく、何もするな、あるがままで、環境や自然にただただ服従せよと説く治癒の方法が確立していたのである。このように説く森田の独特な精神療法は、決して大正デモクラシー期の日本の思想界と隔絶していたわけではないと思われる。森田は青少年時代（高校生・大学生時代）に、志賀重昂『日本風景論』、北畠親房『神皇正統記』、雑誌『東洋哲学』、井上円了『哲学一夕話』、同『哲学一朝話』、福沢諭吉『福翁百話』、中江兆民『一年有半』、内村鑑三『後世への最大遺物』などを読んでいて、[*55]共鳴・共感したものは西洋啓蒙思想のみならず、そういった西洋思想に対抗的な日本独特の思想史の流れでもあったことを推測させる。そういう意味では、森田の精神療法も東洋的・日本的な思想の影響をしっかりと受容していたと考えられる。

以上のような森田の精神療法が確立する一方で、自然に服従する個人の能力への関心が向いた時、国体という人為を超えた秩序への服従が「日本人」として自然に可能であるという言説が定着していくこととは、同じ時代の動向として注目しないわけにはいかないだろう。具体的にどのように連関しあい、相互に作用しあっていたかは明らかではないが、ここではとりあえず注目するにとどめておかざるをえない。

第一次世界大戦期、第四章で見るように地方青年や青年団の間においても、日常的で些細な善行（通俗道徳的なものから皇室への尊崇を表現するものまで）を相互に感化しあうことによって奨励する空間ができつつあった。そこでは、「理窟」や「空理空論」が嫌われてひたすら「実践」「実行」が促された。地域社会においてもこういった感化空間が形成されていくことは、個人の内面において国体観念が定着していく点で重要な契機であったと思われる。[*56]

そのような社会状況からしても大正期の思想家にとって、国体とは〈自然〉の秩序であった。つまり〈作為〉によって創造されるものではなく、人為以前的存在として、また所与の超越的な秩序として想定されていた。

第一章で見たように、主権者の行動規範に制約を与えるものとして吉野作造は「国家威力」に注目し、それゆえ臣民個人の内面の自律的な精神のありようを争点にした。その精神は、臣民個人が主権者と人格的関係を結ぼうとする〈市民〉化に向けてのものであった。しかし作為をもって不断に〈市民〉化を目指すことは、臣民個人に過重な実践態度を課すことになる。したがってここではむしろ臣民は、猥雑な自らの姿を隠蔽して自己をすら欺き、かかる〈市民〉へと陶冶されていくのではなく、その精神は〈自然〉の秩序と本来同調的であるという事実に覚醒することによってその過重な実践態度から解放される。そして〈市民〉化は人為的な努力ではなく、むしろ人為からの逃避によって可能とされるのであった。[*57]

このように国体観念とは、人為としての〈市民〉化から解放される〈癒し〉を提供するものであった。[*58] しかし、その〈癒し〉は〈市民〉化そのものの諦念を意味しなかった。それは、国体観念の保有が、公共社会たる国家を支える「日本人」の潜在能力を意味していたと考えられていたからである。臣民がこの〈自然〉な秩序たる国体と自ずと同調しうることは、〈市民〉へと同化する可能性を内面に保有することを意味したのである。[*59]

5　個人創造のための〈社会＝人格の発見〉

話はここでもう一度本筋に戻る。

民意の主体たる個人の人格は、いかなる内実と資質を有したものとして陶冶されようとしたのだろうか。端的に言えばそれは、「社会」との関係において構成され、その関係のなかで陶冶されるものであった。そのようなものとして個人が創造されていくことになったのである。

暴走する世論の主体たる個人を教化することがおよそ困難なのは、いつの時代でも同様であった。人為を基礎とする近代政治の姿勢は疎まれるからでもあった。輿論政治・民主化の方向にカジを取りながらも世論の暴走を抑制するには、〈作為〉を嫌忌する大衆社会を前提にすれば、それは自ずと人民に苦痛（〈作為〉を要求されることへの）を与えない程度で個人の自制心を発揮させなければならない。その方法は、自己が〈作為〉の有無に関係なく、社会に制約されざるをえない存在であると自覚することであった。

それは、個人と社会とを排他的な関係に置かないで、個人の内面（＝人格）に社会（との関係）が埋め込まれた状態を人格の理想状態とするものであった。

このような人格を有した個人を描こうとした思想家として、私は石橋湛山と与謝野晶子に注目する。

例えば元号が「大正」になった頃に石橋は、「国家または社会は、換言すれば個人の欲望の満足の必要上起ったものである」と捉えた[*60]。国家や社会を「個人の欲望の満足の必要上起ったもの」と捉えている点に注意しよう。「個人の欲望の満足の必要上」であって、「利他の満足の必要上」の誤りではない。まちがいなく「個人の欲望」の延長、すなわち国家・社会を利他ではなく、利己の拡大の延長上に作られるものと石橋は認識しようとしているのである。そのうえで、「道徳とは決して他人の為めにするものではなくして、自分の為めにするものであ」り、「この立場から用捨なく在来の道徳習慣思想を改造して行く」と宣言するのであった[*61]。このような認識のなかで創造される個人は、決して社会を自己の外部において捉えるのではなかった。社会は自己内部に招き入れられ、人格に内包されたものとして捉えられている。自己は、自己内部に取り込んだ社会によってこそ構成されると理解されていたのである。

大正期に「社会の発見」があったとすれば、かくいう意味において「発見」されたのであり、逆にそういった社会を内蔵したものとして人格が「発見」されたとも言える[*62]。

かつて、穂積八束は理想的な個人とは「個人私利」のために行動するのではなく国家と調和しうる公共心を有した個人として行動し、それこそが立憲制の基礎になると述べていたが、ここへきてこの個人観は一見一八〇度転換する。個人は自己のためにこそ行動するものであり、そのような自己のなかにこそ社会（との関係性）があり、社会を内包する個人だからこそ他者や社会、ひいては国家と調和しうるのだという考えが現れたのである。

このように、個人という存在の内面（人格）に時代の関心が集まっていったことと「社会」に注目する認識論が広がっていったこととは大いに関係があり、それは世紀転換期から大正期にかけての重要な歴史の流れであった。すでに世紀転換期以降、個人の「主権化」を防止して、個人の社会化を促進するという意味での「社会」が発見される。それは同時に、自由権に加えて社会権が重視され、民法上でも社会公共の利益が尊重されて所有権の絶対化が揺らぎ始め、権利濫用の抑制、信義誠実の原則、無過失損害賠償責任が俄然注目されるようになっていくこととシンクロしていた[*63]。二〇世紀に入って浮上してきた概念は、これまでの所有権や実定法の世界では保護しきれない社会の利益を守るために創出されたものであった。こういった所有権や実定法の世界に包摂されず分節化もされず、本当は命名もされないような普遍的な秩序の世界、これを私は「社会的なるもの」と呼んだ[*64]。個人はそういった「社会的なるもの」によって構成され、常に更新されていくというのが、世紀転換期以降の新しい認識論であった。

大正期になると、「社会的なるもの」への認識をたくましくして個人の存在意義を大いに謳ったのが与謝野晶子であった。まず与謝野は、「私達の生活は公私とか、家屋の内外とか云ふ二元的の生活様式を撤して、自己と社会とは一体となり、自己の伸張したるものを社会と見るまでに到る生活を要求して居る」と言い[65]、人間の生存している世界を二分している障壁を除去して、自己内と外部（他者）とを区別することをやめる。そして、「人は純然たる利己主義に終始し得られる者で無」く、「其人の生活には家族、友人、社会、国家、人類と云ふ分子が屹度《きっと》少しづつ加つて居る」[66]と、個人の「内部」に無数の「外部」との関係の束が見られることの注意を喚起しようとする。すなわち自己とは、無数の他人との関係の構築物であった。それを与謝野は「発見」している。また、次のように言うのも同じである。すなわち、「他を愛するので無く、一切を自己として愛するばかりです」と[67]。ここで与謝野は、「社会的なるもの」を内蔵させた人格を「発見」しているという意味で、先の石橋湛山と同じことを見ている。

「社会的なるもの」と呼んでいるものは、例えば新派刑法学の牧野英一が言うような「社会化」というものと重なっている。牧野は一九二〇年代になるが、「社会が自ら進んで個人の充実を図るところに、又法律の社会化といふことの特別な意味が存する」と述べている[68]。牧野が注目した「社会」というのは、かつて旧派刑法学が人間の理性を信頼して、だからこそその罪に対応する罰を与えんとしていたのを、牧野ら新派刑法学が、実証主義的な社会認識のなかで性善説から離れて、人間は教育や更生（悪く言えば「飼い慣らし」）に依存しながら社会のなかでこそ創られるという場合の「社会」のことであった。

あるいはむしろ、そのような「社会的なるもの」は、吉野が学問上は「国家」と「社会」を区別するが、通念上は両者を区別しないものだと述べる時の「社会」の方に近い。すなわち、「学問上に於て無政府主義なる所謂国家否認の学説は、直ちに之を共同生活その物の否認と混同してはいけない」と、「国家」と区別した「社会」に注目した部分がいわゆる「社会の発見」という論点の起点なのだが[69]、実はそのあと吉野は、「吾々の普通の用語に於ては、国家といふ文字と社会といふ文字とをあまり厳格に区別しない」と述べていて、[*70]通俗的にはやはり「国家」と「社会」との二分法に留保を付している。

デモクラット以外では、上杉慎吉が「社会的なるもの」としての人間の存在に着目しながら、代表制否認の立場を補強し、一九二〇年代にはそれとは異なる「代表」論を展開する。上杉は、「人存すれば茲《ここ》に相関と連続あるが如く、体制意志存在する、体制意志とは各我を一体に規律組織するの意志である、相関連続は内容であり、体制意志は形式である、各我を一体として相関と連続あらしむるが如くに、何を為すべきや何を為すべからざるやの体制意志が存在する」と言う。[*71]「相関」とは社会的な横の関係であり、「連続」とは時間を超えた血縁的関係である。人は、「今」と「ここ」を超越する存在にならざるをえないという理解である。そのような人間を自ずから形式的に表象するのが「体制意志」（一般意思）である。したがって、国民は「我は億兆一心を代表する者である、同胞兄弟の為めに投票するのである、上は遠く祖先も地下に頷づき、下は子孫の末々まで満足することを期せなければならら」ないとされ、[*72]その投票の主体は時空を超えた「社会的なるもの」全体を代表する主体として措定された。

日本国憲法でも国民が保障される自由や権利は、「公共の福祉」のために制限されるとされる。すなわち、自由や権利を「利用する責任」と、それらを濫用しないという自己制限とによって、自由や権利は「保持」されているのである。そして自由や権利を「保持」できるのは、「国民の不断の努力」によってであると憲法に定められている。このように立憲主義の仕組みのなかに、「保持」するという国民自身の「努力」、つまり主体的な営為というものが組み込まれていたのである。すなわち立憲主義は、一方で民主主義や国民主権を外部から制限するものであるが、他方でそれは国民自身の不断の自己制限によって内部から制限されているとも言えるのである。しかもその場合の「自己」とは、アドホックに存在するものではなく、過去と未来を背負う国民共同体を代表する意識さえ持つものとして描かれている。

後者をより突き詰めれば共和政になる。実は上杉は、天皇主権説のもとでこのパターンの自己制限を提唱しているのである。[*73]

立憲君主制は、君主の権限が立憲主義にもとづいて制限されるだけではなく、行政権力を制約する議会にコミットする国民の自己制限（自治能力）によっても支えられているということが、吉野作造や上杉慎吉を含めた論者の共通認識であった。問題は、その自己制限が何によって担保されるかということである。

穂積八束は国体論から基本的に民主制原理を排除し、君主主権のもとでの立憲主義においては、「国家のための輿論」のみを制限的に正当化する態度をとっていた。そのために、その輿論の主体である国民の自己制限が内在的には担保される余地はなかった。美濃部達吉は穂積や上杉慎吉とは違って、国体を憲法の圏外に置いて、その法外の国体を準拠にすることで憲法を解釈し、憲法が保障しない政党内閣制を位置づけようとしたが、そのシステムを内的に支える国民が自己制限する人格までは担保する術を見いだせなかった。[*74]

それに対して、上杉は君主主権を前提にしていたものの、議会制を担う国民一人ひとりを社会的なヨコの関係と、民族的なタテの関係の交差するところに位置づけた。そのような関係性のなかで国民は自己の人格が構成されることを知り、そのことで議会制を担う主体として自己制限の能力を自覚できると考えた。「国民の真の心は、唯だ現在に生存する国民の心ではなく、祖先より子孫に至り、普《あまね》く通じて存する国民一体の真の心でなければなら」ず、その「国民一体の真の心」、すなわち「社会」の「体制意志」を体現するのが上杉によれば天皇であった。[*75] 国民個人は、天皇が体現する「体制意志」の一部であると同時に、「社会」を自らの人格に内包した点では、その内面に「体制意志」、つまり「国民の真の心」という天皇意思を内在させているといってよかった。そういう意味で、自己制限の能力に担保を与えていたものこそ天皇の存在とその国民的自覚であった。

吉野もまた、君徳に感化された臣民と君主との道徳的関係という国体〈自然〉によって立憲政の精神的基盤が形成されているとする点で、民意の方向性と主権者天皇の意思とが対立した際には、両者の道徳的関係の裁量にゆだねる可能性を認めていた。

以上、吉野や上杉に見られるように、民主化の基礎単位たる個人の人格は「社会的なるもの」や国体といった人為を超越する存在によってあらかじめ構成されているものとして描かれていた。立憲君主制に適合するような自己制限の主体たる個人の人格陶冶は、〈作為〉によって得られるものではなかったのである。国体こそが、そのように人格が陶冶される潜在能力の根拠とされたとも言える。立憲君主制に適合する人格は作為的な陶冶ではなく、日本社会という環境のなかで〈自然〉に陶冶されていくものとして捉えられていた。その方法とは、国民は自らの人格に深く国体が浸潤していることを悟るのみであった。

近代政治学を吸収し、大正期デモクラットの最重要思想家である吉野作造が自らの民本主義を完成させるために、なぜ他方で国体を呼び出したのか。吉野は〈作為〉によってできないものとして、次のごとく日本の「君主国」を理解しており、それを日本の国体の優越性の根拠にしているからである。吉野は君主国は「造る」ことができないという点を前提に、日仏の国体の比較を行なって、フランスは君主制を廃止したために君主国を「造る」ことはできないが、「万世一系の皇室」がある日本では、君主国を維持することが可能だと論ずる。

仏蘭西《フランス》は大統領を君主国の君主の様な地位に祭り上げて、実際の政治には干渉させない、〔略〕是はどうしてそんな風につた《（ママ）》かと云ふと、仏蘭西は今は共和国でありますが、今の共和国になる際に仏蘭西にナポレオン三世が独逸と戦争をして敗けた時に、共和国となつたのでありますが、彼の時には矢張り昔のように王国にしたいと云ふ希望が全国に漲《みなぎ》つて居りました、けれども君主国は勝手に出来るものではない、日本の様に万世一系の皇室があればこそ、さう云ふものがあるから、数千年の歴史を背景とした立派なものがあつて、自然吾々の頭の下るものがあるけれども、理窟から考へて民主国よりも君主国が宜いと云つたとて、何処の馬の骨だと分らぬ者を引張つて来て出来るものではありませぬ、君主国は造ることの出来ないものであります、理窟の上でどんなに宜いと云つても造ることの出来ないものである、造つて出来ないものが、日本にあるから此の点が日本の国体が万国に冠絶すると云ふ所でありますが、西洋にさう云ふものがない[*76]、

右に見たように、吉野は日本という君主国がいまだに存在しうるのは、造ろうとしても勝手に造ることができない「万世一系の皇室」があるためであり、その点にこそ「日本の国体が万国に冠絶する」ところがあるのだと主張する。戦前を代表するデモクラットの第一人者である吉野が、このように国体の冠絶性という〝援軍〟を頼むという点は重視しておいていいだろう。そして日本の国体への着眼点は、「造って出来ないもの」であるということである。すなわち近代政治のなかで、民主的で立憲主義的な議会運営とその仕組みを使った国家運営をほどこすために、その仕組みを支える土台に〈作為〉によっては創出できない国体が所与のものとして存在しているという理解を吉野は示していたのである。そういう観点で吉野は、日本の国体に注目しているのである[*77]。

6　吉野作造の国体論

吉野は、〈作為〉以前に造出されたものがあるとすれば、それは日本の君主制であるという理解を示したうえで、次に主権（主権者天皇）と国民との関係がどうあるべきかを考えようとする。

天皇主権を前提にして吉野は、次のように君民関係を法外の道徳的関係として捉えようとしていた。

封建時代に於ける「お家の為め」は、必ずしも国家の為めにはならない。然《しか》しながら今日は、皇室は国家の唯一の宗であるから、皇室の為めに国家人民の利害を無視せねばならぬといふやうな場合に立ち到る事は到底考へられない。従つて「皇室の為め」と「人民の為め」と、相逆《あいさから》ふことは絶対にないと信ずる。第二に仮りに一歩を譲つて二者相逆ふ事がありとしても、民本主義は即ち主権者の主権行用上の方針を示すものなるの立場からして、君主は漫《みだ》りに人民の利福を無視すべきものではないといふ原則を立つるに何等差支《なんらさしつかえ》はない。只《ただ》仮りに、皇室のお為めに人民の利福が無視された場合ありとして、此際人民は如何なる態度を取るべきかといふ問題になれば、之れに例へば主人の破産の場合に下女などが、着て居るものまでも脱いで主家《しゅか》を助くべきや否やといふ類の問題と同一で、本来上下両者の道徳的関係に一任すべき事柄であつて、制度として法律上之を何れかに強制することは却つて面白くないと思ふ。[*78]

天皇の行為が「人民の利福」を侵害した場合、人民は下女が主人の破産を道徳的動機から助けようとする場合と同じで、法や制度で決めるのではなく、それは君民の道徳的関係に一任すべきであると、吉野は主張しているのである。ここでは天皇主権と民主政治との間に対立関係が想定されているはずであるが、吉野はそれを天皇と国民との間の法的関係にではなく、両者の道徳的関係という情誼的な裁量に依存させて、君民関係を対立ではなく一体化として想定しようとしていたことがわかる。吉野は、立憲主義的制約の枠をはずれて、道徳的関係によって律せられる君民の関係があると見ていたのである。国家権力と人民との関係を吉野は、天皇と臣民との間の道徳的関係としても理解できる認識論を発見したことになる。

大正政変に帰結する憲政擁護運動は、藩閥勢力による立憲政破壊に対抗せんとして展開されたものであった。すなわち立憲主義が危殆に瀕すると、それを防ごうとする「運動」が起き、民主化運動が起動したが、それは大日本帝国憲法を護り、その憲法によって専制政府を拘束せんとする原理、すなわち立憲主義を擁護する運動であったことを想起しておく必要がある。大正デモクラシーは、このように立憲政治の擁護を訴えて始動する。もちろんその前には、代議政治の危機を招来すると思われた日比谷焼打事件が惹起していたことも看過できない。議会外の直接大衆行動への対抗と、専制政府の立憲政破壊行為への対抗、それら双方の力学を持ったものとして大正デモクラシーは展開される。

民主化運動に身を投じていった知識人やエリートたちは、その民主化が近代天皇制の密教的側面である立憲政を建て直すことに自覚的であり、その分、天皇とともに自らが国体を護持しうる臣民であることにも自覚的であった。結果的には、法外の存在としての国体論をはじめとする天皇制イデオロギー（超立憲主義的で道徳的存在）による国民教化、すなわち近代天皇制の教育勅語的側面（顕教）があったからこそ、密教としての立憲政を立ち上げることが可能であったことになる。[*79] 立憲政を支える個人は、立憲主義を超える道徳的君主の側面によってかえって養成されつづけたと言える。

吉野の「民本主義」もまた、そのような意味で立憲主義を超える道徳的君主に依存しながら立憲主義を支えるものであった。「民本主義」が国家の支配の形式の一つである以上、そこに国家という「強制組織」と国家権力という「強制力」とを想起する必要があるが、吉野は、国家を構成し国家権力を機能させる領域に人格的関係や道徳という、一種の〝緩衝地帯〟を想定しようとする。

〝緩衝地帯〟とは何か。それは簡潔に一言で言えば、国体であった。吉野はその国体を、「万国に冠絶して我が国独特のものであると誇る」と述べ、その「国体の観念は、主権が君主にあるといふ法律上の観念に止まらずして、更に君主と人民との間に微妙なる情誼的関係あるといふ其の道徳的方面に存するもの」だと説明する。[*80] この君民関係が「微妙なる情誼的関係」にあるというのは、天皇が「法律上立派な主権者である」[*81]という次元、すなわち公法関係次元の外部に君民関係があるということを意味する。吉野は、「日本の建国以来皇室と人民との間の関係が、歴代君主の人格の余徳が一般人民の上に及ぼしたといふことに因るの外、他に適当の説明は無い」[*82]と述べるように、君民両者の関係は人格的な関係であり、それが「建国以来」の歴史のなかで醸成されてきたものだという認識をもつ。君民関係が道徳的・人格的な関係にあったという点で、吉野は両者は公法上の関係のみならず、一種の私法上の関係を構築してきたと見ていたのである。

吉野は、国家の「強制力」を考える場合、「命令服従」という関係は「水臭い関係」であると言い、そういう関係でなければ「治まらないやうな社会」は「決して高級の共同生活」とは言えないと喝破する。確かに「命令服従」関係というのは法的でザッハリッヒという意味で、「水臭い関係」であった。特に「日本の国体」では「権力服従で説明しよう」という考えは、「甚だ我が国体の道徳的意義を没却するもの」であると吉野は断言する。民主制を積極的に導入し、立憲政治を再編しようと考えた政治学者である吉野作造が、国家権力と国民との関係を「命令服従」関係、すなわち公法関係でのみ律しようという考えから距離を取りはじめ、そういった「水臭い関係」の代わりに日本の国体に対応した道徳的関係を国家権力と国民との理想的な関係として想定しようとしていることがわかる。[*83]「命令服従」関係は権力的な勾配を想定した垂直的な関係であり、そういった垂直的な関係から、吉野は命令と服従といった権力的な関係を抹消していこうとする。「抹消していこう」というのは決して大げさではない。吉野は、「総ての人が何等他から強制せらるゝことなくして、個人としての生活も又団体の一員としての生活も、完うし得るものでなければならない、即ち強制の必要の無い状態」というのを想定する。「即ち政治組織の必要の無い状態である」という。吉野はそのような状態を「我々の社会的理想」として置き、それを「一種の無政府的状態である」と呼ぶ。しかもこのような状態の段階に到達せんとする「熱情」は「人類の精神の奥底に」しっかりとあって、「実に神の我々に先天的に与へ給ふ所」であるとまで吉野は言うのである。[*84]理想郷構築に向けての当為を支える「熱情」が「先天的」であるとまで言わしめている点は、ここで留意しておこう。

かくして吉野は、国家権力と国民との間の権力的勾配関係を抹消していく方向に理想を設定していたのである。垂直的で権力的な勾配をもつ関係の代わりに、人の情感の機微や道徳的感情を含む、より水平的な関係を主権者と国民との間に吉野は求めていったのである。このように、吉野が言う「無政府的(アナーキー)」とは、まさに国家権力と国民との間の権力的関係の抹消を意味し、それはそのような権力的関係の代わりに道徳的関係を埋め込むことでもあった。同時に、それは国体に対応するものでもあった。日本の無政府主義者が国体観念をいとわず、むしろ国体と合致するものであると考えたそのまさに核心に、吉野もまた肉薄していたのである。

さらに吉野は、国民の国家権力との関係について、宗教生活における信仰の問題として説明しようとしている。吉野は旧約聖書で「命令服従」関係において位置づけられる「専制主義」的な「万軍の主」が、新約聖書においては「愛の神」に変節している点に注目して、次のように説明する。信仰という神への服従は、絶対的な神と一体となることではあるが、それは決して神を「支配者」として見ることを意味せず、支配―服従関係を想定しえないのだと。一見、強権的な支配者であっても、強権的な命令の前に服従させることはせず、崇敬と愛を媒介に結ばれる関係をこそ「命令服従」関係に代わりうるものと考えるのである。そのうえで吉野は、「帝国の永遠の理想として」、国家という「強制組織が無くなつても」、つまり「命令服従の関係が無くなつても、日本といふ国が立ち行くといふことに置かねばならない」と述べるのである。「帝国の永遠なる理想に於ては、命令、服従の関係強制組織といふもの、非認でなければならない」、これこそ宗教生活を参照した場合の、国家権力と国民との関係の理想型であった。[*85] 国家権力と国民との関係が、「命令服従」関係ではなく、信徒が神を崇めて、その神の「愛」の恵沢に浴するがごとき関係にいたることが、吉野にとっての理想の社会の到達点であったのである。

国家権力と国民との間に介在する「強制組織」、すなわち「命令服従」関係を抹消させていくために、吉野は国家権力と国民との関係を宗教生活における神と信徒の関係になぞらえるのである。

日本の場合、そういった神と信徒の関係で想起されるのが、まさに天皇と臣民との関係ということになるのは、容易に想像ができる。

そこで吉野は次のように述べる。

> 将来の遠い理想郷に於ては、（天皇と臣民との間の――住友）命令服従の関係が無くなるとすれば、主権者たる天皇はどうなるかと疑ふ人もあるだらうが、それが即ち耶蘇《ヤソ》教の歴史で示されてある通り、命令の君が一転して愛慕の君となる[*86]

吉野が将来のこととして、自由と自由とがぶつかり合う近代社会において、やがてそれらが自律的に調整しあい、命令や服従もない無強制な社会になるにあたっては、天皇が命令の代わりに臣民を「愛慕」する存在となるというプロセスを経ることを想定していたのである。「万人の万人に対する闘争」という自然状態を解消して、万人に対する安全保障の権限を国家に委任したのが主権国家成立の契機であったというのがホッブズの『リヴァイアサン』が指摘するところである。むしろ吉野が想定する理想郷では、契約によりそれぞれ命令者と服従者となった、主権者と臣民とが、愛慕と信仰の宗教的関係へと変転しているのである。

さらに吉野はこう続ける。

我々は我が国の皇室をして、将来命令者主権者として望むの必要なからしめんが為めに、主権者命令者として之を今日に尊崇したい。斯く考ふることに依つて、我々の国家生活宗教生活との間に立派なる調和が成立ち得ると考へる。即ち我々の宗教生活は、或る意味に於ては我々の国家生活の理想の暗示であらねばならない。[*87]

第一章で見たように吉野は最初、主権とは各個人に対して国家的行動を命令する「法律上の力」であると述べていた。この主権と国民個人との関係は、ここにきて主権の代位者たる主権者と国民個人との関係、すなわち天皇と臣民個人との関係にスライドすることになる。その結果、両者は「命令服従」関係を脱して非国家的関係、すなわち宗教的関係たる尊敬・親愛の関係へと転換されるにいたる。

さらに吉野は、主権による命令（強制）と臣民の服従という関係を止揚するものこそ、君民間の道徳的関係であると述べている。吉野は周知のごとく政権運用の終局目的として「人民の利福」を置く。だから主権者天皇による行為はこの「人民の利福」に反することはないが、万が一反したとしても、先述した通り、まず皇室の利益と人民の利福とは相反することはないと信念を込めて吉野は主張するのである。またそれだけでなく、主権者天皇が人民の利福を結果として顧みなかったとしても、それは君民両者の道徳的関係の裁量の範囲内で調整すべきであって、どうすべきかをあらかじめ法的・制度的に決めるのは、吉野としては「面白くない」と結論づけていたのである。吉野はここで、君民関係を律するのは公法領域の法律や制度を超えた道徳的関係、すなわち両者の人格的で信義則的な関係（私法領域の問題）であると主張しているのである。さらに吉野は、「命令服従」といった関係によって律せられる社会は、先述したとおりむしろ「高級の共同生活」とは言えないと判断を下し、そのような社会は「甚だ我が国体の道徳的意義を没却するものと考へて居る」と断言する。[*88]

このように、「命令服従」「権力服従」という、いわば公法的世界の秩序ではなく、私法的世界の秩序たる道徳的・信義則的な関係こそ、かえってよく国家と国民との権力関係（公法的秩序）を整序しうると吉野は考えていた。もっと言えば、道徳的で信義則的な関係は一九一〇年代以降民法で新たに重視され始めた関係であった。[*89] そしてこのような道徳的・信義則的な秩序こそが、吉野にとっては「我が国体」なのであった。国体は、私法的世界において主権者と臣民との関係を律する秩序とされたのである。とりわけ、国体の内実には君民一体の道徳的関係というイメージがあり、すなわちそれは、主権と臣民との一体感を表出するものであった。[*90]

かくして、世紀転換期以降の大衆ナショナリズムの主体が、〈作為〉して「人為の国家」を支えていこうとするものでなかったことが明白になっていくなか、民本主義者吉野は、臣民個人の宗教的なる心情のなかに天皇との道徳的関係（国体）の存在を発見したのである。その国体とは、人為を超越した秩序であり、「造つて出来ないもの」として捉えられていた。しかもそれは、臣民が内面において主権者と強制を排して一体であることを実感できる精神的空間であった。吉野の言葉で言えば「宗教生活」であり、それは即ち同時に「国家生活」でもあった。主権者と臣民との関係という公法的秩序（「国家生活」）を構築しうるのは、かえって「宗教生活」という個人の内面もしくは道徳的関係という社会次元〈私法的秩序〉の場であった。この「宗教生活」という場合、それは理性をもって〈作為〉的に構築することを迫る秩序のことではなかった。

そもそも吉野の「宗教生活」への着眼は、一九一〇―一三年における自身のドイツ留学が起点になっていたようである。田澤晴子によれば、「自らの理性を駆使し、哲学的な思索を個人的に深めることによって神なるものへ到達すると考えていた吉野の考えは、留学によって転換した」。それは、「只手近い所で善業を積」むことによって神に近づくという、新たな宗教的関係への転換であった。[*91] つまり「善業」を慫慂するも、「只手近い所」でのそれであって、いわば諸個人が自らの度量で無理なく行ないうる「宗教生活」のことであった。

第一次世界大戦期から大戦後にかけて、一方で精神科医であり、吉野とは大学の同僚であった森田正馬が、病的現象の解消のために自然への服従を説いた。他方で政治学者である吉野作造が、民主制原理を導入した立憲君主制を支える主体としての〈市民〉を創出するにあたって、そのための個人の人格が国体によってすでに用意されているとの自覚を喚起した。吉野流デモクラシーの根源に、このような人為を超越した国体が位置づけられていることは、立憲君主制を支える〈市民〉の潜在能力の証明が面倒な手続ではなく、存在証明無用の〈自然〉たる国体に依存していたことを意味した。

教化国家をめざすということは、主権者と臣民とが公法的秩序を超えた情誼的関係の次元において調和しあうことであり、そのような関係性を構築するための諸個人の人格陶冶が争点になることを意味した。国民教化とは、国家権力が国民に主権者への服従を強いるためではなく、主権者を制約する国家威力の源泉たる諸個人の内的規範を陶冶するためのものでもあった。すなわちそれは、服従の主体たる臣民に付け加えて、自由の主体たる〈市民〉的属性を臣民に埋め込む国家的行為であった。その内的規範の中身は、君民の情誼的関係を構築しうる、「日本人」としての民族的な潜在能力への覚醒であり、そのような潜在能力を根拠づけている国民性こそが〈自然〉の秩序としての国体であった。国体とは、人為性を排除しながらも〈市民〉たりうる根拠を示すものとして位置づけられたのである。それゆえ国体観念を自覚していくことは、〈作為〉の意識を脱色しつつも、そのことでかえって不断の〈市民〉化を可能にするための〈癒し〉の心境を得る精神療法にも似た作用のことでもあった。

7　君民関係を内面化した立憲主義の主体

立憲主義を機能させるために民主化という権力制限の方法を選択した大正期の知識人たちは、国民個人による自己制限、なかんずく国体を内蔵したものとして自らの人格を「発見」し、そのような人格の持ち主こそが自己制限しうるという認識に到達した。

主権者と臣民との道徳的関係こそが国体であり、それを人格に自ずと内蔵させていたのが立憲主義的な自己制限の主体たる「帝国臣民」であった。このような個人を創造せしめた環境こそ「社会的なるもの」にほかならなかったが、その「社会的なるもの」の中身のヴァリエイションは知識人によってさまざまで、その多様性は一九世紀にはなかったことであった。自己と他者（社会）とを両者相互に外部的な関係として見ないという認識論を獲得できたがゆえに、あらためて社会とは何か、自己とは何か、その認識のあり方に拡散と混乱が生まれた。そのこと自体は、大正期以降の教養人の特徴でもあった。彼らは国民自らのナショナリズムと欲望双方の暴走に向き合い、自己制限のあり方を模索した。そしてその試みが一方でデモクラシー思想の開花を可能にしたと同時に、国民の内面深くに国体を招き入れた要因ともなった。

第四章　立憲主義を支える感化空間
――個人のなかの立憲主義

1　立憲制と青年会・修養団体

戦前の日本人は、しばしば立憲制のことを「自治」と呼んだ。立憲主義とは、権力は濫用されないように自制的に自らの行為をコントロールしようというものであり、そのような作用が総合的に国家権力の濫用を防ぎ、独裁を回避できる。本書の論点からすれば、社会を構成する人民一人ひとりがそういった自制の主体として陶冶され、それが全体として国家としての自制に連続すれば、自治は可能となり、立憲制の基盤は形成される。国民道徳の強化とその定着をもねらった一九〇八年以降の地方改良運動が、大正デモクラシーの展開に先立って遂行されていくことは決して不思議なことではなく、地方改良運動と大正デモクラシーとは連続し関連しあっていたと理解すべきなのである。

広島県沼隈郡《ぬまくま》（現、福山市）では、日露戦争のさなかから近世来の若者組・若連中が改編されて新たな青年組織である青年会が全国にさきがけて成立していった地域であった。その指導的な担い手が、「青年団運動の父」と称された山本瀧之助[*1]であった。山本は、小田県沼隈郡草深村（現、福山市）に一八七三年に生まれ、沼隈地域で尋常小学校の教員（訓導）を務めながら、青年会の組織化に尽力した社会教育家であった。

山本は、一八八九年の大日本帝国憲法の発布や翌年の帝国議会の開設を大いなる関心をもって地方からながめながら、一五歳の時、東京へ出て行って書生となって立身出世を夢見るようになった。しかし、自小作農家出身の一人っ子であり、老齢の父母を持っていた山本青年は、両親から上京を反対され、立身出世の夢を断念することになった。

地方から脱出できなかった山本は、郷里にとどまることによって次のようなことを考えるにいたった。それは、将来の社会や国家を背負うべき青年が田舎にとどまることの積極的な意味とは何かということである。つまり、青年こそが国家を背負うべき存在であり、その青年とは、世間で言うところの「学生」だけを意味するのではなく、田舎にとどまらざるをえない地方の青年、つまり「田舎青年」も含まれるということである。青年の間では上下の差別はなく、みな等しく「国民」だという考えが山本青年に形成されてきたのである。その考えを一八九六年にまとめ、刊行したのが彼の最初の著作である『田舎青年』であった。

山本は、『田舎青年』などを執筆していくなかで、国家が近代化していくことを受けとめつつも、そこで形成される「法の世界」を社会のなかで人情や徳義と調和できるものに〝翻訳〟できる存在が必要だと考えていた。その存在が、青年会（団）であった。そのためには近世後期から全国各地にも存在した若連中や若者組と呼ばれる青年組織を改編しなければならなかった。若連中はそれまで村や社会の秩序・風紀を乱す存在として、取り締まりの対象となっていた。秩序や風紀を乱す行為とは、山本自身が取り上げた事例でいえば、未成年者を組織しては夜遊びや賭博などを教えるといったようなことであった。

山本は、文明化の象徴である国家を下支えする堅実な青年を育成するために、旧来の青年集団である若連中を青年会に改組していくべきことを日露戦争前から考え、その後実際に沼隈郡長や内務省に進言している。山本は、「青年会の組織とは在来の若連中制度の刷新を意味するもの」であり、「内は相互に制裁を加へ、外は其の団体的勢力を以て弊習の改良美風の移植に励」むものであると述べ、青年会の組織化によって、「小は一身一家を成すの道、大は社会国家の重を以て任ずるの素を作らん」と試みなければならないと主張していた。[*2]

その結果、一九〇三年から沼隈郡内で青年会が町村単位で組織されはじめ、一九〇九年には郡内すべての町村で青年会がつくられることになった。結成された青年会は、町村を一つの単位とし、会長には小学校長が就任した。その活動は、夜学会、軍人家族の慰問、国債の募集、講談会、幻灯会、土木事業、農事改良などであった。

こういった青年会について、山本瀧之助はその著書である『地方青年団体』（一九〇九年）のなかで、それが社会的に定着すると、人びとの団結を促し地方自治の絆をつくるだろうと述べている。しかし、実際に組織化されはじめた青年会は、必ずしも山本が考えるような地方自治に資するものだけではなかった。なかには地域社会に党派性を持ち込むものがあった。[*3]

そういった状況に対処して、青年会、もしくは青年団（大正期以降、「青年団」と呼ばれることが増える）を党派的対立から遠ざけ、純粋な修養団体とし、そのうえで立憲君主制国家を支える公民としての資質を備えるような人材育成の機関として青年団を位置づける動きが見られはじめた。

その一つが、一九一五年九月一五日に一木喜徳郎内務大臣と高田早苗文部大臣によって発せられた訓令「青年団体ノ指導発達ニ関スル件」である。この訓令では、青年団は青年修養機関であると明確に位置づけられ、さらに「健全な国民」「善良な公民」を養成する場所であると述べられていた。日露戦争の頃に組織化された青年会は、地域社会にとっての実用的な集団として、社会教育、農業改良、道路橋梁などの修繕活動などにも従事した。[*4] 一九一五年の内相と文相による訓令は、青年団の性格をより修養団に近づけようとするものであったと言えよう。

また、青年団の政治性を否定し、青年個々の「品性」や「智能」を向上させるための適切な措置をとることが求められた。こういった政府の施策が展開するまでもなく、実は山本瀧之助が考える青年団は、そういった青年修養機関を理想とするものであった。

本章では、大正期の沼隈郡における修養団体や青年会（団）に関連して、地方青年たちによる自己修養やそれに関係する活動の考察を通して、彼らの間で何が議論され、それがどのような歴史的展開につながっていくかを考えてみたい。これまで見てきたようなエリート知識人層による議論の次元ではなく、丸山眞男が言うところの「亜インテリ」層による言論空間が考察の対象となる。具体的には、「巡回日記」と呼ばれる、沼隈地域独特の回覧式の日記と、修養団体の機関誌上で見られた会員たちによる国家や個人をめぐる論争について見てみようと思う。

一九一三年五月三〇日付の『中国新聞』に、「青年会の一日一善　田尻村青年会員の美挙」という見出しの、次のような記事が掲載された。

> 沼隈郡田尻村青年会にては、一、二年前より会員中の篤志者窃《ひそか》に一日一善に志す所ありしが、今日にては四十余名の同志者を以て青年会の一施設として別に一日一善会なるものを作るに至れり、会員は他人に対し一日に必らず一善を為すべき務を有するものにして、各自に一定の日記帳を所持し、時々の会員には互に此の日記帳を示し合ひ、尚ほ他に一日一善巡回日記帳を作りて順次会員間

を廻送せる[*5]

田尻村青年会では、一九一一―一二年頃から別組織として「一日一善会」なるものを作って、青年会の会員が一日に一回善行をなすことを義務づけ、さらに「一日一善巡回日記」というものを会員につけさせてそれを回覧しているという記事である。

沼隈郡内の青年会は、それまで部落（近世村＝大字《おおあざ》）単位で存在していた若連中が改編されて日露戦争の頃に行政町村単位にまとめられて作られたものであった。[*6]青年会は日露戦争下の社会的要請に応えて、軍人遺家族の援護事業を行なうほか、夜学会を通しての補習教育、風俗改良や道徳の修得、さらに農事改良・土木事業・消防活動などの実用的事業を担った。とくに補習教育とならんで風俗改良や道徳の修得などの社会教育は、重要な青年会の事業であった。青年の道徳の涵養をめざした一日一善会は、この分野に特化した事業を遂行する団体であった。この一日一善会が善行をなしながらそれを日記帳につけて会員間で「廻送」しているという記事が、それであった。

これまで近代の日記に関して、こういった回覧式の日記については管見の限りでは歴史研究上で注目したものを知らない。[*7]回覧式の日記は、村内という小さい世界で展開されたものとはいえ、当該期のいわばソーシャル・ネットワーク・システムであったといえよう。単なる内面吐露の密かなホンネの日記でもないし（他人に読まれることを前提としているという意味で）、単なるタテマエの空々しい日記でもない（他人の論評を受けるという意味で）。

では、「一日一善巡回日記」とは何か。また、日記を巡回させることによって青年集団たちの間にどのような効果が生まれたのだろうか。沼隈郡水呑《みのみ》村二徳会の「巡回日記」を事例に、その実態を分析しつつ考察を加えてみたいと思う。さらに当該期における同郡内の修養団体である先憂会の機関誌『まこと』誌上での、会員らによる議論についても言及してみよう。

2　山本瀧之助と「一日一善」

水呑村二徳会の巡回日記の話に入る前に、「一日一善」とは何か、巡回日記が始まった経緯などを述べておこう。

一日一善を実行して、巡回日記を作成すべきであると主張したのは山本瀧之助であった。山本は、日露戦争の頃に青年会が組織されだすと、次に一日一善会なるものを組織しなければならないと訴えるようになる。一日一善会は文字通り、会員が一日一回の善行をなすことを目的とする団体であり、さらに、「会員は各自に日記帳を備付け日日の一善を書き留むるものとす」と定めていた。また、「本会は別に一日一善巡回日記簿を作り順次会員間を廻送するものとす」とも規定していたのである。それは、「毎月一回以上会員相合して互に日記を示し合ひ一善の新事項を告げ所感を述べ益々道徳の実践躬行《きゅうこう》に努むる」ためであった。[*8] 冒頭で見た田尻村の一日一善会の動向は、山本の発案によるものであったのである。

さて、なぜ日記をつけることが善行につながるのだろうか。そしてなぜ一日一善なのだろうか。山本は、次のように言っている。

『一日一善』といふは、一日の中に少くとも何か一つは是非善い事をしようといふので、これは名高い英国少年斥候隊の主な掟の一つなのである。修養とか向上とかいふことは誰も八釜《やかま》しく言つてはゐるけれど、さて然《しか》らば何《いず》れの辺から手を着けてよいかとなると、多くは漠として捕捉する所がない。〔略〕所が此の『一日一善』といふことは、別に何等の理屈もない。唯《ただ》卑近な個所に向つて直に実行を求むるといふに過ぎぬので、言ひ易くて又行ひ易い[*9]。

「英国少年斥候隊」とはボーイスカウトのことである（スカウト scout とは偵察・斥候の意味）。山本はボーイスカウトの「一日一善」（Daily good turn、あるいは Do a good turn daily）にヒントを得て、一日に一回善行を行なうことを奨励する。「修養」と言えば少し実行のためのハードルが上がるが、一日一善というとそうでもない。とにかく一日に一回善行をなすという目標を立てて「理屈」もなく実行することに心掛けることが肝要なのだと述べている。確かに山本は、説教や講話が「着手の個所を忽《ゆるがせ》にする」ために「存外其の効力の薄い」ことを認めている。一日一善という方法は善行を一日一回だけでよいと目標を設定する分、修養の「着手」が容易なのであった。それにより、とかく「空を吹いてゐた修身道徳のこと」を「各自の傍へ引き寄せる」ことができ、「「知識」と「実行」との間に初めて橋を架けられる」のであった[*10]。その一日一善の日記に記すというスタイルは、処世訓に関する著作が多い評論家の加藤咄堂の修養日記をさらに平易にしたもののようであった[*11]。

さらに義務的に一日一回の善行をなすと決め、それを習慣化することで、「知らず識らずの間に底の善を導き出して、真に善い心懸けの人にも、善い人にもならせるのである」と山本は述べる[*12]。すなわち、最初の善行は外形的なものでもよいが、それを反復していくことでやがては内面自体が、その外形的なものにすぎなかった善行によってやや強引に導かれていくのだという説明であった。

山本はさらに、一日一善を実行するのに巡回日記の効用にも注意する。その一つは「日記は確かに実行を監視し、又促進する」と指摘するように[*13]、日記を書くことで自己にノルマを設定することになり、行動への動機づけが発生するということである。やや別の言い方をすれば、行動を先行させることによって「意志の力を養ふ」ということである。すなわち、巡回日記はすでに起きた事柄を記すだけではなく、「明日の仕事の予定、即ち明日為さんとすること、言はんとすること」があらかじめ書かれ、そのことによって「明日になれば、勉めて予定の行動に出ようとする」ものであった。[*14] 巡回日記は、単に過去の事を記述するのではなく、未来のなすべき事柄を書くことによって、自らの意志を「監視し」、「促進する」ことが可能なのであった。

さらに、いま一つの効用がある。これがまさに巡回日記だからこその効用である。すなわち、まず所感を日記に書くだけでなく、「人を動かさうとし」[*15] て書くということが巡回日記のミソであったということである。なぜなら、巡回日記は自らの出来事や所感を他人が読むことを前提に書かれ、実際に会員間で回覧されるからであった。山本も、「巡回日記簿の回送は廻送を受くる度毎に多少の刺戟を受くるから一日一善永続の一方法である」と指摘する。[*16] 自らの善行や善意を「人を動かさうとし」て記し、さらにそれを他の者が読んで「刺戟を受くる」——すなわち、自らの「意志の力を養」いながら、他者の「意志」にも刺激を与えるのであった。そういう意味で、このような感化効果こそが巡回日記に山本が期待した機能であった。これこそが、巡回日記が通常の日記に比して持つ、大きな特徴であった。

山本は、こういった巡回日記の感化機能によって「会員相互を結び付け」、「結合力を作る」ことをめざしたのである。[*17]

3　水呑村二徳会とその巡回日記について

水呑村二徳会は水呑村青年会（一九〇六年二月設立）の下部組織として設立された青年修養団体であ

る。二徳会がいつ設立されたかは『水呑町史』（一九五六年）を見てもわからない。一九一五年五月一日に発刊された水呑村青年会の会報一号に、「二徳会記事」という項目があり、そこに会員が「四月三十日現在」三三名いることが記されている。[*18] 二徳会の巡回日記が始まるのが同年五月一七日であるが、青年会報を見る限り、二徳会が設立されたという記述はなく、もう少し以前から二徳会が存在していたことが示唆される。いずれにせよ、水呑村青年会が設立された一九〇六年二月以降から一九一五年五月までの間のことと推測される。

二徳会はその名のとおり、一日に二回徳をなさんとすることを目的とする団体であり、一日一善を遂行する他の村の修養団体と本質は変わらない。一日に自らに対する徳と、他人に対する徳をなす、すなわち二徳をなすというのが特徴である。徳をなすうえで、自分と他人を区別している点は一つポイントである。これは、自己と区別された他者を自覚するということであり、したがって他者への善行は自己への善行とは区別された自己犠牲の倫理であるということを意味している。逆に自己への善行は、他者への善行とは区別された利己であるということを意味する。つまり善行とは、利己のみではなく、自己犠牲を伴う他者への善行がなければ完結しないこととなる。そのような個人観が、この日記には前提されているように思われる。この時期に現れた個人観のなかには、個人という存在は社会的所産であり、個人は不断に社会化され、個人は他者との交流を通して構成され、したがって個人の外部にではなく、内部にこそ他者との関係性、すなわち社会が宿るという認識が存在した。この認識では、個人による自己犠牲は存在せず、他者への善行は自己への善行であり、それゆえ自己への善行は他者への善行だという理解が成立する。[*19] そのような認識からすれば、この日記の自他認識は旧来の通俗的なものだと言えよう。

ともあれ二徳会の巡回日記は、一九一七年四月二七日まで続けられている。日記を書いた会員は延べで九四人にのぼり、それらの間で巡回された。

二徳会巡回日記規定によれば、「本日記は一人一度に一日分づつ（一枚づつ）記入する」こととし、通常の一日の出来事を記入する欄以外に「日記の裏の自己の意見発表欄」が設けられ、そこに「何なりと思ふて居ることを色々書き入る」こととされた。そしてこの日記は、「日記の上の欄」に「表や裏の記事を読んだ人が感じたことを互いに遠慮なしに書き入れ合ふ」こととされ、前節で検討した巡回日記の特徴を持っていた。順番が廻ってきて自己の意見を書き、さらにそのあとの順番の者などがその意見を読んで「感じたこと」を書き入れることができるという工夫がなされているのである。

「感じたこと」を記入しあうという行為に注目しよう。すなわちそれは、会員相互に感化し感化される空間が巡回日記を媒介にして形成されるからである。

巡回日記の記述欄は五つある（図1と図2を参照）。

①「日記」。すなわち通常のその日の出来事を記入する欄である。この欄は通常の日記と同じである。

②「読書」。読んだ本や雑誌・新聞名を記入する欄。

③「一日二徳」。「自」と「他」に分かれていて、「自」には自分に対する「徳」を記入し、「他」は他人に対する「徳」を記入することになっている。

④「自己の意見発表」。日記を書く人が自分の考えたこと、主張、さまざまな事柄に対する意見を書く欄である。すなわち、自己の内面を吐露する部分である。このような内面を記録する日記が注目されるのは阿部次郎の『三太郎の日記』の発刊（一九一四年）が一つの契機になっていた。[*20]

⑤「上欄」（「読者の所感」）。この欄については注意書きがあって、次のように記されている。「この

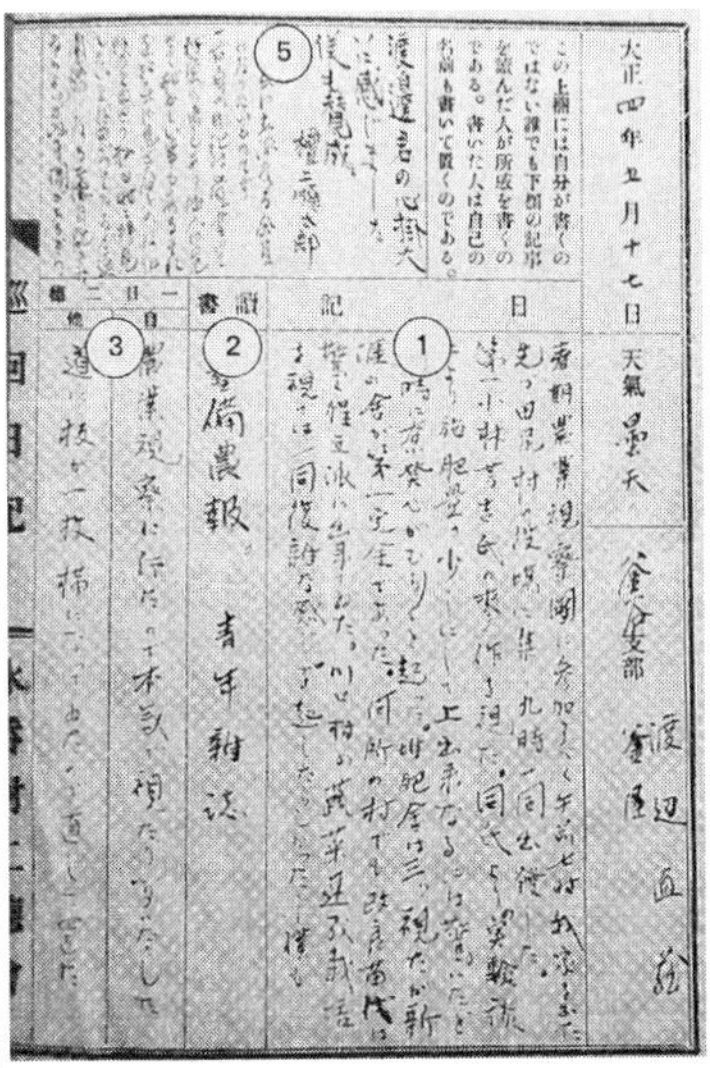

図１　「巡回日記」記述欄（1）（拙稿「感化空間の形成——「一日一善巡回日記」とは何か」福山市市長公室秘書広報課『アーカイブスふくやま』第３号，2012 年）

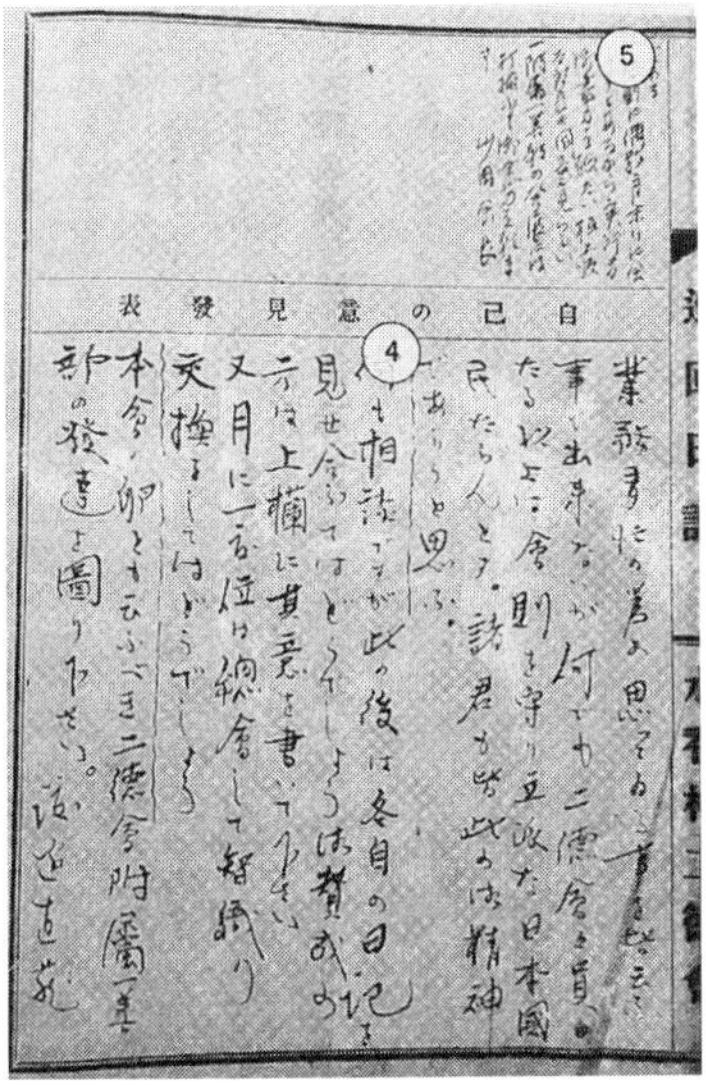

図２　「巡回日記」記述欄（2）（同右）

上欄には自分が書くのではない誰でも下欄の記事を読んだ人が所感を書くのである。書いた人は自己の名前も書いて置くのである」と。この「上欄」の存在こそ、巡回日記をして最も独創的な日記たらしめている要素であった。

ここでは巡回日記の内容の検討の前に、巡回日記が回覧された一九一五年前後の出来事について言及しておこう。そのことが巡回日記の内容と関係があると思われるからである。

日露戦後からほぼ第一次世界大戦期に相当する一九〇七—一七年の水呑尋常小学校の行事を見ると次のような事に気付く。それは**表**にあるように、皇室関連行事が非常に多いということである。確かに一九一〇年代の前半は、明治天皇、有栖川宮威仁親王、昭憲皇太后が立て続けに死去したり（それぞれ一九一二年七月、

表　水呑尋常小学校の行事（1907年～1917年）

年　月　日	行　事　内　容
1907年5月5日	水呑村青年会総会（初出）開催
1910年5月4日	明治天皇御真影式挙行
1912年9月26日	郡視学による桃山御陵参拝者勧誘
1913年5月15日	明治天皇頌徳記念園を校庭に設置
7月17日	故有栖川宮威仁親王葬儀遙拝式挙行
1914年4月13日	昭憲皇太后崩御につき遙拝式・御真影拝礼式挙行
5月24日	昭憲皇太后大喪儀遙拝式挙行
9月20日	水呑村青年会総会で文部省嘱託山本瀧之助が講話
1915年4月11日	昭憲皇太后一周年遙拝式挙行
10月26日	今上天皇御真影拝戴式挙行
11月10日	即位奉祝式挙行
11月12日	沼隈郡各小学校連合御大典奉祝大会開催
1916年4月3日	神武天皇二千五百年祭遙拝式挙行
4月23日	水呑村戦病死者招魂祭・青年会体育大会開催
10月28日	皇后御真影拝戴式挙行
11月3日	立太子拝賀式挙行
1917年7月30日	明治天皇五周年祭遙拝式挙行

（出典）福山市立水呑小学校『学校沿革史』（水呑小学校所蔵）より作成.

一九一三年七月、一九一四年四月に死去）、新しく大正天皇が即位して、その御大典記念事業などが展開していた時期である。そのような時期に、水呑村青年会は広島県青年大会に代表五名を送り、大会決議に参加している。その決議は、「宇内《うだい》ノ大勢ト帝国ノ地位トニ鑑ミ、吾人青年ノ責務弥々加ハレルヲ念フ、仍テ吾人青年ハ発奮協力倍々智徳ノ修身、身体ノ鍛錬ニ努メ、特ニ志気ノ振作、産業ノ発展ニ尽シ、以テ光輝アル国家ノ進運ニ貢献センコトヲ期ス」というものであった。[*21] このような状況のなかで、天皇の代替わりと世界の趨勢が変化していくことを重ね合わせる感覚を持った青年たちが皇室を抱く国家（皇国）を意識していくのは自然であった。つまり、「皇国」との関わり方や向き合い方が、すなわち個人の倫理を規定していくような姿が示されているのである。

そして、水呑村青年会は一九一五年五月に次の「水呑村青年訓」を制定した。

一、各自ノ家業ニ励精シ益々之ガ進歩改善ヲ

図ルベシ
二、集会ノ時刻ヲ厳守シ他人ニ迷惑ヲカクルコト勿レ
三、私慾ニ勝チ善良ナル習慣ヲ養フベシ
四、体力ノ増進ヲ図リ健全ナル精神ヲ養フベシ
五、賭博ニ類スル遊技ヲ厳禁シ法令ヲ重ンズベシ

さらにこの青年訓について、「全会員必行ヲ期ス」と呼びかけている。[*22]

ここで重視されているのは、家業精励・勤労精神や法令遵守の精神などのほか、「二一」で見られるような、集団行動に即応するような規律の重視や他者への「迷惑」を回避する精神であった。国家尊重の念だけでなく、他者や社会の尊重が意識されているのも特徴的であった。

4 巡回日記のなかの感化作用

それでは巡回日記とはどのようなものであろうか。ここで具体的に、水呑村二徳会の巡回日記[*23]を検討してみよう。先述のような出来事があったことを記憶にとどめて、以下巡回日記の内容を見てみよう。

先述のとおり巡回日記の特徴として、自分が自分自身のために行なった「徳」と他人のために行なった「徳」を明記する欄(「一日二徳」の「自」と「他」の欄)や、自分の意見を書き込む欄の他に、その当人の記事を読んだ他人が自由に感想を書く欄がある。つまり、自他を区別して、自分が他者のためになすことを書く、他者に対して感じることを書く、そういうことが自覚されるようになっているということである。

ここでは「他」に対する「徳」についてだけであるが、大正四年（一九一五年）分をいくつかピックアップして見てみよう。

大正四年五月二十四日　雨後晴　釜谷支部　村上観一

他　時計が止って居たからネジを掛けた

大正四年五月廿六日　曇天　釜谷支部　檀上重吉

他　子供が海に落ちたのを助けた

大正四年五月三十一日　晴天　南浦支部　三谷一郎

他　友人に実業補習作物要項及芸備農報の雑紙を貸した

大正四年六月廿八日　曇後雨降　山之神支部　萩原茂

他　芦田川の渡にて老人の舟をこぎてゐたのを我がかはっておした。

このように、「徳」といっても、確かに海に落ちた子供を助けたというのもあるが、ほとんどはたわいもないようなことである。自分への「徳」だけではなく、「他」への「徳」を意識させることをむしろ目指していたことが推測される。

また、二徳会会員である宇田快蔵の一九一六年五月一〇日の日記のように「他」への「徳」は「なし」とするものもあった。するとさすがにこれについては、「宇田生」（宇田三郎と思われる）から「宇田（快蔵——住友）君他人ノ一善ナキトハ遺憾デアル」と、日記上欄の「読者の所感」において注意を受けている。このように、日記に向き合う姿勢が少しでも消極的なら、すぐに別の会員から注意を受けるのであった。会員相互の規律とそれへの順応を迫る効果が巡回日記にはあったのである。

肝心の日記の内容はどのようなものであったのだろうか。巡回日記最初の日記は渡辺直蔵によるものである。一九一五年五月一七日に先頭を切って、彼は次のように日記に書いた。

春期農業視察団に参加すべく午前七時我家をでた、先《ま》づ田尻村の役場に集り九時一同出発した。第一小林芳吉氏の麦作を視《み》た。同氏よりの実験談により施肥量の少しにして上出来なるには驚いたと同時に奮発心がむらむらと起った。堆肥舎《たいひしゃ》は三ツ視たが新涯の舎が第一完全であった。何所の村でも改良苗代は驚く程立派に出来てゐた。川口村の蔬菜促成栽培を視ては一同復雑な感じを起したらしかった《（ママ）》……僕も

渡辺はその日の「二徳」を記す欄にも、「農業視察に行たので本気で視たり聞いたりした」と書いている。家業である農業に対する経営努力と精励心が見てとれる日記である。しかも、先の「水呑村青年訓」で謳われた内容の一部を実行しているかたちともなっている。

同じ日の「自己の意見発表」については渡辺は何と書いているだろうか。

業務多忙の為め思ってゐる事を皆云ふ事も出来ないが、何でも二徳会々員たる以上は会則を守り立派な日本国民たらんとす。諸君も皆此の御精神であらうと思ふ。

何も相談ですが、此の後は各自の日記を見せ合ふてはどうでしょう、御賛成の方は上欄に其意を書いて下さい、又月に一度位は総会して智識の交換をしてはどうでしょう

本会の卵とも云ふべき二徳会附属一善部の発達を図り下さい。

ここでは、冒頭部分が彼の正直な心情を吐露したものとなっているが、そのあとは「立派な日本国民たらん」ことを宣誓しており、家業精励や勤労の精神だけにとどまらず理想的な国民へと自らを向上させようという意欲も見せている。注目すべきことは、渡辺がここで「各自の日記を見せ合ふて」、相互に刺激しあってはどうかと提案していることである。「各自の日記」とは巡回日記ではなく、それぞれ

個人がつけている日記のことと思われる。
それに対して、回覧を試みた他の会員から反応が見られる。会員の檀上順太郎は、「渡邊君の心掛大いに感じました、僕も賛成」と、渡辺の日記の上欄に設けられた「読者の所感」に記している。そして、そこからこういった共感の連鎖が見られるようになる。同じく檀上は自身の五月二二日の日記欄の「二徳 自」の欄に、「諸君の日記を読んで自分の知を増した」と記し、「自己の意見発表」欄に、「二徳会諸君、何にも智職《ママ》の増加ですが、どうでしよう《ママ》月に一回、一日か半日か演設《ママ》の勉強してはどうかと思ふ」と会員に呼びかけたのである。それに対して会員の三谷一郎が、「檀上君の心掛敬服の外ナシ、僕モ賛成デス」と「読者の所感」欄で呼応したのである。まさに一会員の意見が、他の会員に感化を与え、その感化の連鎖が展開していったのである。

共感や感化の連鎖は、この巡回日記では他にもたびたび見ることができる。農業に精を出し、その改良に熱心な西谷新蔵の日記に対しても、他の会員から「西谷君ノ実業ニ熱心ナルハ感服シマシタ僕モ賛成デス」とか、「西谷君の心掛け感服僕も大いに賛成です」といったストレートな共感の声が見られる（一九一五年五月一八日「読者の所感」）。

次に檀上重吉の日記を見よう。ここでは、「皇国」との向き合い方が個人の倫理を左右する姿が描かれていた。檀上は、「日本国民と生れ来て君に忠義、父母に孝行、朋友に親しく交り、仁義礼智心の五条の道をわすれぬよー智識をみがき、諸君と共々に一《ママ》智団結なし、あっぱれ国民とならなくてはいかぬ、会員諸君も二徳会に力を入れて発達にやる《ママ》のを僕は望む」と書いている（一九一五年五月二六日檀上重吉「自己の意見発表」）。天皇に忠義、父母に孝行をなすことが、「あっぱれ国民」となることであると明示されている。そしてそのことを檀上は会員に向かって勧奨しているのである。忠孝思想自体を抱いているとか、そのことの重要性を主張するというのは、戦前日本ではとりたてて珍しいことではない。むしろ凡庸な規範に過ぎないのだが、それよりもそういった訓話上の教訓を周囲の会員たる青年たちに勧奨し、それを受けて他の会員たちが共感するという場が形成されていったことが、何よりも重視すべきであろう。

この檀上の発話に対して、「忠孝は人倫の大本にして片時も忘るべからざること同感候」という共感の言葉を投げかけた人物がいた（一九一五年五月二六日「読者の所感」）。その人物は、共感しつつも、そのことを改めて諭すようなこのコメントを書いていた。「山田会長」である。

「山田会長」とは誰か。山田会長とは、二徳会の会長、山田恵喜太のことである。山田恵喜太は深安郡福山町出身で、一九一二年一〇月三一日に水呑尋常高等小学校訓導に就任し、のち同校校長になる人物である。[*24] 山田は校長として二徳会会長に就任し、会員を学校教育の場だけではなく、こういった社会教育の場でも指導する立場にあったのである。

皇室へ尊敬の念を抱き、皇国の民として忠孝に励んでそれを自らの倫理に位置づけることは、戦前日本にとっては誰も否定できない絶対的な公式規範であった。そのような規範的な語りは学校だけでなく、こういった青年会活動などを通じて反復され、会員が相互に共感し感化しあうなかで人々の意識のなかに共有されていったものであった。そうなることで、むしろその規範は「上から」強制されたものというより、対等な関係のなかで醸成された常識となっていったと思われる。

次に取り上げるのは、檀上健次郎の日記と小畠忠雄の日記である。いずれも、地域や社会のための献身・奉仕の精神に注目したものである。

まず檀上は、「吾々は終始一貫誠の心を持て郷土の為に将《は》た又世の為・人の為に多少の貢献を為し同時に何処迄《どこまで》も此の精神を以て奮励努力初一念に貫徹に努めたい覚悟をして居る」と述べる（一九一五年五月二一日檀上健次郎「自己の意見発表」）。「郷土の為」「世の為」「人の為」に「多少の貢献」に努めたいという心情吐露を行なっている。それに対して小畠忠雄が、「檀上君の心得には感服の外ならず、僕も大いに賛成賛成」と共感の意を表明するのである（一九一五年五月二一日「読者の所感」）。

その小畠は、その翌月に廻ってきた日記に次のように記す（一九一五年六月九日小畠忠雄「自己の意見発表」）。

> 人生僅に五十年、如何にしても人の為め世の為めに尽さねばならぬと思ふ、宜《よろしき》なる哉《かな》生れて食べて死すのみにては、恩を受けて天皇、皇后両陛下、父母、先生に恩を受けるのみでは獣と選ぶべき所はない、それで私は少しでも社会の為には我身は砕くとも惜しまぬ心掛なり

小畠は、人生とはただ単に生きることではなく、「人の為め世の為めに」貢献・奉仕しつつ生きることであり、そのことが天皇・皇后・父母・教師に対する恩返しとなるのだと述べるのである。社会奉仕こそが、皇室・父母・教師に対する恩返し（忠君や孝行）に相当するというわけである。忠義や忠君という国家の最高規範を、身の回りの社会奉仕に見いだす点で、この意見には興味深いものがある。

そのような小畠の意見に対して、会長の山田恵喜太は、「君の心得実に感服の外なし、強壮なる身体に造り上ぐることを忘れ給ふな」と共感しつつ称賛している（一九一五年六月九日「読者の所感」）。

巡回日記の皇室や天皇に関する記事も見ておこう。皇室・天皇に関連する記事は多いとは言えないし、その内容も凡庸なものである。例えば、忠君を説いても、そのことに何か内在的な確固とした意味があるようには思えない。少なくともそういった意味については明示されない。

例えば、一九一五年一一月二一日の西谷新蔵の日記では、「大正四年ハ私等臣民タルモノ一時モ忘

ル可ラザル誠ニ目出度御大典御挙行遊バサレ千万ノ悦ビニタヘザルナリ」と大正天皇の即位の礼と大嘗祭が行なわれたことの祝意が述べられている。また一一月二七日の村上観一の日記でも、即位の礼について「国民として実に忘れる事の出来ない目出度」きもので、それを「永久に忘れざらんが為め朝起の励行を希望す」と述べられている。

忠孝精神についてはいくつかの記述が見られる。これも一般的な内容で、説く「忠孝」というものに何か特徴があるわけではない。例えば、寺坂保太郎の一九一五年五月二八日の日記では、「二徳会々員たる人は父母又ハ君に忠孝を大一」という程度のことである。ただし、それに山田会長が「読者の所感」で、「忠孝の精神を片時も忘れず日々朝早くより夜遅くまで勤勉すること実に大切に御座候」と反応している点は、この巡回日記ならではである。模範的なことを日記で書くと、他の会員や会長から肯定的な評価を受ける。またそれを見た者が感化を受ける。この連鎖を作るのが巡回日記の効果であった。

宇田三郎の七月二七日の日記では、「諸兄に告ぐ吾等生存上第一が忠孝身体鍛錬精神修養と各自が意見発表欄に記掲致され日々御実行のこと末席に加はる私も誠に嬉び諸兄に次ぎから善事に趣き二徳会員の本分を全ふせん覚悟」と書かれている。忠孝精神などが巡回日記の「意見発表欄に記掲」されることで「嬉び」、「諸兄」に学びながら「二徳会員の本分を全ふせん覚悟」を披露している。論理的に説得されるというより、言葉の反復とそれを称賛し、また感化を受ける、そういった共有の言説空間が巡回日記を中心にできあがり、忠孝精神などの実行を全うしようという「覚悟」がその空間から醸成されてくるのである。

言うまでもないことであるが、実行する姿勢が何より重視された。先に見たように、会員の檀上重吉が忠孝精神などを忘れないようにするために「智識をみがき、諸君と共々に一智団結」を推進することで「あっぱれ国民」となるとその決意を語り、それに山田会長が「人倫の大本」である忠孝を忘れないという檀上の姿勢に共感を寄せていた。実践する姿勢を見せる会員が、より称賛されていたのである。実行・実践を重視する二徳会の会員のなかには、「教育勅語にも恭倹己《おの》れを持し博愛衆に及ぼしと宣《のたま》はせられ戊申詔書にも勤倹産を治めと御示しになつて居るばかりではなく陛下御自身に其れを御躬行遊ばされ吾々《われわれ》臣民に御手本を御示し下さつて居る」と日記に書いて、明治天皇こそが実行の手本を示していることを強調する者もいた（一九一五年五月二一日の檀上鍵次郎の日記）。もちろん、天皇自身が実際に教育勅語や戊申詔書の徳目の模範的な実践者であるかどうかなど、誰も証明などできない。重要なことは、天皇が実践者であることを証明することではなく、天皇にとっては他者たる臣民自身が天皇はそういうものであると言い続けることであった。そのような主張の連続と積み重ねが、主張する臣民とその言葉を聴いて感化を受ける臣民を増やしていく。焦点は天皇の主体性ではなく、天皇のことを云々する臣民自身側の主体性の方にあった。

会員自身が道徳の実行・実践の主体となるために、その手段は必然的に容易で細かなことになっていく。左は六月二七日の浅利長吉の日記である。

諸君の御意見発表の欄を読んで見ますと忠孝だの倹約だの努力だのと言ふ様な立派な事のみ示して有て誠にけっこうな事でありますが私しは吾人の最も手広くやっている路を歩む時のこととか呼吸の事とかの様に最も手近で少かな（ママ）ことを発表したら良からうかと思ふ

「立派な事のみ」ではなく、「手近で少かなことを発表したら」良いというのは、主張しあう徳目そのものというより、どんなことでもとにかく実行することがよいのだという精神・姿勢である。それに対して、高原喜三郎は「読者の所感」において、「二宮翁ノ教訓ニ小ヲナシテ大ニ及ボストアリマス我々ハ忠孝ノ大極ヲハタスガタメニ小ヨリ始メントスルノデアル」と記して、忠孝精神という「大極」を果たすためにこそ「小ヨリ始メントスル」のだと主張している。四月二七日の小畠多一の日記では、小なる善も之を会員で「意見発表欄」が空欄になっているのを嘆き、「苟《いや》しくも世を導かんと欲せば、小なる善も之を遺漏することなく実行に努力すべし」と述べられている。それは、日常の「不可解に感ずる点」や「不審」のことなどでもいいから「意見発表欄」を埋めるべきであるという意見から発せられたものである。崇高な道徳の表明とその実践だけではなく、容易に実践できる身辺のささいなことを取り上げることを重視していると言えよう。それほど、実行すること、実践すること、それ自体を重視しているのである。

身辺雑事を挙げることで実行の難易度は下がり、そういった「小さな善」が積み上がって忠孝などの「大極」が実現されていく、そういうことを二徳会の会員らは期待していたと言える。さらにそういった意見の表明が、会員相互の共感・共鳴を呼ぶこととなる。

六月二二日の森田福松の日記では、「我ガ自己ノ意トシテハ忠孝此ノ二ツノ事デアル」と書かれると、「読者の所感」において山田会長が「忠孝ハ我国民ノ根本精神ニシテ片時モ忘ルベカラザルモノデアル」と、森田の意見に同調し、さらに敷衍するかたちで訓示を述べるのである。その五日後の日記が、「立派な事」だけではなく「手近」でささいなことを挙げていってはどうかとの、先ほどの浅利長吉の日記であった。それに高原喜三郎も同意し、小さなことを実行していくことでやがては忠孝精神を発揮できるものだと述べたのは、すでに見たとおりである。さらにその浅利の日記に対して「僕も同感」とか、「浅利君の事実に熱心なる事実に感心」と、共感を寄せる言葉が他の会員たちによって発せられる。

以上のように、忠孝のような国家的価値のある道徳の重要性をただ主張するだけではなく、着手しやすい具体的な実践目標を立て、会員相互に感化しあう言説空間が巡回日記を中心に形成されている。このことが会員個人それぞれの自己修養にもつながったのは言うまでもないが、それが単なる個人の問題にとどまるものとは二徳会の会員たちには受け取られなかったと思われる。それは、先に紹介した小畠忠雄の六月九日の日記に見られるように、自分たちの実践が天皇・皇后や両親・教師への恩返しにとどまらず、それが「社会の為」にもなると認識されていることからもわかる。

5　巡回日記で貫徹される実践至高の態度

感化し／感化される空間として機能しつつあった巡回日記では、本章4で見たように会員たち同士が相互に感化しあった結果、「空論」を徹底的に避けてひたすらに行動・実践する態度が得られたのであった。この点をもう少し敷衍してみよう。

例えば、「如何なる行をするにも論文を先にするより実践敢行して行為を先にし、然る後日にて発表すると云ふ主儀《ママ》を自覚して大に覚悟して居るのである」と杉原猪太郎が一九一五年七月七日の日記で述べている。すべての行為において、論（理屈）ではなく行為（実践）が先行されなければならないという主張である。これは極論を言えば、思考を停止させてひたすら前へ進むことを慫慂する議論であった。[*25]

それに呼応して会員の占部仙松が「杉原君ト同意見」と日記の「読者の所感」欄に書き込み、同じ欄に山田会長も「今日ハ実行ノ世ノ中デアル、空理空論ヲスル時デハナイ」と記した。具体的な行為や実践を伴わない論や理屈を「空理空論」として退けて、ひたすら「実践」「実行」を説いている。行動や実践には思想や哲学の裏付けがあって初めてその方向性が定まるはずである。実践・行動するといっても、方向性が定まらなければ、それが建設的な方向に進まないどころか、場合によっては破壊的な方向にさえ進む場合もある。にもかかわらず、ひたすら「実践」と「実行」を説く態度には何かの思想や哲学が裏付けられているわけではなかった。いわばそれは、思想や哲学を欠いたものに他ならなかったのである。

そのようななかで、高原喜三郎が「二徳会巡回日記ハ必ズ午前四時ヨリ五時半迄ノ間ニ回送シテハ如何」と提案する。それはなぜか。すなわち、「カクスレバ巡回日記ヲ廻ス者モ之ヲ受ケル者モ共ニ朝起ヲスル様ニナル」からであった（一九一六年三月二五日「自己の意見発表」）。確かに一般論として早起きが悪いわけではないが、それは個人的な生活規範なのであって、会員全体で同調するものでもないはずである。なぜ早起きがいいかという、その理屈をめぐる問いはそこにはない。浅利長吉は、「高原君ノ朝起キニハ感服ノ外ハ無シ、僕モ大賛成ダ、今後ハ一層此事ニ気ヲ奇《（ママ）》セ実行ス」と呼応し、宇田三郎も、「高原君ノ心掛ケニハ感服ノ外無ク大賛成ダ」と同調する。思想や哲学の背景を欠いた実践断行の宣言に感化され、次々とその意見に呼応していく連鎖が起きる。そして、山田会長の鶴の一声である、「高原君ノ説ニヨリコノ巡回日記ハ午前四時ヨリ五時半マデノ間ニ回覧ヲ乞フ」という言葉で巡回日記の早朝からの廻送が決まったのである（同日記「読者の所感」）。

その後も、「吾ハ朝起キニ習慣ト云フ事ハ最モ大切ナ事デアラウト信ズ、願クバ諸兄ト共ニ朝起キシテ寸時ノ時モ有益ニ過シ、自分ノ為ニ国家ノ為ニ尽シ、事ヲ一重ニ希望ス」という浅利長吉の意見（一九一六年三月二七日「自己の意見発表」）や、「兎《と》ニ角《かく》早起ヲ実行セラレヨ」という山田会長の檄（四月四日「読者の所感」）などが書き込まれる。会員間の同調言説や感化しあうさまが見て取れるのである。ここでも、論よりも実践という態度が貫徹されている。

巡回日記では、これまで見てきたような規範的な青年の姿ばかりではなく、等身大の青年の心情を正直に吐露したような実態もかいま見ることができる。

例えば、高橋鳶吉は一九一五年七月一三日の日記の「読書」欄に、「淑女画報」と記した。『淑女画報』とは一九一二年発刊の月刊雑誌である。編集長はルポ・ライターとして活躍し（一八九三年には『最暗黒の東京』を執筆）、国民新聞社にも在籍した松原岩五郎で、若い女性のグラビア写真だけではなく、女性論・家庭論・公衆衛生論などの論説も掲載された雑誌であった。この高橋の日記に対しては、先ほど早朝の日記回覧を提案した高原喜三郎が「高橋君、青年の読書ニ淑女画報ハ少シ考ヘモノデス、之モ忠告ト思ヒ下サレ」と諫める言葉を綴っている（七月一三日「読者の所感」）。しかし、規範的で自己修養的な「巡回日記」の言説空間としては、こういった記述は逸脱気味ではあったが、思春期を迎えた青年の正直な心情が見てとれるとも言える。

一冊に綴られている水呑村二徳会の巡回日記は一九一七年四月二七日で終わる。そのあと日記は簿冊を変えて継続されたのかもしれないが、そのことの詳細はわからない。ただ、その一年ほど前から日記を通じての会員間の活発な意見発表や意見交換は少なくなっていったようである。例えば、宮本悦三は、「諸兄ナカナカ御勉強、自分ハ遠ク及バザル次第実ニ残念ニ思フガ、業務ガ業務デアルカラ、コトニ農村ニ生レナガラニシテ農法ヲ知ラナイ用ナワケデアル、諸兄日記ノ意見発表欄デナリト教ヘ下サイ」という農業青年に気後れする意見が表明される（一九一六年四月五日「自己の意見発表」）。もちろんこのような意見に対しては、「自己ノ職業ハ何ニデモヨイ、決シテ貴賤ハナイ、要ハ従事シタル職業ニ忠実ニ働クコトデアル」という山田会長からの激励の言葉が寄せられている（同日記「読者の所感」）。また杉原猪太郎は、「多忙の処時間の都合に依り意見発表欄を欠く　御許し下さい」という日記継続に消極的な意見まで記されるようになるのである（一九一六年四月一二日「自己の意見発表」）。

巡回日記は、しだいにその持続力を弱めていっているように思え、水呑村二徳会の巡回日記は一九一七年四月末以降はその存在を確認できない。

ここで紹介した水呑村二徳会の試みは、例えば「善とは何か」というような根本的な問いを封印して棚上げにしたままのもので、その前提を問う思考を端折って、行動そのものを団体の力で引き出すものであった。その「力」とは感化というものであった。そして、感化が導かれる空間が一日一善巡回日記であった。一日一善巡回日記を媒介にして、ここに感化空間が形成された。

その感化によって生まれるのは、実践をいざなう共同の規範力である。何が「善」かを問うことがないので、その規範は当然慣習や社会の既成通念の影響を受ける。「忠孝」や皇室の「恩」に報いることなども、そういった慣習や通念に含まれる。そもそも「忠孝」とは何か。皇室の「恩」とは何か。このような問いに一般論的に回答することができても、具体性をもって豊富な中身を語りながら回答することはほぼ不可能である。ある意味、そのようなものは空虚でさえある。しかし空虚は無意味ではない。その通念に、万人が自らの解釈を都合よく投影することができるからである。

感化空間はその媒体に関わる者に作用する。だから一日一善巡回日記を読み、書き込む人びとは、その力にいざなわれて改めて慣習や通念に向き合い、その慣習や通念のなかに自らを投影すべき価値を発見することになる。戦前日本の教化イデオロギーは、その意味で決して単純な強制や押し付けによっては形成されなかった。こういった感化空間にアクセスすることによって、アクセスした人びとの右のような試みによって実体化させられたと言える。

一日一善巡回日記が登場した時期は大正デモクラシー期真っ只中である。それは、人びとがさまざまな人格を有する主体として自らの生存権を国家に主張していく時代でもある。一九二五年三月一六日の福山市会で、福山立憲革成会（立憲民主党系列の地方政党）の花崎愛之助議員が福山市の社会事業の充実についての姿勢を問いただしたあと、「真ノ強国ハ其国ノ民人カ人格アル教化ヲ受ケタ人ノ多カランコトヲ期待シテ居ル」と述べた。[*26] つまり、本当に「強国」と呼ばれるような国家は、十分に教化を受けて豊富な人格を形成した国民が大勢いるような国家なのだというわけである。人間は単に命をつないで生きているだけの動物ではなく、「人間らしく」生きようとする文化的な生きものであり、そのために人間とは何か、人間らしさとは何かということをつねに問おうとする存在でもある。一定の文明によってその「人間らしさ」は規定されるから、国家は文明の段階に応じて人間に「人間らしさ」を与える団体として否応なしに国民に事実上の生存権を保障しなければならない。国民もまた、自らの存在の価値を自覚する。まさに、生存権を事実上保障する社会事業を充実させることが、こういった「人間らしさ」とは何かというテーマを人びとに与え、自らをそれにふさわしい存在へと高めることを要求する。この人間形成は教化のプロセスにおいてなされ、したがって教化の帰結としての人格形成こそが生存権にとって重要な目標となるのである。

教化が人格を陶冶し、その人格陶冶こそが生存保障の目標であった。[*27] そして人格陶冶のための教化がスムーズに行なわれる精神的環境こそが、この感化空間であったのではないか。一日一善巡回日記自体そのものは何かの思想や哲学を直接的に生み出すわけではなかったが、教化のための精神的環境を提供する感化空間として機能する媒体であったのである。その意味で、この日記はそういった精神的環境を形成する、地域共有の自由記述可能なホワイト・ボードであった。むろん、一日一善巡回日記がそこまで意図して回覧されていたわけではなかったであろうが、この日記が形作る環境は空虚な忠孝観念や空疎な善行を力強くいざなう一方で、他方では公開の場で討議しあう空間を準備する可能性を切り開くかもしれない。なぜなら山本瀧之助が沼隈郡内で一日一善巡回日記の提唱と奨励を行なっていたころ、青年会（団）運動と呼応する、同郡熊野村の村田静太郎が結成した修養団体＝先憂会の機関紙『まこと』が会員たちに論議の場を提供し、青年たちは自己の存在を問い、個人と国家との関係についてするどく議論しあっていたからである[*28]。

一九二〇年代になると、青年団の団長選出が団員たちによる選挙に変わっていくなど、青年団の自主化・自治化が始まるが、それに先行して巡回日記のような試みがなされたり、後述するように修養団体の機関誌で青年たちが自由に討議する状況が生まれる。これらの動向が、青年団の自主化・自治化を内部から推し進めていくことになった。

6　先憂会『まこと』における「青年論壇」

沼隈郡を中心に地域での修養活動を補助する団体である先憂会は、社会教育家で当時沼隈郡書記であった村田静太郎（号は露月）が設立したものである。先憂会は一九一一年一月に設立され、その会則第二条にあるように、孝道の奨励、風教の作興、実践躬行を指導し、品性の陶冶、青年子女を誘掖し、教育事業の発達に資する、郷土研究、田園趣味の鼓吹、堅実なる国民を養うことを目的とする団体であった[*29]。同年七月には機関誌月刊『まこと』が刊行され、村田が死去する一九六一年まで半世紀ものあいだ刊行が続いた（一時期休刊はあった）。

さて、この『まこと』の誌面づくりには特徴的なものがあった。誌面には「青年論壇」というコーナーが設けられ、先憂会員だけではなく青年団にも所属する青年たちが自由に自らの意見を述べ、時には論争をすることもあった。この「青年論壇」で一九一六年一二月から、個人主義か国家主義か、個人と国家との関係はどうあるべきか、誌面で侃々諤々の論争が起きた。この「論壇」に投稿する人物は、基本的には先憂会の会員であるので、ほぼ沼隈郡在住の青壮年であったと思われる。また一九一六年というのは、吉野作造が「憲政の本義を説いて其有終の美を済《な》すの途《みち》を論ず」を『中央公論』に発表した年であった。さらに一〇年ほどさかのぼる日露戦後以降、一方で社会のなかでの国家の価値が上昇するとともに、他方では「個人主義」も注目を集めることとなっていたのは周知のことである。[*30] 一九一〇年代になれば、一九一二年に『近代思想』を発刊させた無政府主義者の大杉栄が、「有らゆる悪意と暴行とに対して」、「監獄」としての「社会」を作ったと一九一三年に述べ、[*31] そういった「社会」が自分に強制してくる「他人の自我」を「棄脱」せよと主張したのが一九一五年であった。[*32] また、夏目漱石が学習院輔仁会で「私の個人主義」と題する講演を行なったのが一九一四年一一月であった。漱石はそこで、「何だか個人主義というとちょっと国家主義の反対で、それを打ち壊すように取られますが、そんな理窟の立たない漫然としたものではないのです」と述べていた。[*33]

大都市ではなく、瀬戸内地方の「田舎」で、若者たちが、自己とは何か、国家や社会とどう関わるべきかなどというテーマをめぐって熱く論争を繰り広げていたということ自体は、重視しておかねばならない。それではその論争とはどのようなものであったのか。

まず、先述のとおり一九一六年一二月号の『まこと』の「青年論壇」で、「大村秋果」（「青年論壇」での名前は原則としてペンネームと考えられるが、煩雑なので以下カギ括弧は省略する）という名の人物が「自己改造の理想」と題する文章を発表した。大村をはじめ、この「青年論壇」に登場する人物の詳細はわからない。先に述べたとおり、沼隈郡内に住む先憂会会員か、もしくは先憂会会員ではないものの郡内の青年団員であると推測されるぐらいである。さて、大村は「自己改造の理想」で、次のように述べた。

私は自己の主義を徹頭徹尾透して理想生活に入ろうとしたのである。処《ところ》が最近家庭と言ふ情実的のものに圧迫されて次第々々に自己安定がおぼつかなくなつて来た。そうして虚偽の生活を外部から強ひらるゝまゝに余儀なく不満の生活をせねばならぬやうになつた。[*34]

大村は、「自己の主義」の徹底によって何らかの「理想生活」に向かっていこうと決意するが、「家庭」からの圧力によって現実には「不満の生活」を続けざるをえないと述べているのである。大村にとっての「自己の主義」とは何で、「理想生活」というものがどういうものかはわからないが、青年が抱く自分なりの将来の人生設計や自己の願望とそうはさせまいとする「家」による抑圧という、わかりやすい対立を想像させる。

その大村に対して、「青年論壇」で異論が寄せられる。村上南行は、大村に呼びかけて「個人主義は、個人の前には国家も社会も家庭も凡《すべ》て此を認め」ないものであると「個人主義」を非難しつつ、「国家主義に依るに非らざれば、国家も社会も個人も青年も、向上し得ざるものと確信する故に、個人主義の如き悪思想を、社会より葬り去る事を願ふ」と主張した。[*35] 村上は「国家主義」を重視する立場から、「個人主義」を重視していると見る大村を批判したのである。村上は別の論説で、「吾人は戦争賛美者也」と述べ、さらに「吾人は、かの人道を叫び戦禍の甚大なるを力説して、単《ひと》へに戦乱の終結を要望する姑息なる平和論者を以て、世界の進運を停滞し人類の福祉を減少する公敵とするもの」と「平和論者」を厳しく批判するのである。[*36]

しかし、大村と村上の論説が、それぞれ個人を単純に優先する主義と国家を単純に優先する主義との対立にはならなかった。大村も個人を重視するとはいえ、その個人は巡回日記などを通して進められた自己修養で焦点になったようなものではなかった。大村は、別の「青年論壇」で、「一日一善か朝起の如き姑息の美事を賞揚して殊更に青年を凡化してまでも一時の名声の為に社会に引出され大切な修養を忘れて功名心に捉れるは恰《あたか》も砂上に大厦高楼《たいかこうろう》を築かんとする無謀に等しい」と、青年会による「一日一善」や「早起き」の試みを「青年を凡化」するものとして厳しく批判していたのである。[*37]

『まこと』誌上での「個人主義」か「国家主義」かという論争が、個人絶対主義と国家絶対主義という二つの極論に二分されていたわけではなかったのである。大村は、先の「自己改造の理想」で自らの「唯我独尊」や「他の力に向つて冷淡であり偏頗であつた」ことを反省し、その「非を悔い改めて」いるのである。[*38]また村上の「国家主義」に反論するM郎なる人物もこれに参戦して、「個人主義は必ずしも国家主義又は愛他主義と矛盾しない事を認めてゐる」とし、村上に向かって次のように意見をぶつけるのである。

村上君自身も、同論文中に於て、全然個人主義を排斥する者ではない、道徳及人情に制限せられた個人主義を望むと語を夾《はさ》んであつたのは多少前と矛盾しかけてゐる様にも思はれるが先づ気付いてゐるからよい[*39]

M郎は、「国家主義」を重視するように見える村上の議論のなかにも「個人主義」的要素があることを見つけて、そのことを指摘するのである。実際にも村上は「個人主義」を「全然排斥する者でない」と述べている。そして社会進化論の立場から、「競争は個人主義の神髄と知る故、道徳及人情にて制限せられたる個人主義を望む」と説明を展開していた。そのうえで、「制限されたる個人主義は即ち国家主義ではないか」と結論づけるのである。このように、村上にとっての「国家主義」は「個人主義」が前提とされていたとはいえ、その思考の前提には「吾々の生活も生命も財産も自由も皆国家によりてのみ保障される」という考えがあり、したがって「国が弱かつたら」、「一寸の効果も」ない[*40]という国家優先の思考はやはり揺るぎはなかったのである。

この村上の論説、特に「個人主義」の認識に対しては、先ほどのM郎は、「利己主義（主我主義）と混同視してゐる」と指摘する。M郎にとっては「国家の偉大は国民そのものではない。国民の偉大は各個人の偉大であ」った。村上と違って、国家ではなく個人の存在が所与のものであり、その延長・拡大の先に「国家の偉大」があるのであった。ところが、現実にはそのような理屈どおりにはなっておらず、「人格の自由さえ官権《（ママ）》に束縛されてゐる事が多い」とM郎は考えるのである。[*41]

まったき「個人主義」とまったき「国家主義」とが対立しているのではなく、個人を所与のものとしたうえで国家の価値も認める「個人主義」と、国家を所与のものとしたうえで個人の価値も認める「国家主義」とが対立していると言ってよかった。その後も村上はM郎に反論するが、「国家主義」は「大なる個人主義」のことであり、「個人の集合」として国家が存在することを自覚したうえで、個人なき国家も、国家なき個人もともに意味がないと断言し、だからこそ「個人も国家も一体で」あり、「国家主義も個人の自発自彊《きょう》に待つ」ものであると述べるのであった。[*42]個人を所与のものとして捉えた場合は、個人と国家とが「一体」であるという認識にはなりにくいが、国家を所与のものとした場合には、その国家を構成する個人と国家とが「一体」であると認識することは難しくはない。

一九一〇年代半ばの『まこと』誌上の「青年論壇」で議論されていることが、単純な個人か国家のいずれかという問題ではなかった点は留意しておいてよいだろう。この論争では、「個人主義」と「国家主義」は相互に排他的な関係には置かれていない。国家との関係において個人をどのように定義して捉え、その限界をどのように理解するか、また個人を包摂する組織としての国家の役割とその制約をどう認識するか、そういう問題領域での対立であり議論であった点に注目しておこう。「個人主義」が国家を排するわけではないし、「国家主義」が個人を無視しているわけではなかった。

「個人主義」と「国家主義」とが地続きでつながっているのは、どちらを採るにせよ、ともに道徳を重視していたという点も見逃せない。村上は、さきほども述べたように、「個人主義」を制限するものが道徳であり、それにより「制限された個人主義」が「国家主義」となるのであった。村上は、個人と国家との関係について、個人が道徳的に制限される点を重視しており、それは、当該期の国家を「立憲治下」のものであると捉えることと関係した。立憲制は「国民自からが支配」する自治的な国制であり、したがって、言論の自由や思想の自由に制約があるのは「皆諸君の幸福のため」であり、その制約は一定の「自治」であると理解された。[43] 立憲制とは自治であり、それは主権国家にとっても個人にとっても自己制限のことであって、その制限を可能とするのが道徳であった。そのように村上は捉えているものと思われる。

「個人主義」を優位と考えるM郎もまた、道徳を重視した。

> 真の道徳は個人主義の或は人としての自覚から始まらなければならないのだ。吾等は、個人を除いて其所には一切の道徳、人情の存し得ない事を知つてゐる。道徳は個人としての自覚、換言すれば其の人の人格として心にある超越的の絶対的な要求の必然に自発して始めて其の意義と価値を有つ[44]

道徳というものは、「個人としての自覚」、すなわち「人格として心にあ」り、それゆえ「超越的」で「絶対的な要求」がもたらす「必然」的な「自発」に「意義と価値を有つ」ものと、M郎は考えたのである。それゆえ道徳こそが、最も自立的で自律的な個人のあり方を規定している、そういうものとされたのである。だからこそ、「自己の人格を尊重する権利は同時に他人の人格を尊重する義務を伴つてゐるものであ」った[45]。

M郎のことを「個人の人格を重ん」じる者といい、自らを「国家の実力を重んじる」者と主張する[46]村上が、自らの国体観念について述べた箇所がある。すなわち、「私の提唱するのは、君民一体以て天壌無窮の吾国体を永久に栄へしめんとして、国民が（ママ）皇室を中心として日本を愛し以て国家的活動を国際場裏に行ふのである」という箇所である[47]。村上の言う国体の中身とは「君民一体」であり、だからこそ、「皇室を中心として日本を愛」することができ、そういった姿を持つ「天壌無窮の吾国体を永久に栄へ」させることが村上の目指すところのものであった。日本を愛す国民の中心に皇室があり、さらに日本は君民一体という特徴を持ち、それは「天壌無窮」の国体の中身であった。こういう国体論こそ、近代日本にあっての支配的な国体論であり、一般的であったので[48]、国体への言及があったことだけで、村上に何か特別な思想的傾向があったとするなら、早計に過ぎない。むしろ、その点は通俗的であったと思われる。

相互の感化作用、これこそ先述の巡回日記の効用であったのと同じく、『まこと』の「青年論壇」もまた相互に論争・対立はあるものの、重要なことはその場を通じて会員どうしが話し合うという機会が準備されていることである。対立するだけではなく、相互に共通項を見つけ、あるいは妥協していくという一面もまた、こういった論争の場の効用であった。先憂会に集まる青年たちは、政府の言い分に唯々諾々と従ったり、国家権力を必ずしも素直に受容していたわけではなかった。

帝国尚武会員で「国家主義者」であると自認する福田緑葉という会員による「青年論壇」での論説は、

その点で興味深い。福田は、「自我」を主張する大村秋果とは「口角泡を飛ばして議論した事があ」るようで、その時には「所謂道徳より彼の行動を絶体《ママ》に否定してや」ったということであったが、議論の結果、「私の方が根底のない浅薄な議論である事が解つたのです、私は始めて彼に耳を傾けた」のであった。福田は、そしてこう続ける。「吾々が為す事を国家の為に社会の為にと云ふは実に美しい事でありま す、然し忠義の為の忠、孝行の為の孝、に何の意義がありましようぞ」と。そのうえで福田は、忠義や孝行は国家や社会のためではなく、また野心にあふれた功名心のためではないとし、それら自体が、「総ての虚欺と罪悪を超越した真の自我の心の奥底の叫ひで」あるということを認めるのであった。道徳の観点から「自我」を主張する大村を論破しようと試みた福田が、かえって道徳とは自我から出発して自我の目的に回収されていくことを悟ったのであった。見事に福田は「大村君の説に参つた」のであった。

そして福田は最後にこう締めくくる。「自我の宣伝!! これ実に壮厳《ママ》にして偉大なる宇宙の大使命ではありませんか」と。*49

広島県沼隈郡における青年会活動・修養団活動は、一九一〇年代半ばにはそれぞれの通常の活動の他に、一日一善巡回日記や会誌での議論や論争を通じて、自我・個人・道徳・自治・国家などを焦点化しつつ、相互に感化を与えあっていった。これらの活動が、その後の青年団の自主化に影響を与えなかったわけがなかった。

7　青年団の自主化

日露戦時期から戦後にかけて組織化された沼隈郡内の青年会（団）は、当初は会長を町村長もしくは小学校長が担っていたが、一九二〇年代における自主化の結果、青年団長は互選により団員が就任することとなった。

沼隈郡内では、一九二〇年二月の内務・文部両大臣の訓令に呼応して青年団の自主化が進み、五月には水呑村の隣村である瀬戸村で、団長に村長や校長をすえないで団員から互選される「自治青年団」が結成された。[*50] さらに、一〇月に沼隈郡内の青年団による模擬国会・弁論大会が瀬戸村で開催された。その来賓者は、「講師、講談師などを依頼しないで一切を青年が自発的、発表的、自治的にやつたのが嬉しい」と感想を漏らした。[*51] また青年団員の一人は、「その円転滑脱な雄弁口角泡を飛ばす討論又は修養のある思想の光は多くの人に感化影響を与へるものであると信ずる」と胸を張った。[*52] また別の団員は、「自己を進展せしめ、更に社会の為めに貢献することによつて始めて意義あり価値あるのである」と主張し、[*53]「自己」の「進展」が社会貢献につながることが意義のあることであると述べた。討議し感化を与えあう青年たちによる文化的空間が、自主化された青年団の大会でも展開され、その部分は大正期の民本主義的志向と重なり合っていたと言える。青年たちの修養活動と民主化・自主化とが共鳴しあうこういった文化的空間は、一日一善巡回日記や『まこと』誌上での討論・議論のような感化空間の形成を前史に持ちつつ展開されていったのである。

自主化青年団の隆盛は、長くは続かなかったようである。自主的で自治的な組織運営に自覚的な青年たちの主体的な言論活動により相互に感化しあうことで、社会に奉仕する自我を育成する青年団運動は、順風満帆とはいかなかったのである。一九二二年九月号の『まこと』にはそのような青年団の様子が報告されている。『まこと』の編集者は、「「青年団が自治になつたら以前よりか活動もにぶり成績も衰へた」といふ評を耳にした」と述べる。そしてその内情について、「真面目な見地に立つて役員選挙が行はれてゐない。やつぱり家柄とか、情実とか、地勢の関係とかいふやうなつまらぬことに左右されて」、結局は青年団の指導者は人物本位ではなく、旧来の地域社会の保守的な秩序に依存していくというわけである。「青年団は青年自身のものだ、自己進展の機関だといふことを忘れて」他人任せとなる、そんな状況が報告されている。[*54]

青年団運動は青年自身のため、自己のためのものであると、自由や自治を突きつけられても、それが持続することはなかった。『まこと』の編集者はさらに次のように言う。

自治は決して放縦でない。我儘勝手でない。団員そのものが自覚ある統制の下に改善と進歩とを企及するところにある。青年団が自治になつたがために退歩することにならば、青年はやつぱり劃一《かくいつ》、押しつけ、圧迫のせせこましい檻の中にいれて置くより外はないことになるので、さうすることは青年の大なる恥辱であると共に青年団の自殺である。[*55]

地域の修養団体や個々の青年たちによる論壇が、大正デモクラシーの底を支え、主権国家の自治的機能ともいえる立憲制を精神的に支えようとしていた。それが同時に、青年団を自主化させる力ともなっていたのである。団長などを選挙で団員のなかから選ぼうとする青年団の自主化は、一九二〇年代初頭において沼隈郡内でも起きていたのである。大正デモクラシー期の民主主義を重視する知識人たちの合い言葉は「憲政擁護」「立憲政治の重視」であったが、社会次元の言葉で言えば「自治」を意味するのが立憲政治であった。青年団も自治を重視するものであったという点では、青年団の自主化は立憲政治重視の時代的な思潮とも適合的であった。また、青年団は公民教育の場であり、公民とは自治的で立憲主義的な国民のことであったから、公民教育と自治・自主とはきわめて相性の良いものであった。

沼隈郡では、以上のような青年団の自主化・自治化の動きを一日一善巡回日記や『まこと』誌上での青年たちによる論壇が準備しつつあったという意味では、大正デモクラシーは日露戦後の地方改良運動や地域での修養活動と相容れなかったのではなく、むしろその反対にそれらの動向を前提としていたのである。しかし、自主的青年団の持続性は強いものでは必ずしもなかった。

第五章　君民協同のデモクラシー
――君主制を媒介とする共和主義的志向

1　国民公同の観念と立憲主義

代議政治論を軸とするデモクラシー論を展開させ、大正期の代表的政治思想家としてその名を轟かせた吉野作造であったが、彼に対する批判も実は多かった。吉野の代表的な論攷である「憲政の本義を説いて其有終の美を済《な》すの途《みち》を論ず」が『中央公論』に発表されたのは一九一六年一月号であった。この吉野流代議政治論を批判した若き政治活動家でありジャーナリストであった室伏高信《むろぶせこうしん》は、吉野が代議制のみによって民主政論を打ち立てたことを「簡単狭隘《きょうあい》なる」ものと不満を述べ、その民主的な方法と手段をさらに社会主義や婦人参政権にまで広げながら、直接民主制的な方向にまで開放しようとした。[*1]

また吉野と東京帝国大学で同僚であり、政治思想や政治運動的には敵対しつつも個人的には吉野と親しくしていた憲法学者の上杉慎吉は、国民一人ひとりは多様な意思の主体であるにもかかわらず、代議制はこういった国民の多様な意思を代表できるものとする「仮構ノ空想」のうえに構築される制度であると論難した。そして、自らの論として「国民投票ノ制度ヲ以テ唯一無二ナル民意発表ノ方法ナリ」と主張して、やはり代議制、すなわち代表制の「仮構」的な側面をついたのである。[*2] 上杉は、民意を発表する方法として国民投票の制度、すなわち直接民主制以外はありえないとまで述べるのである。代表制への懐疑的な論議を上杉は自身の保守的な立場から発するのではなく、一般意志と直接民主制を重視する立場から展開するのである。さらに上杉は、ルソーの議論を借りて国会が国民代表であるという論を攻撃し、代表制に根本的な疑問を投げかけるルソーこそ「民主主義ノ正統」であるとまで評価するのである。[*3]

室伏・上杉ともに代表制への懐疑から代議制論を批判し、むしろ直接民主制原理への共感を表明していた。では、一九一〇年代に代表制相対化論を展開していたこの二人は、その後、民意や民主制についていかなる議論を行なっていったのだろうか。これを理解するためには、両者の君民関係論や国体論についても触れておかねばならない。

まずはじめに上杉慎吉（一八七八―一九二九）を見ておこう。

上杉慎吉は、法治主義への徳治主義の効用を自覚しながら、立憲主義のありかたを考えた知識人であった。これは彼の師にあたる穂積八束からも影響を得ていた部分であった。上杉もそうであったように、穂積もまた三権分立の原則から立憲主義を唱える知識人であった。

穂積は、立憲制というのは国会と政府とが分立して対峙し、「最高ノ権力」がこの両機関の上に存在しながら、両者の間を調和する政体のことだと説明する。「独逸《ドイツ》諸国及北米」がそれに相当するという。これに対して議院制は、国会が最高万能の権力であり、政府をしてこれに「隷属」させる政体のことであるとする。「英仏諸国」がそれに相当するという。日本は「明白ニ立憲政ヲ宣言ス」と述べる。[*4]

さらに穂積は、立憲主義のための三権分立は何によって担保されているのかと問うて、それは国民公同の意志なのだと答える。すなわち、「立憲自治ノ制ハ国民ノ国家的精神ヲ基礎トシ、社会的公徳ニ倚《い》頼《らい》シテ建設セラレタル者ナリ」というようにである。この点は重要である。では、「国民ノ国家的精神」を基礎とし「社会的公徳ニ倚頼シテ建設セラレタル者」とは何か。それは、「国家ノ目的ヲ以テ其ノ目的トスル公同心ニ富メル国民ノ公同ノ意志」である。「国民ノ公同ノ意志」とは、穂積によればそれは単なる「輿論」ではなかった。「偶然器械的ニ多数ヲ為ス」ものに意味はなかった。[*5]「国家公同ノ目的ノ為メニ行使」しようとする意思、すなわち国民公同の意志こそが国家にとって有用なのであった。

以上のように穂積は、国民の「国家的精神」を基礎とし「社会的公徳」に依存して創出される国民公同の意志に立憲政は依存すると述べているのである。では、国民の「国家的精神」を基礎とし「社会的公徳」に依存する国民公同の意志とは何か。それは、国民が国家の目的を諒解したうえで「公同」しようという意志のことであった。穂積にとって「公」とは、単に「私」性の反意語ではなく、「社会的公徳」や「国家的精神」などに自覚的な主体が糾合して国家を支える気概を持った者の共同性を含意した言葉であった。だから「公」とは「公同」を意味していたのである。穂積は、「元来国民道徳ト云フハ、国民タル資格ニ伴フ道徳ノ意味テアリマス」と述べ、「国民道徳」の重要性に言及したあと、「国ト云フ観念ナクシテハ、此道徳観念ハナイノテアリマス」と、「国民道徳」は国家意識との関係で形成されるものであることを示唆した。さらに、「道徳ハ意思ノ動作ヲ節制スルモノテア」り、「是ニ於テ法律ト道徳ト同シ役目ヲシテ居ルモノテアル」が、「法律ハ他力ニ依ツテ意思ヲ節制スルノテアルカ、道徳ハ自己固有ノ力ニテ自ラ意思ヲ節制スルノテアル」[*6]と、「他力」たる「法律」より、「自己固有ノ力」たる「道徳」を優位に置いた。立憲主義において、「法律」という「他力」によって国民全体の意思を「節制」する回路と、「道徳」という「自己固有ノ力」によって国民全体の意思を「節制」する回路があることも穂積は発見している。

のちに述べるように上杉にとっても、国民が共同して公共たる国家のもとで糾合されていくことは重要であった。ただし国民公同の意志（国民道徳）は穂積にあっては、代議政治を超えて直接民主制的に一般意思を形成するものではなかった。この点は、上杉とは異なるところであった。穂積にとって国民公同の精神はあくまで代議政治を支えるものに限定されていた。周知の通り、穂積は政党内閣を認めるものでもなかった。穂積は、「「ルソー」ハ民衆直接ノ綜合意志ヲ以テ主権唯一ノ形体ト為ス」がゆえに「君主制ニ反対スルノミナラス、亦《また》代議政治ニ反対ス」として、ルソーの一般意志論を支持しなかった。[*7]穂積は、国民の直接的な「綜合意志」（一般意志）をもって主権となすルソー流「民主主義」を、君主制を否定するものとしての非国体的な原理として退けているのである。とはいえ、三権分立の基礎たる国民公同の意志を穂積が重視していることは、注目しておいてよい。

では、穂積の後継者であった上杉慎吉はどうか。一九〇五年に発行された『帝国憲法』では、次のような箇所がある。

民選ノ原素ヲ具《そな》フル議会ヲ以テ、国家ノ立法作用ニ参与スルノ機関ト為《な》スハ、立憲政体ノ最モ重要ナル綱目タリ。議会ハ以テ臣民ヲシテ国政ニ参与セシムル所以ノ具タリ。議会ヲ設クルノ精神ハ此ニ臣民ヲ代表セシメ、一般臣民ノ之ヲ行フカ如ク国政ニ参与セシムルニ在リ。立憲政体ノ要素ノ一ハ統治ノ作用ニ民主的原素ヲ加味スル事ニ在リト云《い》ヘル者、実ニ議会ニ於テ具ハル。議会ハ此ノ主旨ニ依リ臣民ヲシテ国政ニ参与セシムルノ具トシテ、立憲政体ノ国ニ於テ存スルトコロナリ。[*8]

「民主的原素」が、立法行為という主権の統治作用に加味されることによっても、立憲政体は維持されるというのが上杉の議論であった。代表制の虚構性を指摘して正統的な民主主義を論じる者としてルソーを高く評価していた上杉にあっては、穂積以上に「民主的原素」は、重要な位置づけが与えられていた。もちろん、議会の「民主的原素」だけで立法行為は完結しないのは言うまでもなく、最終的には天皇による裁可が必要であった。[*9]

上杉によれば、法は主権の意志であり、そして主権の意志は単一であった。だから法の趣旨が憲法から逸脱した時には、司法は議会に対する違憲立法審査権（実質的審査権）を発揮できると上杉は考えた。[*10]

これに対して、美濃部達吉や佐々木惣一らは立法権が司法権・行政権に優位するという立法権優位の立場から、司法による違憲立法審査権を認めなかった。[*11]

上杉の考えでは、立法権の役割については司法権・行政権と同等のものであった。だから三権が分立して拮抗し、権力を抑制できるのであった。ただし、違憲立法審査権を認める法解釈をしていた上杉であっても、そのことを現実の政治論で展開することはなかった。

明治維新が中央への権力の強力な凝集性を可能にしたことで、権力の多元的な分節化のための動力源がそこに生み出された。主権がそれである。公権が臣民に付与されるとともに、主権者たる天皇はイメージ化されて〝気化〟し、最終的に個々の臣民の内面で〝凝固〟して人格の一部を構成した。「陛下の赤子」「万民一君」を自覚した国民が日露戦後から第一次世界大戦期にかけて自我を語り、政治社会に向けて自らの居場所を主張したのが大衆レヴェルでの民主化の始まりであり、そこでの民主政論は立憲主義論として展開された（その地域レヴェルでの話は第四章で触れた）。これこそが、「大正デモクラシー」を支える有力な思想であった。

吉野作造が大正デモクラシー期の記念碑的論文「憲政の本義を説いて其有終の美を済すの途を論ず」を発表した一九一六年に、他方で上杉は主権というものは濫用・誤用がつきものであるが、天皇はその歴史においてもほとんど「其主権ヲ濫用又ハ誤用セシメタ事実」はなかったと述べた。[*12] 歴代の天皇が主権の「濫用又ハ誤用」をしなかったということについて、検証を省略してその信念にも近い心情を吐露したことは措くとして（そういう認識は吉野も同様であった）、主権の濫用をいかに抑止するかという論点については上杉は多大な関心を払っていたことは理解できる。

しかし、立憲主義とはいえ、現実政治の力が働けば、主権の濫用を完全に抑止することは不可能である。例えば一九二〇年二月二六日、男子普選案を拒否して（否決せず）衆議院を解散させた原敬内閣のようなケースが、それである。解散権は天皇大権に属していたが（憲法七条）、帝国議会中に原首相の演説が終わったあと、突如詔勅が議長によって読み上げられ、衆議院が解散された。形式的には天皇大権の行使であったが、普選運動が院内外で最高潮に達したさなかの異様な「解散」であった。これは、原首相が急進的な普選案の実施を回避して立憲政友会の政権を安定化させるために策謀したものであった。[*13]このように憲法に規定されたルールの精神は、かかる「事実の力」によってもろくも骨抜きにされた。

立憲主義の規範が現実政治の力によって動揺するとはいえ、一九二〇年代前半のこの時期、左のように上杉は普選という制度が持つ立憲制の効力に期待を寄せた。

民衆は屢々《しばしば》議院の門前に押し寄せて、議員を監督強制せんとするのである。自ら選べる我が代表を信用することを得ぬとするは慥《たしか》に変態である。〔略〕普通選挙を行へば、直ちに此の病気は治癒すると云ふ説に予は与《く》みせぬ。然《しか》れども普通選挙を何時までも行はぬと云ふことは、何時までも国民を病的状態に置くものである。予の夙《つと》に普通選挙の断行を唱ふるは、一に我が国体の精華を発揚せんとするに在るが、他に此の理由もあるのである。[*14]

ここで示されているように、普選を実施しないことで民衆騒擾が起きない（「屢々議院の門前に押し寄せ」ることはない）保証はないが、少なくともそのことで国民を政治から遠ざけるという「病的状態」

に置くこととなる。逆に普選断行は、「我が国体の精華を発揚せんとする」ためでもあった。

上杉にとって普選は、実は多数選択のためのシステムではなく、多数統合のためのシステムであった。そのことを示したのが、やや長くなるが、次の文章である。普通選挙は「危険」ではなく「安全」であると述べたあと、上杉は次のように語る。

> 日本は正直に多数人民の国家である。天皇の下には銘々は毫《ごう》も甲乙なき同等の日本人である。天皇の下には英雄崇拝はない。英雄崇拝は西洋思想である。〔略〕日本はどうしても多数否七千万人全体の日本である。之を実現するが国民の望ではないか。之を実現するが我が国体の精華を発揚する所以ではないか。普通選挙の精神はどこまでも、我が政治の精神でなければならぬ。〔略〕挙国一致一人も残らず国事に当り公に奉ずるの精神は徹底せねばならぬ。若し此の事が徹底するならば、日本は生粋の真正の日本人の国家となるのである。〔略〕大多数の国民が、政治から遠ざけられて居る間は社会主義者や無政府主義者の蠢動《しゅんどう》する余地もあらう。然《しか》れども一たび普通選挙が実行せられ、天皇を尊ひ国家を愛する外、何物をも知らぬ生粋正真の日本人が、ギッシリ並んで天皇の股《こ》肱《こう》となり、全国民を挙げて大八洲《おおやしま》を愛護するとき、ドコにかゝる、非国家主義者の跳梁する余地があるか。[*15]

このように、普選は「挙国一致一人も残らず国事に当り公に奉ずるの精神」が「徹底」されることとなり、「生粋正真の日本人が、ギッシリ並んで天皇の股肱となり、全国民を挙げて大八洲を愛護する」にいたるのであった。普選が「公に奉ずるの精神」を徹底させたり、天皇のもとに挙国的に「大八洲を愛護する」、すなわち国民公同の精神を喚起して民心一体となるという効用を引き出すことを、上杉は期待していたのである。しかもこれこそが、「国体の精華」の現出を意味した。

しかし、上杉は単純な楽観主義者ではなかった。制度を運用するのも、また人心に依るのであり、制度の運用、制度の精神の活用は人心如何にかかっていたからであった。

国民公同の観念が立憲政にとって重要であるという点は、上杉が穂積八束の遺稿を編纂して『憲政大意』として完成させる過程で、大いに覚醒するところであったと思われる。そして上杉が普選に注目するのは、穂積の遺稿集の編纂事業のあとであった。国民公同の観念に立憲政は依存する――これが上杉の師、穂積八束が晩年展開していた議論であった。上杉は、穂積の死後一九一七年に遺稿集を編纂する。穂積は自らの原稿を一九一二年八月二五日にいったんは「稿了」していた。ところが一〇月五日に亡くなると、穂積の未定稿は遺族の意向もあり、上杉によって編纂されることになった。上杉によれば、穂積の草稿を上杉自ら、「勝手ニ順序ヲ定メ」、「頗《すこぶ》ル改竄《かいざん》ヲ加ヘ文字章句ヲ転置増減」するなどの「実ニ乱暴ノ極《きわみ》」を行ないながら編纂していった。そのような方法をとらなければ「意、達セサル」ものであったからであるという。一九一七年三月に私家版として遺稿集は完成した。さらに上杉が一九二九年に亡くなったあと、一九三五年の天皇機関説事件を受け、中央大学講師・司書の矢田一男の協力のもと穂積重威《しげたか》によって同年七月に同書は再刊された[*16]。

さて、上杉が「頗ル改竄ヲ加ヘ」た穂積の遺稿集では、穂積は立憲政は国民の政治道徳に依存すると主張し、国政に反映された「国民多数ノ意見」の「是非得失ハ憲法ノ功罪ニアラス」と述べて、その責を国民の「智徳」や「道徳」に求めた[*17]。

もう少し詳細に見てみよう。穂積は立憲政という政体は国体という基礎のうえに立つと述べている。さらに国体は「国民一致ノ確信」に基礎を持つという[*18]。立憲主義は国体に依存し、国体は「国民一致」に依存すると穂積は述べ、国民の内面に最も崇高な位置づけを与えている。次の文章は、この点をさらに展開させている。

抑《そも》立憲ノ政ハ国体観念ノ一致アルニ於テ、始メテ之ヲ行フコトヲ得ヘシ。然ラサレハ、民衆ノ参政ハ政策ノ如何ヲ争フニ非スシテ、国権其ノ者ノ争奪ニ帰センノミ。故ニ憲政ノ運用ヲ全フシ、其ノ美ヲ済スハ、国体観念ノ一致ヲ保持スルヨリ急ナルハナシ。国体観念ノ一致ハ、遂ニ国民道徳ノ力ニ帰ス。法律ノ力ハ僅ニ其ノ末ヲ支持スルコトヲ得ルノミ、法律ノ法律タルハ主権ノ力ニ由ル、主権其ノ者ヲ鞏固ニスルハ、法律ノ力ノ能《よ》ク及フ所ニ非ス。主権ハ智力ニ非ス、腕力ニ非ス、国民一致ノ信念ヲ以テ之ヲ国家統治ノ主力ナリト仰《あお》クニ於《おい》テ存立ス。*19

穂積は、法律が法律たらんとするのは主権の力によるものであるが、主権を「鞏固」にしているのは法律ではなく、「国民一致ノ信念」であると述べている。そして「国民一致ノ信念」とも関わる国体観念は「国民道徳ノ力」に依存するとも述べられているのである。このように穂積は、主権が智力や腕力に依存するものであることを否定し、「国民一致ノ信念」や「国民道徳ノ力」といった法外のものに淵源すると捉えるのである。だからこそ、国民公同の意志となるべき国民道徳が国体観念を支え、国体観念が立憲主義を支えることができるのである。これこそが、穂積にとっての、憲法の規範力の基礎原理であった。立憲主義という原理が、およそそれとは相反する国体や国民道徳に依存することで機能するということを穂積は考えていたのである。

では穂積にとって憲法は何を保障するのか。

由来国会ヲ開クハ、政見ノ争議ヲ自由ナラシメンカ為ナリ、而《しこう》シテ之ヲ律スルニ憲法ヲ以テスルモノハ、政見ノ争議ヲ自由ナラシムルト同時ニ、其ノ断シテ超ユヘカラサルノ藩障ヲ劃《かく》セント欲スルナリ。憲法ハ千古ノ国体ヲ宣言シ、統治大権ノ所在ヲ明徴ニシ、以テ憲政ノ根軸ヲ堅固ニス、憲政縦横ノ運用ハ、此ノ根軸ヲ離ルルヲ許ササルナリ。[*20]

「政見ノ争議」、すなわち政論をめぐる自由な討議のために国会があり、その国会を律するために憲法があるとすれば、憲法こそが、国会を軸とする国民による「政見争議」の自由を保障していると穂積は受けとめているのである。さきほどの議論をこれにつなげれば、自由な政論上の討議は、国民の一致した「信念」や「国民道徳」、すなわち国民公同の意志や国体に依存するところの憲法によって保障されるということになる。

上杉が、この穂積の著作から感化を受けなかったわけはない。先述したとおり、こういう、徳治主義的な側面によって立憲主義が支えられているとする議論を上杉も穂積から継承していたのである。

一九一七年に穂積の遺稿集を編纂しおえた上杉は、普選論を展開していくことになる。国民公同の観念を重視する上杉にとっては、普選は相対的多数選択ではなく絶対的多数統合のためのシステムと認識できるようになったから、かつての普選尚早論という自説を捨てるようになったのである。そして、まだ一九二〇年代前半頃までは、普選という〝制度〟への信仰が上杉のなかでは根強くあり、それが国民公同の観念を保障すると考えていたのである。それが薄らいでいき、制度の前に国民公同の観念を優先させるように、問題の重点が移行していくのが一九二〇年代半ば頃であった。

2　翼賛型民意集約論としての「民本主義」と民心

上杉慎吉は、国民代表制に懐疑的な立場から直接民主制へのシンパシーを吐露し、上杉なりの代議制論を展開している。直接民主制へのシンパシーを抱く上杉の代議制論とは、有権者が国民代表を選出するという考えではなく、有権者自身が社会と民族を代表するという考えであった。[*21]

　上杉は、主権とは、「各我」が一体として「規律組織」されたものであり、その「規律組織」する意志こそが「体制意志」であって、それはそのまま主権を表すと述べている。[*22]上杉によれば主権者とは天皇のことなので、国民の「我」が「規律組織」されたものを実体化・可視化させたものこそが天皇であった。「日本人」（という共同体＝国家）自体は上杉にあってはフィクションであったが、それを表現する実体たる天皇が存在することで、「日本人」という存在はかろうじて立ち上がるのである。上杉も、天皇をかく言う意味で国民共同体の象徴として捉えていたことになる。

　上杉の代議制論は、翼賛型民意集約論[*23]とでも呼べるようなものであった。吉野作造なら、代表制は多様な民意の中から多数の意思を選抜し、その多数であることをもって国民を代表する意思であるとみなす。多様な意思を多様なものとして受けとめたうえで、その中から多数の意思を選抜するという方法として選挙を位置づけるのが吉野であった。

　上杉の考える翼賛型民意集約論とはいかなるものか。

　上杉は当初、「複雑ナル国民生活ノ実質ヲ洞見セサルノ浅見」であると普選には反対の立場を採っていた。[*24]上杉が普選を主張しだすのは一九一九年頃からであり、先述の通りそれは穂積の『憲政大意』の編集作業が終わった少しあとのことであった。

　国家の構成員たる国民一人ひとりは永久の生命を持たないから、実体的にはつねに国家は一人ひとりの寿命ごとに切断される。つまり一つのまとまりのあるものとして、なおかつ永続するものとして国家を捉えることはできず、所詮国家という団体はフィクションであった。これは上杉とて、自覚しないわけではなかった。

上杉の場合、だからこそ、フィクションとしての国家を表象する実体が必要であると理解していた。それは他ならない天皇であった。

上杉は、天皇の力に憑依して個人の力を伸暢させることができると考えていた[*25]。なぜなら、国民一人ひとりは「永久なる国家の極めて短い一部分」であって有限な存在であり、「其の意志を以て永久に連続する一体なる国民の体制意志なりとすることを出来」ないがゆえに、その有限の存在を補完する存在が必要となり、それが上杉にあっては天皇であったからである。すなわち、次のごとくである。

我が国体及国体の精華は、予の年来絶えず説き居る所なれば、今之を繰り返へさゞるも、天皇の主権者にましまして、相関し連続する日本人の体制意志を、誤りなく認識決定実現したまふを、我が国体の精華とする、故に我が国を以て万国無比とし、国家たるの価値高く、真に最高の道徳たるに於て、世界に冠たるの理想国とすべきは、以上説く所に照して、之を読める日本人には十分に感得せられた所であらうと信ずる[*26]。

「相関」「連続」する「体制意志」を天皇が「認識決定実現」することができるのが、日本の「国体の精華」であったのである。国民社会の一般意思（「体制意志」）を体現するのが主権者であり、そのような国家の特徴こそが日本の「国体の精華」であると上杉は理解していたのである。上杉によれば、国民社会の一般意思と主権者の意思とが調和しうるのは、日本の国家が天皇を中心として形成され、君民が一体であったからであるとされた。

日本国家ハ此ノ天皇ノ下ニ本来ノ一体タル日本民族ノ国家ナリ、日本民族ノ一体タルノ確信意識及感情ハ天皇ヲ中心トシテ存在ス、天皇ナケレハ本ヨリ一体タルノ日本民族モナク、日本国家モ存セサルナリ、日本人ハ天皇ト合一シテ、一民族一国家ヲ成セルノ一体タリ、故ニ能ク日本国家ニ於テ、理想ノ国家ヲ創造スルノ、建国ノ精神理想ヲ不断ニ実現シテ、永遠無窮ナルコトヲ得ルナリ。[*27]

右に引用した一九二四年の史料に示されているのは、日本の国家について論ずるものであると同時に、これは象徴天皇論でもあった。上杉は、「有機体説ノ、説明ノ方法ヲ以テ物ノ本質ト誤リ、国家ヲ以テ有機体トシテ客観的ニ存在スルモノナリト為スニ至テハ、到底之ヲ承認スルコトヲ得サル」と、国家を実体あるものとして把捉する国家有機体説を否定する。「国家ハ本来ノ一体ニシテ、各人ノ集合ニアラス」というのが、上杉の見解であった。[*28] だからこそ、虚構たる国家を表現する「形式」、すなわち実体が必要であった。それこそが「体制意志」たる天皇の存在であった。まさにこれは、立派な象徴天皇論であった。

国家を人々の集合体と実体的に捉えるのを上杉は否定している。では、国家が成り立つのは、天皇の存在のみをもってして充分であったか。それは否であった。

国家の正体は社会であり、その社会は個人と個人の「相関」と「連続」という関係を意味していた。すなわち、「国家の外に社会ありて、人類共同の生活を成すに非ず」。「国家は完成したる社会であ」り、「社会の理想は国家であ」った。「地球上の人類は理屈や約束で国家を製造したるものではな」く、「我は他より国家に入会したのではない、生るゝと共に其の国家に合一して居るのであ」ったというのが上杉の議論であった。[*29]

すなわち社会とは、個人にとって所与の存在であると同時に、個人自体がすでに社会を表現していた。当然、上杉は上記のとおり社会契約論を否定している。上杉の議論の中では、個人は「相関」と「連続」という関係たる社会を一人で代表していたと言える。そのため、国民が政治的主体となるためには、一人ひとりが「相関」と「連続」の結節点であることを自覚することが必要であった。

そうなると選挙は、有権者にとってどのような意味を持つのだろうか。すなわちそれは、「一人の投票するは、我が妻をも、我が子をも、我が周囲の人をも、否広く全国民をも代表して、全体の為に投票するのでなければならぬのであ」って、国民が代表者を選ぶということではなく、投票する側が一人で全国民を代表することを要請される、そういう意味を持っていたのである。[*30] 個人とは、社会（「相関」と「連続」）そのものでもあったからである。

選挙権を行使することは代表者たる衆議院議員への信任行為ではなく、民意を集約・統合することであった。むしろ、選挙権を行使する際には、上杉はこの特異な代表観念を日本国民「六千万人[*31]」の一人ひとりに期待するのである。そして普選が実施されると、「自分の勝手な心に従て投票してはならぬ、我は億兆一心を代表する者である、同胞兄弟の為めに投票するのである、上は遠く祖先も地下に領づき、下は子孫の末々まで満足することを期せなければならぬ」のであった。[*32] 上杉にとっては、多様で多数の民意の中から特定の民意を選抜することが選挙なのではなかった。国民一人ひとりが「億兆一心」、過去から未来にわたる民族の意識を代表するのだという自覚を促すのが選挙なのであった。これこそが、上杉の考える翼賛型民意集約論であった。

翼賛型民意集約論は、民意の側から見れば内在制約論的に民主制自身を自己規律する立憲制論に他ならなかった。[*33] その内在性を担保していたものこそ、国民個人の意思が社会を代表しているがごとき観念を覚醒させている天皇の存在であった。[*34]

されば国民全体の真実の希望、真の一心と云ふものは、凡《すべ》てこれを超越したる、抽象なる、普遍なるものでなければならぬ。然らば、これを如何にして認定することを得るか、〔略〕個人の心に非ず、多数の心に非ず、全員の心に非ず、かゝる現実なるものを超越したる、かくなるべからざるの普遍抽象なる全国民の心、これを知る者にして、初めて真実なる国民一心を実現し得ると為す。[*35]

上杉はここで「普遍抽象なる全国民の心」を「知る者」という存在を措定し、その存在こそが「真実なる国民一心を実現し得る」と指摘する。もちろんその存在とは、他ならない天皇であった。

我が天皇は、万事を知るとか、聡明叡知とか云ふが如き、相対的に優れた人であると云ふに非ず、絶対的に水の如く鏡の如く、無色透明にましまし、億兆の一心はそのまゝ映して大御心となるを以て本質としたまふのである。〔略〕我が天皇には一点の私もない、偏るところもない、絶対に公平にして、一親同仁《（ママ）》にましますされば国民の真の心は、個人の心、多数の心、全員の心を超越して、大御心にあらはるゝ。国民の真の心は、唯だ現在に生存する国民の心ではなく、祖先より子孫に至り、普《あまね》く通じて存する国民一体の真の心でなければならぬ。[*36]

ここでは天皇は「無色透明」の「水の如」き「鏡」として捉えられていて、すべてをそこに映し出す存在として描かれていた。

国家は「人為の一体ではなく、自然に成れる一体である」と上杉は語る。[*37] 国家は人為の団体ではないと言いながらも、その内容たる民族が民族たるゆえんのものは、「客観的外形的の要素の存するのではなくして、主として主観的なる精神の作用に在」ったと上杉は言う。すなわち、「一民族に属する多数の人が我々は一民族を成せりと云ふの意識感情及び信念が、民族の民族たる所以の基礎であるのであ」り、[*38] 自然の国家なる団体は、民族的精神作用に支えられていたことになる。しかしその「精神的作用」が自然を否定する作為ではなかったのは、その「精神的作用」がいかに可能なのかを根拠づけているのが、他ならない「天皇の御心」であったからであり、そのことを諸個人の主体性以前的な存在たる「国体の精華」に依存していたからであった。

国民が心を一にして其心が其儘《そのまま》天皇の御心であると云ふのが君民一致の我国体の精華である。臣民が心を一にして　天皇の国を統《す》べさせらる、の大業を残らず此国民が一人翼賛し奉ると云ふことが、之が我国体の精華である。立憲政体と云ふものは、つまり此国民が一人国家であり、国民共同の国家であると云ふ信念精神を以て之を実現すると云ふに外ならぬ。或は立憲政体と云ふ言葉を「デモクラシー」民主の制度と申すならばそれでもよろしい。[*39]

右に見るように上杉は、「民心」が「一体」となった時、それが主権者天皇の意思となると理解する。権力の自己制限たる立憲主義の原理は、かくして国民個人に担保される。フィクションたる国家の存在を実在たらしめるのは国民一人ひとりの「精神作用」であったから、「国民が一人国家」、「国民共同の国家」であるとの「信念精神」をもって国民自身が自己規律することで国家にとっての自己制限が起動する。すなわち、立憲主義の原理に他ならなかったのである。だから「立憲政体」を上杉は、「「デモクラシー」民主の制度」と言ってはばからなかったのである。民意の内在制約的な立憲主義を起動させることができる根拠は、このようにまた「国体の精華」、すなわち天皇の徳にあった。国家という共同性を、国民一人ひとりの「精神作用」なる自由意思で創造可能であるかのように観念できた根拠こそ、天皇の存在に他ならなかった。天皇はそのため、どこまでも虚無で超越的なもの――すなわち先述のとおり国民をあるがまま映し出す鏡のごとく――でなければならなかったのである。

かくして上杉にあっては、天皇による徳治主義――天皇を徳の存在として捉える臣民がその統治を受け入れること――こそが立憲主義の前提となっていたのであった。そういった臣民としての主体を有した国民の「自覚」が、「一人国家」として「国民共同の国家」を担おうとして立憲制の主体になるのであった。主権は多元的に分節化して、その代位たる主権者を生み、さらに主権者たる天皇はイメージ化されて気化し、それは臣民の内面に付着していこうとした。臣民が一定の公権を付与され、「陛下の赤子」としての自覚を持っていくことで主体性を与えられた臣民は国民として自己主張を始め、それが大正期を中心とするデモクラシー状況を作った。それは同時に多元的に分節化された主権の分身が国民社会の周縁から、改めて主権自身を制限していく立憲主義の担保（実体）ともなった。上杉が、帝国憲法発布、国会開設、普選成立という制度設計に国民の人心統合の期待をかけていくこととほぼ並行して、あるいはそれらを補完し、また制度の限界を埋めるものとして、国民一人ひとりの内面に国家を根源的に支えていく、不可視ではあるが、しかし盤石の立脚点を見いだしていくのは、そういった立憲政のより高度な完成をめざしてのことであった。

「民心一体」は国体の自覚により可能となり、それがデモクラシーの前提になるというのが、第一次世界大戦期を経て政党内閣期にかけて構築された、上杉の立憲政構想の基本的な輪郭であった。

上杉は、民主制や立憲政治に対する国民の信望が低下していることを、制度の責に帰すことはできないと述べる。ではそれは何に依存するか。それは国民の民心や精神であると断言する。

凡《およ》そ立憲政治の健全なる発展は、政治家の真摯にして熱烈なる愛国の精神と、公明にして不撓《ふとう》なる正義の信念に依らざるべからざるは論無し。輓近《ばんきん》民主制又は立憲政治が、到る処国民の失望を招きし之に対する信頼の念、頓《とみ》に衰へたる所以のものは、必ずしも制度の罪に非ずして、政治道徳の大に振作せざるに基づくと為すは、識者の悉《ことごと》く一致する所にして、将来革新の大方針は、区々《まちまち》たる制度の改造に存せずして、人心根本の改造に在らざるべからず。[*40]

これは一九二七年に書かれた文章で、政党内閣期まっただ中であるが、「民主制又は立憲政治」が「国民の失望を招」いているのは「制度の罪」ではなくして、「政治道徳の大に振作せざる」点（政治家の政治道徳も含む）にあると上杉は見ている。そのような民主制や立憲政治の不振を回復させるために、「人心根本の改造」を必要とすると述べるのである。かくして立憲主義成否の争点は、制度から民心へと移行していくこととなった。

なぜ国民の「政治道徳」が重要になるのか。一九一五年の文章であるが、それは上杉が次のような日本の国体観を抱いていたからであった。

直接民主国ト間接民主国トヲ取テ、之ヲ我国ニ比較スレハ、寧《むし》ロ直接民主国ニ類セリト為スヘシ。国会ハ自ラ憲法変更ノ権能ヲ有スルモノニ非ス。別ニ憲法変更ノ権ヲ有スルノ主権者アリ。人民全体ト天皇ト固《もと》ヨリ相異ルト雖《いえど》モ、其ノ国会ト憲法トニ対スル関係ハ即チ一ナリ。〔略〕憲法変更ノ権ナケレハ主権者ニ非ス。主権者ハ必ス憲法変更ノ権ヲ保有スルモノタラサルヘカラス。天皇ノ憲法変更者タルハ国体ノ本義固《もと》ヨリ然ル所ニシテ憲法ノ条章モ亦《また》炳乎《へいこ》タリ。憲法ハ憲法ヲ改正スルハ之ヲ議会ノ議ニ付スルコトヲ定ムルモ、固ヨリ議会ヲ以テ憲法変更ノ権アルモノト為《な》スニ非ス。[*41]

なぜ、国民の民心が立憲政治の担保になるのか。それは、上杉にとっては、主権者たる天皇と国民とがある意味「同一」のものであったからである。つまり、一般的には憲法制定権は主権者にあるが、日本の場合、帝国議会は国民代表であっても憲法制定権を有さない。それは天皇に属する。天皇はまた、民意を映し出す鏡のごとき存在であるので、主権者たる天皇と国民とは一体であった。あるいは、天皇は鏡のようにそれ自体は主体を有さない存在とも言いうるので、自らの分身たる臣民からその主体性の供給を無限に受け続ける存在ともいえる。ともかく日本は、帝国議会を飛び越えて君民が一体で、すなわち「直接民主国ニ類」するというのである。上杉にとっては、日本は国民と一体たる天皇が主権者であるのに対して、その対極にあるのがイギリスであった。イギリスは国会こそが主権者であり憲法制定権を保持した国であった。

天皇と臣民の一体化こそ、日本の国体の内容であると同時に、それは日本に宿命づけられた規範でもあった。それは逆に、今野元が指摘するように、「国家の名の下に、天皇や皇族になった個々の人間」は「著しく拘束」される存在でもあったのである。[*42]

以上見てきたように立憲主義は、臣民にとっては外在的な原理ではなく、自らの内面に存した「信念精神」に他ならなかったのである。日本を「直接民主国」に近い国と位置づけ、天皇と国民とは一体であると考えてきた上杉にとっては、議会と内閣という実行力のある政治的機関が強大な権力を掌握することは権力の不均衡を招来して立憲政を萎縮せしめかねない事態であると思われた。ましてや、政党は国民社会に党派性と政権掌握をめぐる競争を持ち込む。

かくして、政党を基礎とする議会政治が暴走して、形式的手続を踏みながらも制度と規範を越え、なし崩し的に憲法の枠組を浸食する事態を、上杉は警戒するにいたった。上杉は第一次若槻礼次郎内閣期の一九二七年二月、「憲政の常道」のさなか「政府が権力の地位に居りて、尨大なる官僚団を擁し、権力を濫用するは、最も陥り易きの誘惑」であると、まずは一般論を述べたあと、「政党の一たび政府を占むる、議会に於ける政党と相結托して、徹底的に力を濫用して縦横到らざるなきに至らしめたるは、第二十世紀人をして、俄かに立憲政治に失望」させられると政党内閣への不信を吐露する。さらに、「其の権力を濫用するに至ては、明かに之れ「クーデター」なり、国民は之に対して、また如何ともすべからず」[*43]と、政党内閣の危険性を指摘する。

政党内閣は明治憲法が保障するところの慣行ではないものの、統治権者としての天皇の不可侵性と民意尊重の政体とのほどよい妥協であったところの政党内閣について、それは一方では権力を濫用しての、事実上の「クーデター」をなす存在である点を上杉は鋭くついていたのである。例えば、既述のように内閣による議会の解散権などがそれであった。その権限の運用については制度的リミッターは存在しなかったから、それぞれの自律的な政治道徳に依存するしかなかった。上杉は、政党が法外の政治的慣行に乗じてその権限を濫用する状態を、明確に「クーデター」と呼んだのである。

その「クーデター」の一つとして上杉の脳裏をよぎったのが、いま述べた内閣総理大臣による議会解散権であった。

大正九年二月原内閣が、衆議院に過半数の与党を有しつゝ、突如解散を奏請せるは、党略に偏して、無益の解散を行へりと（の欠カ）批評を免かれざるは、前の一八七四年及一九〇〇年の英国の解散に同じ。大正十三年一月清浦内閣の解散を奏請せるも亦何の意たるかを解し難し。[*44]

ここで、原内閣が行なったのを「無益の解散」と上杉は言い放つ。

我が憲法上解散は天皇の大権に属し、之を親裁専行せらる。之を奏請する最も慎重ならざるべからず。若《も》し不必要且つ不合理なる解散を奏請することあらば、大権を軽々しくするの罪断じて避くべからざるなり。〔略〕下院に於て、政府に向て反対を表示する者大多数にして、貴族院も亦之に共鳴するが如き場合に於て、国民が選挙せる議員を任期の中途に奪ひ去り、国民に莫大なる費用と労力とを課するを憚《はば》からず、見込なく効果なき解散を奏請するが如きは、権力の重大なる濫用にして、政治道徳を無視するものと為すべし。[*45]

では、解散権の濫用をいかに抑制するか。

上杉は、「時局に容喙《ようかい》せんとするに非ず」として「実際の場合」についての評価を「断定」することを避けているが、[*46] 制度のリミッターは事実の進行により解除されるのだから、「実際の場合」を放置・

傍観しておいてよいわけがなかった。

果たして解散権の行使という制度上保障された行為を抑制するのは、もはや上杉にとっては制度ではなかった。確かに「デモクラシー」は上杉にとっては立憲主義の一つの方法であった。しかし、もはや「デモクラシー」という制度によっては「クーデター」は防止することができなかった。むしろ、「デモクラシー」の力を得た内閣が立憲主義の破壊をもくろもうとしていることは上杉には明らかであった。では、「クーデター」的政治状況を防ぐための方法は何か。それは、国民の「民心一体」に向けての努力如何に依存していくという方法に他ならなかったのである。むしろ「人民全体一致」によって「デモクラシー」もまた可能であったと上杉は認識するにいたった。

人民全体一致と云ふことが、デモクラシイに依■（一字欠）実現せらるゝと思つたのが、初めから浅薄であった。機械的に全体が相談して事を決すれば、全体が満足すると考へたのは余りに幼稚である。我が日本に在ては、天皇は現人神なることが国体の根本とし、絶対的に至公至平なる天皇に依りて、億兆一心、民心は即ち天皇の御心として具現し、民意悉く伸ぶるを以て、国体の精華とし、政治の基礎原理として居る。此の事若し十分に行はれぬならば、国民翼賛の努力足らざるのである。此の事若し妨げられざるならば、デモクラシイの理想とし精神とするもの、ひとり我が国に於て、完成するのである。〔略〕レニンの独裁政治は論外として、ムッソリニの独裁政治なども、我が日本に一歩も入らしむべきものでもなく（ママ）、一歩も入り得る余地は無い。国家に統一なく秩序なきを奇貨措くべしと為し、市井の無頼暴はかに崛起し、乱暴狼藉の政治を行ふもの、即ちファシスト政治である。*47

「民心一体」は「デモクラシイ」によって実現されず、むしろ「民意」が「伸ぶる」こと、すなわち「デモクラシイ」という制度は「国民翼賛の努力」に依存しているというのである。また一方ムッソリーニの「独裁政治」については、日本の政治に受容する余地を許さないという姿勢を上杉は示す。

そこで上杉は、一九二〇年代末になると、「法の支配」と「国体の精華」の観点からムッソリーニの「暴挙」を批判していく。[*48] 上杉は、「憲法を専攻する者として、法の支配の下に、国民の自由と正義との伸暢せられんことを希望し」、「我が国体の精華に対して明確なる信念を懐き、日本国家の前途に赫々《かくかく》たる光明を認むるが故に」、「我が所謂る国粋主義者が、動《やや》もすれば之を賞讃謳歌せんとするを軽率なりとし、彼を知らざるのみならず、我を知らず、我が国体に対する信念の甚だ薄弱なるを嘆き、深く之を戒めた」のである。[*49]

上杉にとってファシズムは法を無視して(「眼中法律も国家も無」く)暴力に依存する独裁権力(「実に傍若無人に、全伊太利に亙つて、暴力を振つた」政権)であり、国家の本質に反する存在であった。それゆえファシズムは「革命主義」であったという。[*50]

上杉がムッソリーニに容赦ない批判を行なったのは、政権を掌握し運営するその方法が、形式的手続に基づいていたとしても、「主義も政綱も無く」、「常軌を逸せる革命的政変」を起こしたからであった。ここで俎上にのぼったファシズムは、手続や制度という〝技術〟をいわば自然法(〝精神〟)の上に置くものであった。規準はあくまで〝技術〟の方であり、〝精神〟ではなかった。つまり、もっぱら現実の物理的な運用可能性を規準にするものであったと言えよう。そこには「法の支配」、あるいは立憲主義はなかった。言うまでもなく、独裁は上杉にとっても立憲政から最も遠い体制であるばかりか、「国家の本質に反」するものでもあった。独裁を回避するのは国民全体、すなわち「相関連続」が「相共に生存発達を期する」ことであった。独裁排除はここでも「民心一体」に依存していた。

「国民全体の力を集結」することの対極に「独裁政治」があった。そして「国民全体の力を集結」することにこそ、上杉流の「デモクラシー」、すなわち翼賛型民意集約論の特徴があった。

その点に関して興味深いのが、上杉が緊急勅令で治安維持法を改正したことを激しく批判していることである。一九二八年四月の第五五回特別議会で廃案となった改正治安維持法（死刑と目的遂行罪の導入）を田中義一内閣は六月に緊急勅令案で成立させ、即日施行した。この改正治安維持法は、上杉にとっては「驚がくすべき、異常の法令」であったのである。

> 今問題になつて居る治安維持の緊急勅令なるものは、幾多の点において驚がくすべき、異常の法令であるが、緊急勅令をもつて、人を死刑に処するといふことは、前代未聞の、然して必ず絶後なるべきことである。我が国民中に、国体を変革せんことを試むるが如き者を出したのは、固より古今の一大変たるも、普通の立法手段によらずして、これに死刑を課せんとするも、また尋常ならざる事である。[*51]

さらに、上杉は改正治安維持法が議会を無視する点、および「国体の本義」に反する点に注目して批判する。

> 政府近来の出処行動、総て皆、議会の閉会中になんでもやつゝけろといふが如く見ゆるのを惜む。緊急勅令が議会を通過する見込みなしとし、その通過に努力せず、議会の召集もせんとせず、不承諾と知りつゝ、緊急勅令をだすといふのは、極度の議会無視である。抑も、我憲法の大権中心といふのは、議会を無視せよといふ事ではない、議会の協賛により法律を制定し、大臣の責任にただしむる、これきん（ママ）定の思召である。議会を無視し、政権を政府に私して、大権にしや口するが如きは、飛んでもなきはき違ひであつて、これをこそ国体の本義に反するものと断定しなければならぬ。[*52]

国民の中に分断を持ち込むことを最も忌避しなければならないという立場から上杉は、そもそも治安維持法に懐疑的であり、それに便乗して「国体護持」を標榜する団体の簇生にも困惑の思いを抱く。

> 予は思想は思想を以てせよなど云ふが如き、高踏者流耳食者流の寝語のやうなことは云はぬ。彼等不逞無頼の徒は徹底的に圧抑すべきである。然れども、真に忠実に国体を憂へて、治安維持法の制定は果して最善の処置なるかを論ずる者を捕えて、強ゐてこれを共に国体の変革を図る者なるが如くに声言するは、果して、これを真面目なる態度と為すことを得るであらうか。予自身のことを云つては恐縮であるが、予は嘗《かつ》て国体擁護などと標榜して、人々と団体を造つたこともあつたが、直ぐにその誤まれるに心付き、爾来力《つと》めてかゝる種類の会合に加入せず、殊に自ら国体云々を以て戦はんとするが如き団体を組織するは、特にこれを戒慎して避けて居る。予は我が七千万の同胞国民、一人も残らず、確固不動の国体の信念を懐《いだ》く者なるの、疑ふところなき（ママ）信念を基礎として、国体を論じたいと思つて居る。〔略〕悉く天皇の赤子たる、我が同胞国民を恰《あたか》も仇敵の如くに見なし、これと戦ひ、これを倒滅せざれば已（ママ）まざるが如き態度を以て、国体を論ずるが如きは、これを断じて避けなければならぬ。予は特に近来団（国カ）体を揚言して、有形無形に自から為にせんとするが如き団体の簇生するを見て、これを苦《に》が苦がしきことと思為して居る。政府の為す所を見るに、その心事甚だこれ等の輩に似たるや[*53]。

議会に土台を置く政党内閣が議会を無視して、緊急勅令で治安維持法を改正するさまに、政府が政権を「私に」する姿を見いだした上杉は、そのような政府の出現の原因をやはりここでも国民に見いだした。上杉は「七千万の同胞国民」による「確固不動の国体の信念」こそが国体の「基礎」なのだから、わざわざ「国体云々を以て戦はんとするが如き団体を組織する」ことはないと述べる。国民こぞっての

「信念」、あるいは国論に上杉は信をおいているのである。

上杉は、次のように国論による規律力を重視していた。その国論は国民の声（＝「輿論」）によって構築されるとともに、それが持つ規律力が政府を制約すると上杉は考えた。

政府が、かゝる態度（議会閉会中に緊急勅令で治安維持法を改正したこと――住友）に出づるのは、畢竟《ひっきょう》国民の力が足らぬからである、日本に強力なる与論《（ママ）》がないからである、此の上は、何んと考えても、もう他に方法は無いのである、至公至正、道理と道徳とを基礎とする健全なる国論が起り来らば、如何なる政府と雖も、そう無理が出来るものではない、否、そんな政府は継続維持せらるべきものではない、国民の憤る、先づ国民の力の足らざるを反省しなければならならぬ《（ママ）》。而して、健全なる輿論の起る、一にこれを熱誠にして、正義を愛し、真剣に国家の前途を思ふの愛国心旺盛なる国民的指導者の努力に待たなければならぬ。我が国家今日の憂患たる一に其の人の存せざるに在る[*54]。

政府が緊急勅令で治安維持法を改正させるような「無理」は、「強力なる輿論」、すなわち強力な国論があればできないと上杉は訴える。つまり、国論による規律力が下から政府を制御することを期待していたのである。いわば国論による規律力とは、立憲政の力の源泉でもあった。

上杉が立憲主義擁護の立場から独自の「民本主義」を展開したとき、最後にたどりついたのは「国民の力」＝「国論」の問題であった。それを支えるのは一人ひとりの民心、すなわち個人の心（内面）であった。その内面が信頼に足るものである根拠は、かくして国体に存していたのであった。

一九二九年四月七日に、上杉は大日本帝国の崩壊を見届けずに五〇歳で死去した。

3　自由の主体を創造する国体、国体を創造する自由の主体

急進的なデモクラシー論の視座から吉野作造を批判し、代表制を相対化しつつ直接民主制的志向を表明していた論者の一人が、室伏高信（一八八九―一九七〇）であった。[*55]

室伏高信は一八八九年生まれ（一八九二年生まれとする文献も多いが、戸籍上は一八八九年である）で、一八七八年生まれの上杉慎吉の一一歳年下である。明治大学法科在学中から雄弁会の丁未《ていび》倶楽部に所属しながら第一次憲政擁護運動でも活動し、大学を中退したのちは『二六新報』『時事新報』『朝日新聞』の記者として、論陣を張っていくこととなる。[*56]こういう論壇での活動や、とりわけ一九一六年一月に『中央公論』誌上に発表された吉野作造の論攷「憲政の本義を説いて其有終の美を済すの途を論ず」を厳しく批判したことで注目を浴びた。上杉は、すでに明治末・大正初期に美濃部達吉らといわゆる天皇機関説論争を展開していたので、両者がほぼ同じ頃に論壇で注目されていたことになる。一般的には超国家主義者としての上杉とラディカルなデモクラットとしての室伏と、その思想的な立場は相反する。

しかし、両者には政治的立場を超えていくつかの共通点がある。それは、代表制への懐疑、もしくは相対化の志向性、直接民主制への共感、天皇が国民の象徴的な存在であるという認識、そして個人と社会全体・国民全体との関係認識である。上杉は一九一〇年代までは「個人」そのものに対する不信感があり、社会は諸個人の意識とは関係無く、「相関」と「連続」であると捉えていたが、一九一〇年代末から普選論を展開すると同時に、個人こそが社会全体を代表すべき主体であると考えていこうとした。社会は個人に先行して客観的に存在する側面もあるが、また一方で個人の主体性によっても構成されて

いくべき存在として見ようとしたのである。全体は個人によって構成されつつ、個人はそういう全体性を内面にもつ主体であるというようにである。このように、個人と全体との関係を相互依存的・往還的なものとして位置づけることによって、個人と全体との関係は矛盾のないものと認識されることとなった。

室伏の個人と全体との関係認識も、基本的に上杉が一九一〇年代末に抱いていくようなものと非常に重なるものであった。それは、個人を重視しながらも、個人を社会に先行させず、〝個人の主権化〟を防ごうとしたことであった。〝個人の主権化〟とは、社会に聳立した特権的な個人が社会を指導していく、いわば「英雄政治」を容認するような力学のことである。第二次大隈内閣（一九一四年四月―一六年一〇月）について室伏は、「大隈伯は自惚《うぬぼ》れに過ぎた、国民は大隈伯を買被《かいかぶ》り過ぎた、イヤ、個人と云ふ者の力を、余りに高価に見積つた」と指摘し、国民は「民衆政治の一大建設を、悉く忘れて仕舞つた」と嘆息する。それでは政治のうえでの「永遠の力」とは何かと問い、それは「人では無い、制度だ、民衆政治を得ようと思ふなら、個人をヤメ、制度を採れ、慣例を採れ」と主張する。ここでいう「制度」や「慣例」とは何かといえば、それはモンテスキューの三権分立論であり、「世界の先進国が、滔々として立憲制を施かさんと」してきたことだと言う。[*57] 室伏は、個人は社会から析出しきらずに、「制度」や「慣例」に埋没しつつ、三権分立や立憲制などの主権抑制の機制のなかで辛うじて展開される「民衆政治」を継続していくことを望んでいたのである。

さて、大正期には代議制を基礎にした、吉野作造の立憲主義的民主制論に対して、急進的なデモクラシー論もしくは「平民的デモクラシー」の立場から激しい批判を行なっていきつつ、[*58] 室伏は、日本の皇室は日本民族の歴史における「徳的価値の表徴」と捉えた。[*59] 敗戦後には室伏は、周知のとおり高野岩三郎・杉森孝次郎ら在野の知識人たちを集めて憲法研究会を組織し、一九四五年一二月には憲法研究会が「憲法草案要綱」を発表し、主権在民を基礎にして、儀礼的天皇像、男女普選、社会権の保障、国民投票制、陪審制、国民発案権などを提案した。[*60]

大正デモクラシー期までの室伏の社会思想の特徴は、人民個々の意思とは隔絶した「人民の意思」それ自体を措定するものであり（「人民の意思」とは人民個々の意思ではなく各人民意思の総和でもない、分割不能な「人民の意思」それ自体のこと）、それが社会の意思として主権の作用に寄与するというものであった。社会の意思は、社会を組織し構成する各個人の意思の集合・総和ではなく、室伏にあってはそれは「国家意思または社会精神そのものであ」った。したがって「人民の意思」というものも、「各人の意思を超越したる団体意思そのものであ」った。[*61]まさに「人民の意思」や社会の意思とは、ルソーの言う一般意思のことであった。

室伏は、「人民の意思」が国民個人の意思の総和ではなく、そこから超越する「国家意思」「社会精神」そのものであるとすることで、「能率的組織」である国家が「人民の意思」によって制約されると同時に、他方では人びとを個人から解放させることが可能となると考えていた。だから個人を制約する社会の精神を措定したのである。その社会は、民族と同義と言えるものでもあった。[*62]

室伏の考える「民衆政治」論は、「人民の意思」を「国家意思」や「社会精神」そのものと考えることによって代表制を相対化し、既成政党を主軸とする議会政治論をエリート主義的であるとして攻撃するものであると同時に、そのような「人民の意思」を事実上天皇が「表徴」するものであった点で、中間的政治権力たる議会の存在意義を相対的に弱めようとするものであった。

では、かかる各個人の意思とは関係しつつも断絶する「人民の意思」が、国家の政治を規定すると考える室伏の「民衆政治」論は、そのまま敗戦後も変容することなく憲法研究会での憲法構想に接ぎ木されていったのであろうか。その点を考察してみよう。

満洲事変以後の軍部の擡頭を室伏は否定的に捉えず、新しい「政治力」として、あるいは「革新勢力」の一つとして受けとめた。[*63] 室伏はその軍部について、「衰頽したブルジョアジイの諸勢力である」ところの自由主義や議会政治に対立し、それを克服しようとする「革新勢力」であり、「われわれはこの点に軍部とその立場を同じくする」と明言する。そして軍部の力をいかに利導するか、それを考えることが「われ等の課題である」と言う。[*64] 大正デモクラシー期において、まずは「民衆政治」をいかに伸暢させつつ〝個人の主権化〟は抑制しようと考えていた室伏は、自由主義や議会政治をいかに克服するかという課題を見いだし、その担い手となるものを一九三〇年代において見いだそうとしていた。

室伏は、自由主義や議会政治を克服する新しい体制としてファシズムに注目するにいたった。それは、必ずしも自由や議会そのものを否定するものとしてではなかった。室伏は、ファシズムを全体主義的傾向として捉える。そして、「今日の全体主義は個人主義の行きづまりから生れる」と見る。[*65] ただし、ここで言う「全体主義」は、室伏にとっては個人を否定するものではない。「全体主義のもとで一個人が従つてまた個人の自由が無視されると考へ」るのは、「一般に行はれてゐる誤謬」であると室伏は言う。どういうことか。それは、「全体主義」は「個人や、個人の自由やを否定するのではなく、個人を全体内個人として再発見し、且つ再組織する」ものであったからである。[*66] 個人がその自由を「無視される」ことなく「全体内個人として再発見」されるというのは、「全体性の前提のもとに、実存としての個人が再承認され再出発する」ということであり、すなわち「個人も個人の自由も、より高次のものへと発展する」ということであった。[*67]

室伏が考える個人と全体との関係は、個人の自由がまずあって、その積み重ねとして全体があるというものではなく、個人は全体に調和して包摂されていく存在として、また全体はそういう個人を包摂した状態を所与のものとして持つ存在として、両者相互に依存しあうというものであった。ファシズムにおける個人と全体との関係を、室伏は以上のように考えた。そのことを示しているのが、次の文章であった。

ファシストのもとにおいては、個人は国民内個人であり、それゆゑにまた国家内個人である。これは国民の意志によつて制約され、また国家の意志によつて制約される。しかしまた同時にこれは離れ〳〵の個人ではなく、孤立した個人ではなく、国民のうちに入りこみ、これに参加し、協同し、そのうちに生きる。即ち国民にまで拡大された個人だといつてゐ。凡《すべ》ての個人が、こゝでは個人として意志し、働き、責任を感ずるだけではなく、その一々の公道が全国家にかゝはるものとして意識され、拡大される。[*68]

全体(ここでの文脈では国民・民族・国家)を排した個人でもなく、個人を基盤にしない全体でもなく、個人は「国民内個人」であり、「国家内個人」として位置づけるのがファシズムであるというのが室伏の認識であった。ここでいう「個人」とは、孤立した存在ではなく、国民に入り込んで国民組織に参加し協同するような主体のことであった。室伏はファシズムについては、これが「最後のものだと」絶対視しているわけではないが、少なくとも「これが個人主義よりもより以下だと考へられるいかなる理由もない」と考えていた。「歴史は一度個人主義時代をもち、それに役割を与へ、その役割の終つたところに、新しい世界を与へた」と、第一次世界大戦後のドイツのワイマール期という「個人主義時代」の克服過程としてファシズムの時代を見ていた。[*69]

室伏は、上記のようなヨーロッパの歴史過程と日本の場合との間で大きな違いを認めていないが、ただ「個人主義思想の徹底しきらないで終つたこの日本では、そして国家思想が早くから発達した――というよりは、英国流の個人主義思想とともに、ドイツ的な国家思想がこれに劣らず輸入されたこの日本では、全体主義の思想ははいりやす」かったと見ていた。[*70]「全体主義の思想」が日本の近代化過程での知の受容のあり方と関係していたと見たうえで、それを歴史的所産とのみ認識せず、人類史のなかの普遍的で本質的な一要素であるとも見ていた。すなわち、「全体主義の思想は或る意味からすると、非常に古くから存在してゐたともいへる」のは、「全体が個人に先だつ」という「言葉がアリストテレスに出たといふことを一考」すれば、「この思想のいかに古いかといふことが分る」からであった。[*71] このように、室伏は大正デモクラシー期の熟成しつつあった議会政治や自由主義的傾向を克服し、総力戦に対応しようとした近衛新体制に普遍的な意味を見いだそうとしていたのである。

かくして室伏は、個人主義と全体主義との関係を次のように個人と社会との関係として捉えるのである。

> 社会は個人に分解される。大社会となればなるほど人々は血と土地から離れて、個人となり、個人となればなるほど社会はひろがりをもとめる。商業は境を知らないといはれるが、地域の制限や民族の制限と商業の発展とは両立しないのである。人間は土地や血から遠ざかつてももちろん孤立はしない。個人主義化することは必ずしも孤立化することではない。人間は社会的動物だといはれる言葉はいつの時代にも適応する。[*72]

「血と土（地）」という言葉からは、ナチスも依存した民族主義的イデオロギーの表現を想起するが、市場経済の展開は人を地縁や血縁から分離してアトム化するかと思いきや、こういった個人主義化現象は、室伏にあっては孤立化とは捉えない。なぜなら人間は「社会的動物」であり、そのことは普遍的なあり方を示していたからである。そういう意味で個人は全体と相容れないことはなかったのである。[*73]

如上のような個人と全体との無矛盾な関係というのは、室伏としては日本の国体に照らしても当然のことであった。室伏は、一九四〇年の暮れになって「日本の歴史を大観すれば」、それは「結局は八紘為宇に向つての理想の実現過程であり」、「一切は一国一家、君民一体に向つての道であり、過程であり、準備と犠牲とであつた」が、これこそが「日本の国体であり、性格であり、基本的な性格である」と言うのである。[*74]さらに室伏は次のように言う。

わが国体は縦には万世一系であり、横には君民一体である。前者は天照大神の予言のうちに啓示されてゐる。葦原瑞穂国《あしはらみずほのくに》はわが子孫の君たるべき地なり、いましゆきてしらせ。一語よく万世を貫いてゐる。後者は神武建国の大精神である。神勅と皇勅とがわが国体を明徴にしてあまりある。即ち一国一家、君臣一体であり、万世一系の聖天子上にましまし、万民これに帰一し、また万民これを輔翼し奉る。聖天子のもと、万民みな平等であり、各々その分に応じ、機能に応じて輔翼し奉る。賢をあげ、能に与し、人材や知識に機会の与へられるのは高天原の神集《かむつどい》において思金神《おもいかねのかみ》が采配をふつたことによつても知られるのであるが、同時にそれが才能や職分に応じてであり、職分は異つても万民平等の原則の維持されてゐたことはまたこの神集によつて如実にわれわれの前に啓示されてゐるのである。こゝに八紘を掩《おお》ふて宇となすことの大精神の見られるのもいふまでもないことである。八紘為宇は民族協同体の宣告であり、われわれの民族は「すめらみこと」を仰ぎつゝ、そのものに帰一し、そのもとに一家となり、運命共同体となり、かくして日本の土地と血のうへに生成発展してゆくのである。これが千古に変ることなきわが国体である。[*75]

室伏はここで「わが国体」には縦と横の関係があると指摘し、縦は万世一系であり、横は君民一体であると主張する。万世一系が縦の関係であり、君民一体が横の関係であったというこの室伏の認識は、上杉慎吉の社会認識――「連続」(縦の関係)と「相関」(横の関係)――と重なる部分があるが[*76]、ここではいったんおく。

万世一系の関係はアマテラスの神勅に由来し、君民一体は神武天皇の精神である皇勅に由来すると言う。万世一系の天皇が君臨するもとで万民がこれに帰一して輔翼することで、万民は「平等」となり(君臣一体)、その機能(=個性)に応じて輔翼する「一国一家」が完成するというわけである。室伏は神勅と皇勅こそが国体であると言いつつ、縦の関係が依拠する神勅と横の関係が依拠する皇勅によりながら、国民個々の個性や能力が万世一系の天皇のもとに帰一して輔翼することで、「平等」となって「一国一家」の体制が完成するという姿(「民族協同体」)そのものも国体であると考えていると思われる。国体に由来し、君民関係の展開によって得られる帰結そのものもまた国体なのであった。神勅=神話に国体の淵源を求めつつ、皇勅=歴史にもう一つの国体の淵源を認めようとしているのである。

そもそも室伏は、国体と自由主義とは相容れないものではないと考えていた。自由主義に利己主義的な側面がある点は認めつつ、そういう「経済第一主義であり、それゆゑに営利」本意な部分で「故郷喪失」的な側面は、「自由主義の半面であり、暗黒面であり、興隆期の現象ではなくて、衰頽期のそれである」と説明するのである[*77]。したがって、自由主義の「暗黒面」ではない部分は国体と矛盾するとは言えないというわけであった。

室伏にとって、個人という存在こそが最も重要な拠点であった。それは全体とも、したがって国体とも矛盾なくつながるのであった。だから国体は一方で臣民の主体性に依存もするのである。室伏は、

「神ながらの道」について「「あらひと神」への信仰」という臣民の内面に依拠するものであると説明するのである。[*78] そして、それこそが「神ながらの道」であり、それこそが「現実の生活のうちに」臣民が「もつてゐる」ものだと解説するのである。天皇の存在は「信仰」という臣民による主体的行為によって担保され、その主体性はまた天皇の存在によって根拠を与えられ、君民の関係は恒久化される。存在は規範によって、規範は存在によって証明され、また主体は客体によって、客体は主体によって証明される。国体は存在であり規範であり、また臣民とは主体であり客体であり（臣民＝subject）、これが「神ながらの道」であった。

「民衆政治」とはいっても、個人の析出（〝個人の主権化〟）を許さない室伏は、全体（社会）を個人に先行させるが、全体は個人を否定せず、また個人については「人間は社会的動物」という古来からの普遍的な認識から主知主義的に捉え、両者は自ずと調和しうるものと考えていた。ところが、一九四〇年頃、すなわち第二次近衛内閣期になると、室伏は「現人神」としての天皇の実存の要因の一つに臣民の信仰という主体的行為を位置づけようとした。日本やその全体社会を室伏は、主知主義的ではなく主意主義的に理解しようとしてきたのである。[*79]

一九四一年一月に刊行された『一億人の新体制』という著作で室伏は、一九三五年八月と一〇月の広田内閣による国体明徴声明について、知識人たちが「あまりに自明であり、いま更ら問題とするに足りないと考へた」点を批判の対象に上げる。[*80] すなわち、「これを今日の問題として考へるなら、これほど常識的で、これほど大きな誤謬はない」と主張するのである。国体を「自明」とする知識人たちの態度を「誤謬」と言うのであった。そこで室伏は次のように、国体に対する国民としての主体性を強調する。

> わが国体は千古に不変であるが、その不変のうちに不断の創造が内在する。自己創造するもののみ

が不断に発展する。わが国体は無限に実在するが、また無限に実存するがゆゑに無限の可能性である。[*81]

国体は不変で動かないが、そのなかには国民の「不断の創造が内在する」というわけである。国民による「自己創造」が「不断に発展する」ことで、国体は「無限に実存」していくのである。敗戦直後に室伏は憲法研究会を組織し、自主的憲法草案を策定したのも、国家を戦後において再び復活させるためには、国家の基本法たる憲法を国民自ら作り直すことなしにはありえないとする彼自身の信念からくるものであったし、[*82]一九四〇年頃からの主意主義的な全体社会認識からもくるものであったも言える。

さらにまた、「わが国においては国家も民族も天皇に帰一し奉」る存在であると言うように、国民

〔国家も民族も〕は天皇へ帰一せんとする主体として位置づけられていた。他方天皇は、「たゞに最高の「しらす」の行はれ給ふものであるのみではなく、国家や民族も天皇において最高の表現を見る」存在とされた。帰一する国民に対して、天皇は「シラス」――すなわち統治者である自らの存在を〃知らす〃＝感化させる――ものであり、国家や民族を「表現」する存在であった点で、国民に比べればそれほど主体的な存在とはされなかったのである。ここにおいて「「すめらみこと」の高き意義において凡てが包容され、また解決されるのである」。国民は帰一する主体性を見せ、天皇は「シラス」存在として国家や国民を「表現」することで、天皇は国民の主体性によって意味づけられ、その国民の主体性は天皇の存在によって動機づけられる関係となった。このトートロジーの構造こそが室伏にとっての「全体性の概念」に他ならなかった。そして、「こゝにわが国体の尊厳さがあり、またこゝにわが国における全体性の崇高な性格がある」のであった。[*83]

なぜ「わが国においては国家も民族も天皇に帰一し奉」ると室伏が強調するかといえば、それは、

「「すめらみこと」をもつて直ちに国家と同一視することができない」と「天皇＝国家」を否定するからである。すなわち、「国家の概念が土地や人民やを包括してゐることによつても知られる」からであり、[*84]天皇もまた「土地や人民」という、天皇統治にとっての客体なくしては天皇たりえないからであった。それを含めての「全体性」であった。もう一度繰り返すと、天皇統治、すなわち「シラス」が行なわれるのも、一方で「国家や民族も天皇において最高の表現を見る」からであり、「かくして「すめらみこと」の高き意義において凡てが包容され、また解決されるのである」と。確かに「全体」とは国家であり民族であったが、その国家や民族もまた「天皇に帰一」するものであった。ここにこそ「わが国体の尊厳さがあり、またこゝにわが国における全体性の崇高な性格がある」のであった。

そしてこの「全体性」は、「崇高」であり、「国体の尊厳さ」によって支えられているという点で、それ自体に神聖性があった。それは当然に国民個人の内面にも宿るものでもあった。室伏によれば、単に全体が個人に先行するという「簡単」なものではなく、「神がわれわれのうちに内在するといはれるやうに、われわれのうちに内在しつゝ、しかも崇高な理念と感情に導かれる」ということを意味する「全体性」であった。[*85]「われわれ」個人個人はその内面において「神」が「内在」するものであった。したがってその個人が全体のうちに包摂されるとしても、個人と全体の間には矛盾は起きなかったのである。ここでも、主体は客体によって、客体は主体によって証明されるのである。

日本人の認識においても室伏は、「上古は同一民族から成り立つてゐるのではなく、諸種族の混血と融合とのうへにわが日本種族が成り立つたのである。わが国は諸種族を巡撫し、同化し、統合しかくして今日の日本種族となり、この種族が同時に民族をさしてゐる」と述べ、日本人が多様な種族を巡撫・同化・統合した結果、その「混血と融合」によって成立していると述べていたのである。室伏は、そのことを「わが国体の偉大さの一つの証左」であると述べ、多様な種族を「同一民族たらしめた」のは天皇の「徳と威力とによる」ものであると主張したのである。[*86]

室伏の国体観は、大正期までは〝われわれの国体はこうであった。だからわれわれの本質はこうなんだ〟というものであったが、戦時体制下では〝われわれの国体はこうであるがゆえに、われわれもまた天皇を「輔翼」し、天皇のもとに「帰一」しなければならない〟というものになった。日本人としての当為を促すというより、日本人としての実在を根拠に「そうなるはずだ」と断定する論法となっている。昆野伸幸によれば、一九三〇年代になると、「皇国史観」の持ち主の代表格と言われた平泉澄が、自明の「日本人」ではなく、国体を自覚して「真の日本人」に向けて自己修練を要請するようになる。里見岸雄が、国体に対する無為自然性に安住する姿勢を批判していくこともあって、そういった主意主義的な国体論が展開されていくのが一九三〇年代の一つの特徴であった。[*87]室伏にも、この平泉の思想的展開と共有する部分があったと言えるだろう。

一九四〇年七月の第二次近衛内閣組閣の、おそらく直前であったと思われるが、室伏は東京の荻窪にあった近衛文麿の私邸を訪ね、日中戦争開始以後の時局の打開策などについての考えを滔々と近衛に説明した。その考えの幾分かは八月二八日に発表された「新体制準備会ニ於ケル近衛内閣総理大臣声明書」に反映されたのではないかというのが室伏の推測である。[*88]室伏は、新体制は自由主義の行きづまりから要請され、[*89]「古きイデオロギー」たる代議制によるエリート専制を変革して「持たざるものの自由」にとって期待できるものと評価する。こういった自由主義に取って代わるのは、室伏によれば「全体主義」であり、それは「日本主義」であった。[*90]新体制のもとでの「全体主義」も「日本化」することで国体に帰一させなければならないと室伏は言う。国民が国体に帰一することで建国神話の理想に回帰することとなる。これにより日本は現代化し、「全体主義」は「現代的全体主義」となる。現代と神話の一体化こそ「日本主義」であったと、こう室伏は考えた。[*91]

室伏も、新体制についての近衛声明をなぞるように、「新体制の政治とは万民翼賛の新しい政治であり、「大衆の自覚を呼びおこ」すなどして「大衆の力」に期待した。[*92] さらに、新体制による組織は「国民のもの」として、「国民の力は抑へられる代わりに発揚されねばならぬ」と主張した。[*93] かつては「人民の意志」など「社会的なるもの」が国家の意思に直結することをデモクラシーの理想とした室伏は、国民の力を抑制するのではなく発揚の必要を言うのである。中間的政治権力である既成政党（議会勢力）ではなく、その勢力を極力排除したあとに「国民の力」を政府に凝集して、それを国家権力の根拠にしようとしていた。

室伏は、〝個人の主権化〟を排して「英雄政治」を否定していたが、ここにきて「指導者」の必要を叫ぶにいたった。彼は「指導者」という言葉について、「何んといふ魅力に満ちたまた重みをもつた言葉であろう」と言い、しかしそれは「デモクラシイの汚濁として嫌悪され」てきたと述べ、だから「デモクラシイの時代」では「人々は自ら指導者と名乗る代りに、従僕といひ、もしくは公僕と唱へた」と指摘する。ここで室伏は「しかし時代は変つた。指導者の言葉が新しい意味をもち、魅力をもち、重みをもつて来た。言葉もまた時代をもつてゐる。〔略〕指導者といふ言葉の背後にわれわれは新しい時代の立ちあがつてゐる姿を見なければならぬ」と主張するのである。[*94] 室伏は「指導者」というものを、「デモクラシイの汚濁として嫌悪され」てきた存在から、時代に即応した新しい意味をもったものとして称揚する。[*95]

その「指導者」の典型は、そしてヒトラーとムッソリーニであった。ヒトラーは「われらの指導者」

であり、ムッソリーニは「われわれの親方」であり、その「指導者」の背後には「潮のやうな大衆」がいるが、逆に「専断者」の背後には「佞臣《ねいしん》」と「妖婦」と「宦官《かんがん》」が存在すると言う。「専断者」は剣を手にして脅かすが、「指導者」は言葉を持って誘惑すると。[*96]この「指導者」は新体制の指導者のことであり、「たえず交替しなければならない」存在なので、[*97]日本の場合は内閣総理大臣のことを指していると思われる。天皇と国民との間に「政治」(「指導者」含む)を介在させるが、「佞臣・妖婦・宦官」といった「君側の奸」は排除されることが前提とされている。ただし、やはりここでも「指導者」は突出した存在とは位置づけられなかった。「わが国体のもとでは上とは上御一人にましまし、大御心のほかに上意なるものはありえないが、しかし職分の世界、同時に身分の世界には指導者もあり、被指導者もある」からであった。[*98]突出するのは「上」である天皇のみであり、残りはすべて「指導者」であれ同質の存在であった。室伏は言う。そういう意味で「指導者」もまた「全体内個人」であり、「全体主義下の個人」にすぎなかった。「全体は指導者に先だち、この点で被指導者と指導者とは区別されない。全体者の前においては指導者も被指導者も、ともに平等であり、ともに個人である」と。そしてそれは国体ゆえであった。[*99]

室伏にとって、国家という存在は重要であったが、それは国民個人の自由を否定して、それを圧迫して専断の下に置こうとする存在では決してなかった。社会から孤立しようとする個人でもなく、かといって個々の自我を抑圧してひたすらそれらを隷属させようとする全体社会でもなく、室伏は個人主義を堅持しようとした。それはこれまで縷々論述してきたように、個人は全体内個人であり、その内面に天皇の「シラス」と民族的な帰一の精神によって維持されてきた神聖性を包容するものであった。天皇という君主は、国家や民族を私有するのではなく公共的なものとして統治し、また服属する臣民もまた自らの内面の神聖性に依拠して公共たる国家（全体社会）に天皇を媒介として包摂されんとする。

さてここで、以上のような室伏が認識しつつ企図した、古くて新しい国家への個人の向き合い方について、室伏の主観はともかく、そこに共和主義的なモーメントがあることに気づく。もちろん、ここでいう共和主義的なモーメントというのは、反君主制的なものではない。共和国の本質的な意味である、国家を公共的なものとして捉え、だからこそ国家は「われわれのもの」であり、それを守るために「われわれ」たる国民が相応の犠牲を払わなければならないとする理念のことである。そのような理念が、室伏が意図せざるかたちで彼が展開する国家のあり方に混入されているのである。

すなわち室伏は、明治維新について大化改新との共通点を上げる。室伏によれば、大化改新「の目的は土地を公におさめ、その部民を解放して公民とすることにあつた」。だから「私領私民を禁じて、天下を公となし、一畝の地、一人の人民と雖も天子に属せざるはないといふ大原則を決定し、実行したのである」と。その後氏族制度が「各地に根を張り」、「それが豪族へ、諸侯へ、と発展し、封建制もまたかくして生れて来た」が、大化改新が「建国の精神を再宣告し、君民の序を明らかにし」たことが大きく、建国の基礎を作るという「新体制」であったという点を室伏は重視する。すなわち「改新は建国の精神を再宣告し、君民の序を明らかにし、一国一家の精神を再宣明した点で、これは不朽の大事業であり、この大事業によつてわが国体の基礎は益々鞏固とな」ったと[*100]。天皇を媒介にして土地と人民を「私領私民」から解放した「新体制」が建国の基礎として「不朽」となった点に、室伏は大いに注目するのである。明治維新は、そういった、「建国の精神を再宣告し」て「不朽」の基礎を作った大化改新と「一致する」[*101]、これが室伏の認識であった。

室伏は、以上の認識を踏まえて近衛新体制には、大化改新や明治維新における復古性と進歩性を見る。

復古しながら進歩することで、新体制は「一国一家」に国家を回帰させるというのである。[*102] 日本が繰り返し「一国一家」に回帰するのは、日本人には潜在的に「全体的」で「協同体的」な精神性が古来あったというのも、室伏の認識であった。すなわち、「建国の精神にかへるとは、建国の理想を反省しつゝ、この理想を現代において理解し、現代において恢弘《かいこう》することでなくてはならぬ。新体制の復古性と進歩性とがこゝにある」とか、[*103]「われわれの古代思想が全体主義であることにも何んの奇蹟もない。われわれの社会は全体的であり、協同体的であった」というようにである。[*104]

さらに一歩を進めて室伏は、新体制が求める国民像を兵隊であると理解しようとした。

> (われわれは——住友)「すめらみこと」を仰ぎ奉りつゝ、万民がこれに帰一し全国民が一人の例外もなしに兵士として立たねばならぬ。この点で軍籍に身をおくと否とを問はない。凡ての国民が軍籍にあるやうにして兵士意識に生き、兵士意識をもつて各々その部所につかなくてはならない。新体制はこの意味から国民組織でもあるが、同時に軍隊組織でなければならない。[*105]

室伏は、新体制を「国民組織」と呼ぶが、それは、すべての国民があたかも軍籍にあるようにして兵士意識を持ち、そのつもりで新体制に協力しなければならないという意味を込めてである。「国民」とは兵士同様、国家のために犠牲を払うものであり、したがって「国民組織」とは「軍隊組織」と同義であったのである。国民と国家とが一体となるイメージ、それが「一国一家」であった。そして、そのイメージを引き出すのが君民一体的な国体認識であった。

以上のように室伏は、全体と調和しうる個人の自由を基礎に、国民の国家への隷属の代わりに「一国一家」の体制をめざす能動性を期待した。新体制は国民の組織でなければならず、そういった国民の協同性によって支えられるものだと考えた。ただしそういった国民の能動性は、「建国の精神」に回帰するという意味で、所与の国体から導きだされる民族的な行動様式であるが、総力戦という情勢に即応した新たな主意主義的な態度であった。それらは、天皇を媒介（君民一体）にして引き出される能動性であるという意味では、国体を前提とした協同主義的な国家像を反映していた。そういう点で、実現したわけではないし、自覚的・明示的ではないが、その規範や企図に共和主義を見いだすことができる。むしろ、主権国家のもとで君主主権・君主親政を国制に持つ国民の社会が、そういう国制にもかかわらず国家協同の能動性を発揮するには、共和主義的な当為の発想がどうしても必要であった。公共善実現のための団体として国家を位置づけ、その国家のために自らの自発性を発揮して一体となる国民の動機が要請されていたのである。君民一体との国体観念というのは、こういった国家への求心性を強めるために呼びだされていたものであった。すなわち、天皇への、つまり「建国の精神」への回帰を意味する国体を抱く民族であると、自らをアイデンティファイする契機が国民の内面に準備されることで、国民は国家へと求心的な姿勢をとると室伏は見ていたのである。

そういう室伏は、英米開戦以降になると、もはや議会は「国民組織」としての機能は果たすことができないと考えるようになった。大政翼賛会（一九四〇年一〇月一二日結成）について、「その廃止を主張するものは、自由主義者でない限りは、これに代る強力な国民組織を要求するであらう。なぜなら国民組織と見られて来た議会はその機能を果たすことができず、政党はすでに批判されて終つてしまつてゐるからである」と説明するのである。[*106] 大政翼賛会は、室伏によれば「強力な国民組織をつくる道」の一つであり、それは議会主義に代わるファッショ的・ナチス的な戦時的組織であった。[*107]

室伏にとって、主意主義的に構成されるのが国民の全体社会であったが、その性格や「日本」というかたちで表現されるものは、それでもなお所与のものであった。

日本的性格については、もちろん様々の面から説明することはできよう。しかしこれを全一的に表現しうるものは「あらひと神」の思想である。日本的性格はかくして「あらひと神」の思想において要約され、直覚され、また表現されねばならぬ。[*108]

さらに、

説明することのできないものは、たゞ表現さるべきである。生命そのものが直覚され、且つ表現さるべきであるやうに、民族的性格も直覚され、且つ表現さるべきである。表現における特徴は、象徴をとほすことにある。日本文化を象徴的だといふことにも充分の意味の存することであるが、凡ての根本文化は象徴的だといふことができる。[*109]

「日本」は全一的存在なので、それを分析し表現することはできない。「日本」は「日本」であり、これ以上分割することができないものであった。したがって、「日本」は説明不能であり、それはそれとして表現されるだけであるというのであった。

天皇は「日本的性格」や「民族的性格」を象徴するために存在し、それら実体のないものを国民が直覚するのに役立てるために存在した。国体を自覚して天皇に帰一せんとするために自己創造する主体たろうとすることを象徴する存在、それこそが天皇であった。

4　民主主義の前提としての国体

天皇を媒介に国家を公共のものとして創造しようとする、国民なる主体形成をめざす者にとっては、その国民の主体性を発揮する対象としての「日本」を象徴するものが必要であった。室伏高信は「日本」を象徴するものとして天皇を位置づけようとした。それでは、敗戦後にその試みはどのように変化し、どのように維持されたか。

敗戦の翌月、一九四五年九月、室伏は、森戸辰男・高野岩三郎・大内兵衛・杉森孝次郎・馬場恒吾・岩淵辰雄・正宗白鳥・新居格《にいいたる》らと日本文化人連盟の結成を画策し、知識人らによる「新日本建設」を試みようとして、室伏が創刊した雑誌『新生』の編集室の片隅でその準備会を開催した[110]。さらに一〇月末には、日本文化人連盟創立準備会の会合で、高野や室伏が憲法改正の草案作りを提案し、一一月五日に憲法研究会の第一回会合が開かれた[111]。集まったメンバーは、室伏・高野のほか、馬場・杉森・岩淵に、三宅晴輝・鈴木義雄・鈴木安蔵らで、その後数回開催された会合には森戸辰男も一度は顔を出したという。この憲法研究会で「いちばんの根本は、主権在民という点にあった」という[112]。実際に憲法研究会の憲法草案は主権在民を謳っていた。室伏は主権在民を主張し、そのことを提案していた[113]。

室伏は、「民主主義は人民を主体とする政治である」と述べており[114]、したがってその国家は主権在民となると考えていた[115]。一九四六年出版の『新民主主義』において、室伏は民主主義を採用する国家について次のように言及している。

> 民主主義のもとにあつては、天皇が政治上の主体としての地位を保持することはゆるされない。わが国の天皇制は天皇を政治上の主体としてつくりあげられた政治体制である。かゝる体制、即ち政治体制としての天皇制は廃止されなくてはならない。〔略〕天皇の政治上の権限を認めて政治上の責任なしとするは、天皇を無能力者と看做すことに等しい。かゝる思想こそ、天皇についての最も忌はしいものといはなければならない。民主主義は責任政治であり、かゝる無責任に余地を与へないのである[116]。

天皇を「政治上の主体」とする天皇制は民主主義とは相容れないのだから、「政治体制としての天皇制は廃止」しなければならないというわけである。

では国体はどうなるのであろうか。室伏は、国体は不変でよいと明言する。なぜか。それは、国体は「永久に不変なものと信じられてゐるのであり」、「一部の神官乃至《ないし》その亜流によつて呼ばれて来たごとき偏狭な、固陋な」、そんな「国体論の姿でない」からであった[*117]。室伏の考える「国体」は、「偏狭」や「固陋」なものではないというのだ。では、どういう「姿」が「国体」なのか。

室伏は、天皇に対する国民の敬愛の念を指摘する。

> われわれはそのゆゑに天皇制を廃止せよと主張するものではない。わが国民の間における皇室愛敬の念は極めて深い。それはもちろん歴史と教育との多年にわたつての宣伝訓練の結果であつて、歴史の真相がつたへられ、教育が革命されるなら、この感情も一変する時が来るであらうが、今日の段階においては、ありのまゝの国民の感情が、指導されつゝ、しかし同時に尊重されなくてはならない。民主主義は啓蒙を必要とするが、現実の国民的意志を尊重する。われわれはこの意味から、天皇制を保持する立場をとるものである[*118]。

国民の皇室に対する「愛敬の念」、すなわち両者の道徳的関係を室伏は重視する。しかもその関係は、「歴史と教育との多年にわたつての宣伝訓練の結果」でもあったという。室伏が重視する君民の道徳的関係は、このように歴史の結果であったということになる。室伏は、戦前の天皇制の歴史のなかに、君民による道徳的な関係の歴史を見るのである。道徳的ということはすなわち「人間」的ということであり、それは天皇の神格性ではなく「人間」的側面を見いだす行為であった。君民の道徳的関係に依拠する天皇制は、それゆえ廃止することを要さないのである。要するに、主権の所在が変更されるのに、国体を変更する必要なしと言うのだから、国体は主権の所在を超えたところ、道徳的であり「人間」的な両者の関係、すなわち法外の関係に存在するということになる。廃止する必要があるとするなら、それは「偏狭」で「固陋」な国体論であり、天皇を政治上の主体とする「政治体制としての天皇制」の方であった。

ここで想起するのが、「新日本建設の詔書」（一九四六年一月一日発表、いわゆる昭和天皇の「人間宣言」）である。

朕《ちん》ト爾《なんじら》等国民トノ間ノ紐帯ハ、終始相互ノ信頼ト敬愛トニ依リテ結バレ、単ナル神話ト伝説トニ依リテ生ゼルモノニ非ズ。天皇ヲ以テ現御神《あきつみかみ》トシ、且日本国民ヲ以テ他ノ民族ニ優越セル民族ニシテ、延《ひい》テ世界ヲ支配スベキ運命ヲ有ストノ架空ナル観念ニ基クモノニモ非ズ。[*119]

室伏が「皇室愛敬の念は極めて深い」と述べた箇所は、「新日本建設の詔書」で、天皇と国民との間を結ぶ「紐帯」は「終始相互ノ信頼ト敬愛」によるものであると宣言された箇所と符合するし、おそらく室伏はこの詔書を意識している。だから、室伏が「偏狭」で「固陋」な国体論と呼んだ部分は、詔書では「単ナル神話」や「架空ナル観念」に固執するそれに相当するであろう。室伏が敗戦後においても重視する国体は、歴史的に形成された、君民の道徳的関係に基礎を置いたものであった。

ここでしばし、今の点を留意して日本国憲法第一条を見てみよう。

第一条　天皇は、日本国の象徴であり日本国民統合の象徴であつて、この地位は、主権の存する日本国民の総意に基く。

ここで注目するのは、天皇が日本国と日本国民統合の二つの象徴であるという点[*120]と、その天皇の地位は、「主権の存する国民の総意に基く」という点である。この条文は、「国民の総意」が、一見主権在民下で新たに生み出されていくものであることを前提にしているように見える。天皇の地位は主権者である「国民の総意」にもとづいているのであるから、天皇がどのような地位であり続けるかは敗戦後の主権在民の成立、すなわち「八月革命」を前提とすると解釈されてきた。天皇の地位は、主権者である国民の総意によって左右される、そう一般的には解釈されてきたのである。

しかし、憲法学者でもある金森徳次郎が国務大臣として望んだ第九〇回帝国議会の衆議院本会議（一九四六年六月二六日）で「（憲法第一条は――住友）日本ノ国体ニ即シテ、之ヲ基盤トシツツ天皇ノ御地位ヲ明カニ致シマシタ規定デアル」と述べているのである。なんと金森は、この憲法第一条の、天皇の地位は主権者である「国民の総意」に基づくという部分が国体に即しているというのだ。そうすると、象徴天皇は国体が基礎となっているということになる。これはどういうことか。金森は、「我々ハ日本国ニ付キ深キ感覚ヲ持チ、日本国民統合ニ深キ感覚ヲ持ツ次第デアリマス」と述べる。さらに、これに続けて次のように言う。

ココニ日本国ガハツキリ現ハレ、日本国民ノ統合ガハツキリ現ハルルカト云ヘバ、根底ニ於テ我々ノ心ノ奥深ク根差シテ居ル所ノ天皇トノ心ノ繋ガリノ関係ガアルカラデアラウト思ヒマス、而《しか》モ此ノ地位ハ、決シテ神秘的ナル古ノ物語ニ根底ヲ持ツ訳デハゴザイマセヌ、又他ノ非合理的ナル根底ニ基クモノデモゴザイマセヌ、日本国民ノ至高ノ総意ニ基クコトガ、憲法第一条ニ明々白々トサレテ居リマスルガ故ニ、此ノ第一条ノ規定ハ、天皇ノ御地位ニ付キマシテ明白ナル根底ヲナシテ居ルモノト考フル[*121]

すなわち旧来の天皇と国民との間の「心ノ繋ガリノ関係」こそが、「日本国民ノ至高ノ総意ニ基クコト」であり、それが憲法第一条に表現されているというわけである。金森はそのような「関係」を「国体」と呼び、「神秘的ナル古ノ物語」、すなわち神代の物語と区別したのである。金森にとって国体は現実の歴史そのものであった。また彼は、「日本ノ国ノ組立ノ一番根源」となるものは何かと自問し、それは「天皇ヲ中心トシテ国民ノ心ガ繋ガッテ居リ、之ヲ基盤トシテ日本ノ国家ガ存在シテ居ル、斯ウ云フコトニ帰着」しており、そのことは「我々ガ正確ニ知リ得ル長キ歴史ヲ通ジテ明カ」で、「是コソ本当ノ意味ニ於ケル国体デアリ、我々ハ依然トシテ此ノ国体ヲ基礎トシテ国ヲ形作ツテ行ク限リ、国ノ活力ニ杜絶エタコト」はないはずだと自答している。[*122] ここからも歴史としての国体が憲法第一条、すなわち象徴天皇規定（なかでも「日本国民統合の象徴」としての側面）の基礎と位置づけられていたことがわかる。

室伏が国民の「皇室愛敬の念は極めて深」く、それは歴史に依存すると述べ、それを敗戦後も維持すべき国体と主張した著書『新民主主義』は、一九四六年四月一〇日付の発行であるから、金森のこの国会での発言より以前に書かれたものである。室伏は、金森の発言を知って、この著書を執筆したのではない。室伏の著書も、金森の国会での発言も、戦前日本の国体論の展開という歴史に、敗戦後も維持すべき君民関係の理想の姿を見ていたと考える方が自然である。

先述したとおり室伏は、君民の道徳的関係に依拠する天皇制が歴史によって作られたものであり、したがって廃止することを要さないと考えていた。こういった君民関係が、室伏にあっては歴史的に創造されてきた国体であった。天皇は「日本」を象徴すると説明してきた室伏の議論をふりかえるならば、日本国憲法第一条の「日本国の象徴」たる天皇という条文がそれにつながる。また、日本国憲法第一条の「日本国民統合の象徴」たる天皇という条文は、歴史的に創造されてきた国体たる道徳的な君民関係につながる。天皇統治の正当性にあたる神勅と皇勅のうち皇勅の部分は、こうして憲法第一条に密かに潜入したのである。天皇は「日本」の象徴であるという部分は、そのまま憲法第一条に接ぎ木されていった。

政治体制としての天皇制は廃止すべきと室伏は考えたが、一方で政治体制としてではない天皇制とは何であろうか。

しからばいかなる天皇制かといふことが問題となるであらうが、今日の国民的感情を天皇制と一致せしめつゝ、民主主義的天皇制を形づくることである。即ち政治と離れ、政治に超越した天皇制で、国家の最高の名誉と儀礼とを代表される天皇である。たとへば、外国の使臣を迎へ、外国の君主乃至大統領と儀礼をかはし、議会で推薦した人物を首相に任じ、議会を召集し、或は芸術院を主宰し、スポーツの国民的大会において優勝者を嘉称する等々がこれである。かゝる天皇は国民愛好の的とならう。国内一人の反対者もなく、名誉の地位として敬仰の的とならう。これが民主主義下における新天皇制である。*123

このように維持すべき天皇制（「新天皇制」）とは、政治を超越した天皇制であり、天皇が儀礼的機能を果たすことによって「国民愛好の的」となるというものであった。この儀礼的天皇制は、先に論述したとおり、歴史的に形成されてきたという道徳的な君民関係を基礎とする国体に密かに支えられているものであった。この国体は、主権の所在如何に左右されない、法外に所在する国体のことであった。室伏はここで、国民的感情と一致する「新天皇制」を前提にして「民主主義的天皇制」を成立させる必要があると主張しているのである。民主主義にとって、むしろ天皇制（儀礼的天皇制＝「新天皇制」、すなわち法外の国体）は不可欠であったと考えられていたと思われる。

室伏にとって、君主のいる民主国家は珍しいものではなかった。彼によれば、ベルギーがそうであった。「凡ての権力は人民より生ずる」とするベルギーはまぎれもない民主主義国家であったが、「権力の運用者は上下両院並に皇帝」とされ、「ベルギイの皇室は一種の代表機関」であった。それは「一種の大統領と見られる」のであった。[*124] ただ本当の大統領と異なるところは、皇帝は世襲だが、大統領は世襲ではないという点にあった。[*125] このように室伏にとって、君主がいるかいないかは民主国家にとっては本質的な問題ではなかった。ここでは、大統領という存在が、世襲ではない君主と見られることを可能にしている。逆に言えば、君主は世襲であるところの大統領であると言うこともできた。

室伏は、君主制と共和制とは、「形式的にはこれをはつきりと区別することはできよう」と述べて、両者は異なるものであると捉える。しかし「君主制であると共和制であるとを問はず、民主主義のもとでは主権は人民の上にある。人民の政治とは主権が人民から生れる政治の謂にほかならない」と、[*126] 民主主義でありながら君主制でも共和制でもどちらもありうると主張する。

ここで、室伏が君主制にせよ共和制にせよ、どちらも民主主義を機能させるために寄与するものであると考えていることに注意しよう。ベルギーの皇室は世襲の大統領だと認定したり、天皇は国民的感情と一体となると理解するなど、君主が国民的能動性を引き出す役割を果たす限りでは民主主義に寄与すると、室伏は考えているのだ。

> 民主主義的覚醒は今日の日本にとつての至上命法である。それは単に失はれたものを取りもどすといふことにとどまらない。われわれはわが国の史上において最初の民主主義的一歩をふみ出し、再びくつがへされることのできないまでの鞏固な精神と組織とを築きあげなければならない。それは或る意味においては極めて容易な事業である。なぜなら民主主義はわれわれの凡《すべ》てが生れながらにして固有してゐたものであるからである。しかしまたそれは決して容易な事業ではない。なぜなら、

革命は二十四時間では成功するものではないからである。[127]

民主主義を再び転覆させないためには、国民による「民主主義的覚醒」が必要であり、そのための「鞏固な精神と組織」が不可欠であると、室伏は説くのである。ここでも体制の維持は、国民個人の精神、すなわち主意主義的な国民の態度に依拠することとなった。

そのうえで室伏は、「個人は手段でも、道具でも、他の何ものかのための附随的な存在でもない。それはそれ自身目的であり、至高であ」ると、[128]個人を至高な存在であると位置づけるのである。室伏の「個人」への向き合い方はアンビヴァレントなところがあった。一方で〝個人の主権化〟を防がなければならないとする姿勢と、それでもなお「個人」とは「至高な存在である」とする姿勢とである。このことは、自由への姿勢にも表れていた。自由を重視しながらも、自由主義の行きづまりとして要請された新体制を歓迎したことなどがそうである。自由へ全面的に降伏しようとしたのではなく、依存すべき自由とそうではない自由を選別しようとしたのである。したがって常に個人と全体とがいかに調和すべきかということが、室伏にとっての課題となり続けたのである。室伏は、そこで次のように言う。

社会主義は社会の面において真理であり、自由主義は個人の面において真理であるが、同時に前者は一個の全体主義であり、個性の圧迫に傾き易く、後者は現実的には資本主義に堕し、理論的には無政府主義に陥る危険を包蔵する。自由主義と社会主義との長い闘争の後に、世界はいまや一つの新しい時代に直面した。これが民主主義の現段階である。[129]

「社会主義」と「自由主義」との長い闘争、それは「社会主義」と「資本主義」との闘争であり、また「全体主義」と「無政府主義」との闘争でもあった。そしてそれらの闘争の後に、世界は新しい時代、すなわち「民主主義の現段階」に到達したと室伏は見るのである。これが室伏の言う、「われ等の新民主主義」であった。[130]

室伏は、なぜ政治的天皇制だけではなく、国民に敬愛される儀礼的な機能部分まで否定し、君主なき民主国家をめざさなかったのか。同じ憲法研究会のメンバーで、最年長のため会の代表を務めた、統計学者の高野岩三郎は、周知の通り逆に天皇制を徹底的に廃止して共和政への移行を主張した。

その高野は、自ら代表を務める憲法研究会の憲法草案とは別に個人的に「日本共和国憲法私案要綱」[131]を一九四五年一一月二一日に執筆し、一二月一〇日に加筆している。そこでは、「根本原則」として一旦は「天皇制ヲ廃止シ、之ニ代ヘテ大統領ヲ元首トスル共和制採用」する案が改正案に盛り込まれた。主権については、「日本国ノ主権ハ日本国民ニ属スル」とされ、「日本国ノ元首ハ国民ノ選挙スル大統領トスル」ことと定められた。

しかしながら、この憲法案は表題と若干の字句修正を加えて翌年二月に「囚はれたる民衆」と題する論攷のなかで成案として発表された。すなわち、表題は「日本共和国憲法私案要綱」から「改正憲法私案要綱」に改められた。そこに高野自身が詳細な解題を加えることとなった。[132]そこでは「日本国ノ主権ハ日本国民ニ属スル」と謳いながら、「日本国ノ元首ハ国民ノ選挙スル大統領トス」ることが定められる点は変わらないが、「天皇制ヲ廃止」ではなく「天皇制ニ代ヘテ大統領ヲ元首トスル共和制ノ採用」が「根本原則」とされた。[133]天皇制の廃止というニュアンスは弱められたのである。これは、高橋彦博が指摘するように、天皇制から大統領がいる「共和制ノ採用」への転換は国体の変革を意味しているのではなく、政体の変更であったことによると思われる。高野が共和制を採用するからといって、この憲法改正で国体の即時変革を企図したわけではないのである。

高野は、日本近代の歴史を歩んできて、「当時君臨せる明治大帝に対しては頗る親しみを覚え、敬愛の情切なるものありし」と指摘している。また一方で、「それ以上何等神掛り的威厳を感じなかつたと云ふのが私共平民の率直なる感情であつた」とも述べている。[*134] これは、室伏が「偏狭」で「固陋」な国体論を否定して、逆に「皇室愛敬の念」を通じて「心ノ繋ガリノ関係」が君民間に存在することを認めていることと、態度表明に違いはあるものの、その状況の認識においては一致していたのである。高野としては、「皇室愛敬の念」に対しては、室伏のように重きを置かなかったということであった。ただ、天皇制をどう捉えるかという点においては、高野と室伏の間には共有するものがあったのであり、この点は留意しておきたい。

高野は、敗戦後半年近く経った日本を「今や時世は急転し、旧時代は忽然として消失し、デモクラシーの新時代は我全土を蔽ふに至つた」と見る。しかし、「我国民の大多数は尚ほデモクラシーの真義に徹」するにいたっていないとも見る。それは、「一種の迷信偶像的崇拝の念に固執する」からで、それゆえ「私の如き自然発生的なる民主政治観を抱懐する者に取ては、寧《むし》ろ奇怪にして諒解に苦しまざるを得」ず、そのような国民は「囚はれたる民衆」に他ならないと慨嘆するのである。全国をおおうに至った君民間の「愛敬の念」が民主主義の前提と考えるのが室伏、それこそが民主主義の障害（国民が迷信的偶像崇拝に依存するという意味で）と考えるのが高野だったのである。[*135]

民主主義についての高野と室伏の認識は、実はこれも基本的には変わらない。高野は、「デモクラシーは民衆の民衆、による政治であつて、君主政治は君主の、君主による政治であつて見れば、両者は正に対蹠的のものであり、到底調和すべくもない」と述べる。[*136] 民衆が政治の主体となるのが民主主義であると考える室伏と同様の理解を、高野もしている。だが、室伏が政治的天皇制は廃止しても民主主義を機能させるためには儀礼的天皇制は維持すべきだと考えたのに対して、高野は儀礼的天皇制を残すことが民主主義にとって害悪であると考えたのである。高野は、「天皇を以て専ら国民的儀礼機関とすると云ふことは、天皇制は恰《あたか》も家の中に設けられた神棚の如き意義以上には余り多く出ないやうであるが、之を以て果して頻りに皇室の尊厳を主張する多数の人々を満足せしむるに足るか否か、天皇の地位を余りに軽侮するものであると、非難の囂々《ごうごう》として、発生して侮る可らざる勢力となることなきやを惧《おそ》れる」と言う。さらに、「憲法の改正により主権在民の根本原則を容認せしむることが出来ると考ふるならば、何が故に単に儀礼的機関に過ぎざる天皇制を存置するの要ありや」と疑問を呈する。[*137] 儀礼的天皇制が「多数の人々を満足せしむるに足」らないという消極的な意義だけではなく、高野は、儀礼的天皇制を存続させることで「一種の架空的迷信や、頼むべからざる偶像に依頼するの痕跡を留」めることになり、軍閥や財閥などの戦前の勢力の延命を可能とするという理由からもその廃止を主張したのである。[*138]「国民的儀礼機関」たる儀礼的天皇制を存置させない積極的理由は、まさにこれであった。すなわち、高野は「迷信」や「偶像」を天皇制の残滓としていくことを拒否したのである。だから、天皇制のイデオロギー的痕跡を解消することをめざしたのである。

憲法研究会で代表を務めた高野岩三郎は、主権者たる国民が「迷信」に囚われない精神を獲得するために儀礼的天皇制やそのイデオロギーを排除し、そのうえに民主主義（主権在民）を構築しようと考えた。そのための天皇制から大統領制への転換であった。それに対して、憲法研究会で実質的なコーディネイターを務めた室伏高信は、主権者たる国民が協同性を可能とする精神、すなわち君民間の道徳的関係を歴史的所産として受容し、むしろその精神を基礎に民主主義（主権在民）を構築しようと考えた。国民的協同性のためにも儀礼的天皇制を必要と考えたのである。

室伏は、君主制と民主主義も、共和制と民主主義も、ともに相互に調和しうるものと理解した。民主主義は主権の所在が国民にあるもので、主権在民のもとでも君主制はありうるし、当然主権在民のもとでも共和制がありえたのである。その場合の君主制は、主権を持たない君主がただ象徴として君臨すると考えられていた。[*139] とはいえ、室伏が存置させようとした制限的な君主制は、決して軽視していいものではなかった。それは民主主義を構築するための国民的協同性の基底ともなりうるものであり、だからこそ室伏にとっては、国体は君民一体を基礎とするものでなければならないし、それは「偏狭」で「固陋」であるよりは君民相互の関係性のなかで歴史的に形成されてきたものである必要があった。国家の協同性は君民関係を基礎とし、そのうえに民主主義が構築されるという点では、室伏の重視した側面を持つ国体は民主主義構築のための基底にほかならなかったのである。

高野と室伏の違いと共通性については、こうも言うことができる。すなわち、高野は君主がいないことという形式において共和制を受け入れ、室伏は国家を国民公共の団体にするための手段として君主を位置づけるという意味において実質は共和制を受け入れようとした。

戦後の象徴天皇制と主権在民の組み合わせにとって、戦前の天皇制は無駄ではなかった。室伏は、明治憲法体制下の国民に対しては直接物言わぬ君主に向かってあまたの国民が呼びかけ、そして天皇の数少ない公式の言葉（「人間天皇」としての肉声ではない）を国民個人それぞれが解釈し、その独自解釈をもとに戦後日本の社会を構築していこうとした。天皇を語り、国体を論ずるその歴史が、既往の研究が言う「天皇制イデオロギー」の展開過程でもあり、それ自体が日本国憲法第一条でいう象徴天皇の形成過程であった。

さて、一九一〇年代末から二〇年代の上杉慎吉は、権力の自己制限たる立憲主義の原理は、国民個人に担保されると考えた。国家という共同性を、国民一人ひとりの「精神作用」＝自由意思で創造可能であるかのように観念できた根拠こそが天皇であった。天皇は虚無で超越的なもの、そして国民をあるがまま映し出す鏡であるとされたが、反対に国民はその天皇を根拠にして自らの内面＝自由意思を担保し、そのうえに国民公同の国家を構築しうるものとされた。

日中全面戦争以降の室伏高信は、国体の淵源を神勅＝神話に求めつつ、皇勅＝歴史にも求め、むしろ歴史としての国体を重視した。確かに、社会は国民個々の意思や主観にかかわらず不変で、そこから人は逃れられないものであり、そういう意味では神勅としての国体もまた不変であったが、他方で社会は国民個々の主体性によって更新される側面を持つ意味で、皇勅に端を発する歴史としての国体もまた国民自身の不断の創造によって構成されるのであった。

国体に依存しつつ、国家を国民による共同（協同）の団体として位置づけるために、上杉と室伏が期待した国民の動機には両者ともに明示はしなかったものの、共和主義的な要素があったのである。君主が君臨するかどうかとその国が共和国かどうかとは本質的には関係がないということをすっかり忘れていた二〇世紀以降の日本人にとっては、近代天皇制下に共和制的要素を見るはずがなかった。近代天皇制が、明治維新という革命によって誕生したにもかかわらず、いやそうであるからこそ立憲主義や議会制民主主義を採用し、それらを国民共有の基底において支える思想的基盤として国体が位置づけられていった。その国体は、上杉や室伏に見られたように、国民に対して国家を国民公同の団体として自覚させる手段として位置づけられるものであった。そういう意味で、天皇制的国体は共和主義とも等価のものであったと言える。共和制が忌避されたのは、王殺しや革命との関係においてであった。

ヨーロッパにおける一八―一九世紀の君主政と共和政との関係を問う最近の研究などを見ても、欧州で共和政というものが民主政以上に国家にとっては根源的な意味を持った概念であるということがわかる。[*140]新しい政体を培養していくための国家の基本や土台として共和政的伝統が位置づけられるとしたら、それは近代日本も同様の問題を抱えるはずである。

実際に、近代日本が立憲制や議会制といった政体を導入し、その統治原理に民主的要素も取り入れていく時、共和政に代わる国家の基本・土台をいかに準備するかが最も優先すべき課題となった。序章でも述べたように、津田真道や西周がオランダ留学で得たのが混合政体論（王政・貴族政・民主政の）であり、加藤弘之も同様に欧州から混合政体論を継承しつつ、日本風にアレンジして貴族政を排除して君民共治論を唱えていた。[*141]君民共治論は、ここでは日本風に形を変えた共和政論であったとも言える。

近代日本の歴史において、国家を作る思想として、あるいは志向性としては共和主義的な要素がありえた。ただし、それはどこまでも実現することはない志向性であった。その代わりに天皇制的な国体がヨーロッパにおける共和制と同次元の役割を果たしたのではないか。しかも、共和制とそれほど異なる意味合いをもったものではないものとして。

第六章　国民協同の国家とその基底としての天皇制
——中曽根康弘の天皇論と国民主権論

1　中曽根の共和主義的志向

一九四五年八月一五日正午放送の昭和天皇による「玉音放送」の数日後に、陸軍一等兵であった政治学者である丸山眞男が、君主制が占領軍によって廃止されないかと心配する、配属先の上司に対して述べたのは、「国法学の定義としても、君主制と対立するのは共和制であって、民主制ではありません。民主制は独裁制にたいする対立概念です。イギリスは君主制ですが、きわめて民主的な国家であり、逆にドイツは第一次大戦以後、共和国になりましたが、その中からヒットラー独裁が生れました」というものであった。これは、丸山の「当時の考え方の正直な表明」とも吐露されているものである。[*1] 丸山は、占領によって日本の国家体制が改変させられるのは民主制の方向であるということを前提に、君主制は民主制と矛盾するものではないから、君主制、すなわち天皇制は廃止されることはないだろうと希望的観測をしているのである。

丸山は、ここで政治学者らしく「君主制と対立するのは共和制」だと述べている。それは、天皇制とイギリスの立憲君主制との親和性、ワイマール共和制との非親和性からきている感覚でもあると思われる。すなわちそれは、日本の国体の理解にも関係する。民主制は政体次元の概念なので君主制という国体を変更するものではないが、共和制は国体次元の概念なので君主制と相容れないという理解である。共和制となると、君主に代わって、直接民主制によって選ばれる大統領がその元首の座に就くので、天皇の居場所は無いということになろう。しかし天皇制と共和制との関係は、イデオロギーや運動レヴェルの話になると、それはとたんに親和性が認められるようになるのである。むしろ、日本の近代の君主制は共和主義的志向性と運動を喚起することで臣民の主体性を引き出し、それによりひるがえって近代日本の君主制、すなわち近代天皇制の精神的基盤を再生産し続けた。

では、一九四五年の敗戦は日本の何を変えたのか。また、日本人は何を変えようとしていたのか。変えようとする先に大半の日本人の頭にあったのは民主主義であるのは間違いない。そして、民主主義を追求する時に、天皇制を、あるいは国体を大きなダメージを与えることなく継承していくことができると考えた日本人もまた決して少なくはなかったはずである。本章で詳しく見ていくように、中曽根康弘は近代天皇制下で涵養された日本人の共和主義的志向性を残し、それを新たな段階に順応する精神的基盤にしていこうと考えた。

そのことを明らかにし考察するために、この章では、敗戦直後から六〇年安保直後の中曽根康弘の民主制論を取りあげる。その際には、中曽根自身の天皇論との関わりを重視して、考察することになる。特に中曽根の国家論・民主制論・天皇論・自主憲法論について論及していくが、これらを貫通しているのはまぎれもない共和主義的なものである。

さて、中曽根康弘は、一九四七年四月二五日の第二三回衆議院議員総選挙で初当選したあと、桜内義雄・園田直《すなお》らと「保守を脱皮させようとしていた」若手集団を結成した。[*2] 一九五二年二月には改進党が結党され、中曽根は推進派として改進党の綱領や具体的政策を川崎秀二と起草した。幹事長は三木武夫になったが、総裁選びが難航し、重光葵《まもる》を大麻《おおあさ》唯男や松村謙三が追放解除を待ってもってきたという。[*3]改進党の綱領では「日本民族の独立自衛を完うし」「協同主義の理念に基き、資本主義を是正し国民大衆の福祉を増進す」「国民精神を振起して、世界文化の興隆を期す」などと書かれた。[*4]

「人間天皇」を希求した中曽根は、一方で原子力開発を牽引し、首相公選制を主張した。それらはどういうロジックで結び付き、それはどのような国家を構想するものであったのか。[*5]

2　国民協同の結合体としての国家

内務省事務官であった中曽根康弘は、敗戦の翌年の一九四六年一二月に辞表を提出して翌年一月に退職すると、選挙運動を始めた。一九四七年四月の衆議院総選挙に出馬するためである。そして三月に著書『青年の理想』を出版する。序文は東京帝国大学在学中の「恩師」である政治学者の矢部貞治《ていじ》が書いている。

中曽根はこの著書のなかで、国家について説明している。中曽根は、「国家を道具と見る様な考へは根本的に間違ひである」と言う。[*6]もちろんこれは、国家は資本家階級の支配の道具だというマルクス主義国家論を意識しての議論である。さらに、こう言う。「我々の国家は我々の自然的結合に基づく協同体であつて、これ無くしては我々は生活し得ない、自然の産物である」と。[*7]

国家が「自然的結合」、「自然の産物」というのはどういうことか。

国家と言うものは、人間の自然の本性から自然に成立した共同体であつて、人間が生存してゆき、且人間が進歩してゆくためにはどうしても無くてはならぬものであるから自然に出来たものである。従つてその基礎はそれを作つてゐる国民にあるのであり、その各々の国民の自由な創意と文化と活動を通じて、人間を進歩させるために、世界に貢献する文化を生むために、全体の統一に纏《まと》まつてゆく自然的共同体である。[*8]

つまり、国家という存在は、人間の天然の本性から導きだされたものであり、したがってそれは人間の「進歩」にとって必要不可欠なものであるという。ただし、この「自然」というのは、あるがままに泰然としていていいという意味のものではない。人間とは、「自由な創意と文化と活動を通じて」、自らを「進歩」させていくものであり、そのことで「世界に貢献する」ものであった。すなわち人間は、文化的な活動を通して世界に貢献するための「結合体」を作っていくことを生来の務めとする存在であるというのが中曽根の捉え方であった。その「結合体」こそ国家であった。

以上のように、中曽根にとって国家とは、合理的に結合された利益団体ではなく、人間がその天然の本性ゆえに結合せんとして必然的に成立した「共同体」のことであった。中曽根は、この『青年の理想』を出版した翌月の総選挙で当選して、当時最年少の民主党所属の衆議院議員となった。

それから七年後中曽根は日本国憲法について、それは「占領政策で強制された」ものであり、したがって「真の意味の日本国民憲法とは言い得ないと主張する」のである。[*9] 占領政策全体についても、「日本の従来の封建的惰性の社会に一大改革を加え」、「技術的にかなりの成功があったことは否定し得べくもない」と一定評価しながらも、「日本歴史の第一日」ともいうべき「改新や維新というものは外から与えられて、他人によつてなされるものではない」と言う。それは唐や欧米からの影響があったとはいえ、それらの変革は事前に遣唐使を通じて唐の国家・社会の仕組みや幕末における欧米の政治・外交に関する調査資料を「参考にして、日本国民がみずからがみずからの力によつて行つたものである」からだという。[*10]

中曽根は国家のことを「自然的結合に基づく協同体」だというが、このように決して人民の意思を離れた、なされるがままにできあがった「協同体」ではなかった。「みずからの力」への注目が、そのことを証明している。

人間は中曽根によれば、元来孤立した存在で、だから自由であった。しかし、生活体として生まれると共同や相互依存の規範や関係に規定される。だから人間は国や家などの歴史の連続の頂点に誕生するものであった。[*11]それゆえ人間には団体主義的な性質と個人主義的な性質がともにあり、両者の矛盾を社会的・機構的に解決せんとして自然の営為が見られるようになる。この営為こそが国家を作るのである。[*12]これが、中曽根が考える、人間が国家を作る必然性であった。[*13]

また中曽根は国家を、単なる団体としてだけ捉えるのではなく、国民が不断にその共同性を維持し続けるような積極的な主体性を持続させる結合体・共同体として捉えている。中曽根は敗戦後、国家再建にとって重要な方法は、「保守反動」でも「階級闘争」でも「駄目」だと言う。そこで注目したのが、戦争による被害・損害である。[*14]中曽根はそれらを「決して個人の好きや好みで生じたのではない。国全体が犠牲者であり当然国民全体が共に負担を分ち合ふべきものである」と述べる。そして、「この前古未曾有の実状の下に従来の、自由放任、儲ける者は贅沢をしろ、無力な者は地下道に寝ろ、不脅威不侵略の名の下に自己の財産保全の牙城に立籠る式の考へ方や、政策――古典的自由主義――が通用する筈が無く又絶対に通用させせてはならない」と言う。[*15]

ここで中曽根が注目するのは、アジア太平洋戦争の被害であった。その被害は国全体、国民全体が負担を分かち合うものと位置づけられた。[*16] 中曽根によれば、国家は偶然に結合されたものではなく、国民がこぞってその存在を認め、国民すべてが「われわれの国家」を自覚したうえで結合するものであった。その際に、戦争による被害と損害を回顧することは重要な契機であった。その悲劇的な経験を媒介にして、「われわれの国家」を自覚し、国民がこぞって結合するさまを中曽根は重視していたのである。一九五〇年に中曽根が執筆した「日本国民宣言」には、サンフランシスコ講和会議を前に「八千万の同胞よ、涙をたたえ／戸毎、戸毎の日の丸の旗に／黒い喪章をつけようではないか。／小さな喜びよりも大きな悲みの日だ／祖国日本のおとむらいの日だ」と謳った。[*17] このように中曽根にとっては、敗戦・占領の悲哀を共有する国民の自覚が、国家的共同性構築のための前提であった。[*18]

国家とは、国民「みずからの力」によって造られたものだとはいえ、中曽根にとってその「みずからの力」は何らかの合理的な手続によって導きだされたものではなかった。中曽根の考える国家とは、利益や合理性でつながるものではなく、神話と同胞愛にもとづき造られつつ、国民自らの力でその進路が決定されてきたものであった。「日本人」という自覚をもって「われわれの共同体」としての国家を想起して再建していくうえで、中曽根は日本列島に住まう民族固有（「瑞穂の国」の国民）の宗教行為（皇大神宮への参拝）に注目しようとする。「太平洋戦争前に陸軍の主張で満洲国に皇太神宮を奉遷したこと」について、中曽根は次のように言う。

あの砂漠や赤い夕日の満洲に住む満人に皇太神宮の有難さがどうして解らうか、森と海岸と瑞穂の国の国民であつてこそ、一生に一度はお伊勢参りという実感が起るのであるが思へば実に太平洋戦に敗れる素因はこの当時既に充分熟成してゐたのである。[*19]

中曽根は右のように、「皇太神宮の有難さ」がわかるのは「瑞穂の国の国民」であって、「砂漠や赤い夕日の満洲に住む満人」ではないと述べていることから、日本国民を「瑞穂の国の国民」とする神話と皇大神宮への信心とは不可分のものであると捉えていることがわかる。皇大神宮への信心や宗教心は、いわば民族的・神話的な所与とされている。

また、中曽根は、「日本は同胞愛国家でなければならないと思う」と述べ、「同胞愛国家こそ日本の歴史と風土に適合し貧弱な、国際社会のプロレタリアの様な日本を再建する原理である」と主張するのである。[*20]そのうえで次のように述べる。

国民が同胞愛により運命を共同にして共にやつて行こうという気持は国家を統一させて行く上に非常な力を持つてゐるのであるが、こうゆう気持や力を指すのである。日本に於て天皇が国の象徴としての地位を保たれるのはこれを意味するものであり日本国家の大切な要素であると言はねばならない。[*21]

このように、国民が「運命を共同にして共にやつて行こうという気持」が「国家を統一させて行く上」での「非常な力」であるが、それは「同胞愛」によって与えられているものだということである。その同胞愛は「皇太神宮の有難さ」がわかる「瑞穂の国の国民」であるという所与性から来るものであった。そういった「共にやつて行こうという気持」や「同胞愛」を表現する存在として、中曽根によれば天皇が位置づけられるのである。

こういった日本国民による共同体を作る素質は所与のものであり、天皇という存在がそのことを象徴していると捉えられるのであった。その所与としての共同性が「みずからの力」を発揮して「われわれの国家」を造り続ける素地であった。

「われわれの国家」を造り続けんとするためには、それなりの価値のある国家を造らなければならないとは、中曽根の考えである。中曽根は、「軍備論のスタートには、先づ如何にして、身を捧げるにふさわしい価値ある国を造るかに考へをひそめなければならない」と述べる。[*22] また、生涯「自主憲法」制定を言い続けた中曽根は、「現行マックアーサー憲法を死を以て守らんとする者が日本に幾人居るのか。金森徳次郎氏以下数人に過ぎぬかも知れない」と言い、「凡そ憲法なるものが存在する時には、国民の少くも半分位は、死を賭して憲法を護持する底の者がゐなければならない」と断言する。[*23] あるいは「憲法というものは、ある時はその国民の半分が、この憲法を守るために死んでもよいという時にはじめて憲法と云える」とも言う。[*24] 言い換えるなら、中曽根にとって憲法とは、外部から与えられるものではなく、自ら「死を賭して」もいいぐらいの価値を持った憲法、すなわち自ら制定した憲法でなければならないものであった。「身を捧げるにふさわしい価値ある国を造る」前提に、「死を賭して」もいい憲法の制定があった。そこで中曽根が重視しているのが「軍備を運用する主体的勢力の問題」であった。それは「国民の文化度」と「国会の能力の問題」でもあると言うのだが、要するに国家の技術や施設の前に「国民の自覚」という「主体的」なものの存在、もしくはその創出のことであった。[*25]

憲法とは「われわれの憲法」でなければならないと中曽根が考える時、当然に米国から「押し付け」られ、「マッカーサー憲法」と彼が呼ぶ日本国憲法には「過失」があると捉えられることになる。すなわち、中曽根によれば、「マッカーサー憲法を守るためには死んでもよいと考える人が、はたして何人おるか。〔略〕何となれば、この憲法は与えられた憲法であるからだ。英語で書かれた、日本人の知らぬ間にでき上つた憲法であるから」であった。[*26] この発言は、緑風会の広瀬久忠らが結成した自主憲法期成議員同盟による演説会で中曽根が一九五五年七月一一日に行なった講演のものである。その講演の冒頭で、こう述べる。「政治の中枢において国民に誓うということが用意してございません。およそどこの国においても国民や、神に対して誓うという厳粛な瞬間をもっております」と。それがないのが日本国憲法の「欠陥」だというのである。[*27] つまり、戦後日本においては憲法制定の際に、国民に「誓う」という契機を経ていない、つまり「民主主義は守られていないの」だというわけである。[*28] 憲法は、その国の言葉で書かれ、その内容が国民によって承認され、そういうものとしての憲法を「われわれの憲法」として持つということを、「政治の中枢において国民に誓う」、すなわち国家権力が国民と契約するということが必要であるという。

このような契機を日本国憲法は欠如しているといい、それが日本国憲法の「欠陥」であったわけである。「欠陥」を解消した憲法は「われわれの憲法」となる。「われわれの憲法を作」るために、「青年も婦人も第一線に立つわれわれの国造りに力を致さなければならない。青年や婦人が先頭に立って新しい日本の国造りをしていただきたい」と、中曽根は呼びかける。[*29]

中曽根は、さらに「われわれの憲法」を作るにあたって、憲法第一章の「天皇」に続いて、第二章は「戦争放棄」ではなく、「国民の権利や義務」を持ってくる必要があると主張する。それこそが「本当に民主憲法を作る」ということであると言う。そして第四章には「国会」ではなく、「国会」の前に書くべきことを置く必要があると言う。それは、「人間の価値の創造」であった。国を守る場合、そのなかで何をするかということを書かなければならない。それはこうだ。「新しい価値を創造して、人類の文化に貢献し、国民の生活を豊かにするために、勤労、科学技術、芸術を尊重し、奨励する」と。こういう文化国家の理想というものを第四章にすえるべきではないかと、中曽根は言う。[*30]

「人間の価値の創造」を憲法の基礎に置く中曽根は、したがって憲法では積極的に国民の権利を明文化するべきだと考える。中曽根は、「現憲法は必ずしも権利過剰ではない。過小でさえある」と述べる。

憲法は国民という人間の価値を創造するために、その権利を積極的に擁護することで「われわれ国民」のものとなる。憲法と国民とは一体化する。憲法を「われわれ国民」によって選び直すことにこだわる中曽根は、そうして国家の根源を「われわれ」に置こうとするのである。憲法と「われわれ」と国家とが一体化して表現されているのは、次のような中曽根の議論を見れば、そのように推測できることがわかる。

しかし、憲法というものがある限り、その憲法が自分自身の存在を守る実効ある方法を講じないという理窟はない。存在するということは、現実的には他の脅威から自身の安全が保障されている状態をいうのである。この点からみると現憲法には重大な過失がある。自己自身——すなわち憲法——すなわち憲法により作られた国家——の対外的安全保障の欠如である。すなわち、自衛権の混迷、有効な自衛手段の喪失、交戦権の喪失、すなわちこれである。[*31]

ここに見る「自分自身」「自己自身」と憲法と「憲法により作られた国家」とがほぼ区別されることなく、一体となっているかのように表現されていることがわかるだろう。すなわち、中曽根にとって国家とは、国民同胞自身による「われわれの協同体」であり、さらに命懸けで守護すべき結合であるという意味で、公共善を実現したと想定しうる団体のことであった。

中曽根は、アメリカによる占領を「ポツダム・サンフランシスコ体制」と呼んだ。だから、人心を一新して「新日本国民憲法」を制定し、「ポツダム・サンフランシスコ体制」から前進して「日本的民主主義」を確立し、自衛軍を創設して国権を回復しようと主張する。[*32]

以上のように中曽根は、協同主義的で公共善としての国家を獲得するために、「われわれの憲法」を制定しようとした。しかし、「ポツダム・サンフランシスコ体制」によって、戦後日本はそのような国家の姿を欠いていたのである。

3　民主主義と主権の基底

これまで見てきたのは、おもに中曽根の一九四〇年代後半から五〇年代前半における国家観であった。ここでは、その国家観と関わって、中曽根の主権や民主主義に対する認識を見ていきたい。

中曽根は、敗戦直後の占領時代に、共産主義に対抗できるのは「民主主義理論」だと考えていた。回顧録からであるが、彼はこう述べている。

要するに自由な発言、自由な結社、自由な行動と多数決原理ですよ。そういう方法に対する信頼感が国民生活の基礎になければならないと思っていました。それから、民族の伝統とか心情というものが尊重されないと国家は成り立たないと思いました。やはり傷ついた者を労り、悲しめる者を慰める、そういう同胞愛に満ちた国家をつくるということをずいぶん強調しましたね。[*33]

右のように、言論・結社・行動の自由や多数決原理が機能するには、それへの「信頼感」が不可欠と中曽根は述べ、それと並列して国家を支える民族的心情への尊重、すなわち同胞愛を上げているが、中曽根の思考のなかでは自由や多数決原理への「信頼感」と同胞愛とは結びついていると読み取る方が自然であろう。民主制の方法が、同胞の「傷ついた者」や「悲しめる者」をいたわり、なぐさめる感情（同胞愛）に満ちた情緒にその基礎を置いている点に注目したい。自由・権利・民主制が民族的心情や協同主義的な共感といった原始的土壌とでも呼べるようなものに根差すのは、国家を公共善として捉えているからである。

このような中曽根が思想的な感化を受けたのは、近衛文麿のブレーンでもあった政治学者で東京帝国大学教授の矢部貞治であった。中曽根は、「とりわけ矢部貞治先生に強く感化を受けました。矢部先生については、大学時代は教室でしか交流はなかったが、卒業後、政治家になってからはしばしば会っていました」と述べている。[*34] とくに矢部の協同主義的民主主義論に、中曽根は大いに影響を受けていたのである。[*35]

一方で中曽根が「胡散臭いものを感じてい」たというのは、宮沢俊義であった。ただ、ゆいいつ宮沢を中曽根が評価したのが、民主主義とは目的や内容ではなく、人民によるものであるという点を指摘していた部分であった。

ただ、四二年だったか、かれの『民主制と独裁制』という本を読んで、これはいいことを書いていると思いましたね。「人民の、人民による、人民のための政治」というが「人民による」が一番大事なんだというわけですよ。ヒトラーにしてもルーズヴェルトにしても、平和のため、国民のため、と理念的には同じことをいっているが、問題はその構成員全員の合意であったかどうかであって、一人の人間が決めるというのは民主主義ではない、そういうことをいっていました。りっぱなことをいってるなと思っていました。[*36]

右のように中曽根は言うが、宮沢俊義の本で『民主制と独裁制』という本はない。おそらくこの宮沢の「本」というのは、勁草書房から一九四八年に出版された『民主制の本質的性格』のことと思われる。特に第一章の「民主制と独裁制」のことであろう。治者と被治者が同一ではない、絶対者の「人民のための政治」に対して、宮沢が批判している部分だ。宮沢は、民主制は「人民による」べきだという。この第一章の、特に中曽根が感銘を受けた部分は、元は宮沢論文「独裁的政治形態の本質」（『中央公論』第四九巻第一二号　一九三四年一一月、のち宮沢『民主制の本質的性格』に収載）であろうと推測される。

「人民のための政治」を推進するなら、主権の所在如何という法原理の議論は横に置いておいていいと考えたのが吉野作造であったが、中曽根の議論は明らかに吉野の議論とは全く相容れないものであった。

中曽根は、もう一つ、矢部から民主主義を機能させる原始的土壌への着眼を学んでいる。それはすなわち、「民主主義の根柢」とか、民主主義の「共同の地盤」もしくは「共同の母胎」というものであった。つまり、民主主義が成り立つには、まずは民主主義を実行する者全体の共有の土俵がなければならず、そのための共有の土台作りを先行させる、そういう意味での民主主義の前提への視座のことである。

少し説明しよう。中曽根は、民主主義の一つの方法である多数決について、「何故に少数は多数に服従するか」と問う。その答えは、次のような「原理」に国民すべてが依存しているからだという。すなわち、「我々はお互に人間である、故にお互に対等であるから絶対的にはどの人の言うことが国全体のためになるか解ら」ず、「これを知つてゐるのは神様だけ」となる。つまり、「我々」は「皆が共同生活をしてゐる時、お互に対等だと」いうことを分かっている。「我々」はみな「お互に対等」ならば、そこに「絶対に善なるもの、国家のためになるもの、は解らない」。すべてが相対的だからだ。ではどうやって結論を導きだすのか。それは「絶対に善なるもの」を追求するのではなく、「より近いものを見付ける方法を考へよう」ということになる。では、どうすれば、より善に近いものを導き出せるか。それは「皆が国の為になることをと言うことを念頭に置いて考へ合つた時」に「多数少数に分れ」る方法を採れば、その「多数が考へた方が少数が考へたよりも常識上国全体の為に近そうだ」ということになるのではないか。ならば、「共同生活」をする我々みなが「多数は少数よりもより国家全体のために近いとしよう、そういふ約束」をすればいいのではないか。そうしてその約束——それは「明文上の又は暗黙の約束」――によって「少数は多数に服従する」とされ、相対的に善に近いとされる多数に全体が従うという結論に導くことができる。このように中曽根は考えたのである。

さらに、中曽根は、「するとと多数と少数に分れるのは国全体を発見するために分れるのである。即ち分裂は全体を発見するための分裂であり、統一のための分裂である、分裂の為の分裂では無い。ここに民主主義の根本原理がある」と述べるのである。中曽根は、これは、「フランス革命の原動力になったルソー民約論に明瞭に説いてゐる処である」と補足する。[*37] そのルソーは、『社会契約論』のなかで「事実、もし先にあるべき約束ができていなかったとすれば、選挙が全員一致でないかぎり、少数者は多数者の選択に従わなければならぬなどという義務は、一体どこにあるのだろう？」と問いを立て、多数決原理が機能するのは、「多数決の法則」が最初に「全員一致」の「約束によってうちたてられた」からだと答える。すなわち、多数決原理それ自体を構成員全員が受け入れるという契機＝約束にルソーは注目しているのである。これは、いわゆる「最初の約束」の問題であった。[*38] 多数決を採用するという「最初の約束」がなければ、多数決による決定に従う道理も成立しない。そういう「最初の約束」のことであった。

中曽根は、以上を踏まえて、「民主主義の根柢には必ず共同の地盤がある」と述べるのである。そして、「この共同の母胎の上に分裂（＝多数決―住友）は行はれ」、その多数決は「この母胎を発見するために行はれる」とする。その「母胎」がなければ民主主義は行なわれないと、中曽根は説明を続ける。では、「母胎」とは何か。「それこそ我々の日本であり、日本人としての自覚」なのであった。[*39] 中曽根にとって、「われわれ日本人」という自覚を有することが「共同の母胎」となっており、その「母胎」こそ、多数決を行なうことを全員一致で決めた「最初の約束」にほかならなかったのである。

多数決というのは票を割る行為のことで、政治的な対立や分断を不可避なものとする。しかし、それが本当に分断しきってしまっては再び多数決を取ることはできない。多数決というのは、票を割る前にその分母たる全体が一つの結合体として存在するということを前提としている。[*40] つまり多数決の前に票を割るための分母（全体）の存在、それも「選択する」という行為に先立ちながらも、全構成員がその選択する行為を自明視する所与の「約束」（黙契＝「最初の約束」）を共有する基底とでも呼べるようなものがなければならないのだ。それを中曽根は「民主主義の根柢」にある「共同の地盤」とか「共同の母胎」と呼び、「われわれ日本人」という民族意識、もしくは民族的アイデンティティの自覚がそれに相当すると位置づけていたのであった。民族意識は民族共同体を内部から鞏固にし、政治的争論の共通の土俵を作る。さらに人民自ら決するという決断の主体そのものをも作るのであった。

以上のように、民主主義以前の共同体構成員全体による「最初の約束」を重視する視座から、中曽根は「われわれ日本人」という民族的アイデンティティとその共同性の自覚保持にとことん拘泥する。

さて前節では、民主的な国家は「政治の中枢」で国民や神に対して誓うという厳粛な瞬間を持っているはずなのに、それが日本国憲法がもたらす体制下では欠如していると中曽根が述べていたことを紹介した。この「神に誓う」という点について、ここではもう少し詳しく中曽根の議論を見ておこう。

中曽根は、エリザベス女王が戴冠式で聖書を読んで国家国民のために神に誓ったり、アメリカ大統領が就任式の際に国民のために神に誓うという姿に注目する。そして中曽根は、「民主主義の根底には、常に政治の中核に、為政者の神に対する誓いというものがあるように思う」と述べる。[*41] さらに、「即ち、何れの国に於ても国政の中軸は永遠的なるもの、神に結ばれている。それが民主主義の岩盤である」と、中曽根はこう言うのである。[*42] 民主主義が多数決原理を使って、国民共同体のなかから民意を汲み取ることができるのは、国民共同体全体が多数決原理に同意しているからであり、したがってその同意する共同体が「神」とつながっていることが表現される必要があったのである。国民共同体が神とつながっている様態に、中曽根は「民主主義の岩盤」を見いだす。

中曽根の言及は続く。すなわち、「戦前においては天皇は賢所に参拝」し、「内閣総理大臣は伊勢神宮に参拝するということをして、国政にあずかる前に畏れ慎しむことを怠っていなかった」[*43]。それにより「己れの無私と国民に対する奉仕を誓い、神に加護を祈った」。ところが、戦後になると天皇は「象徴」となり、総理大臣も国会が指名することとなって、「為政者が、制度的にも事実的にも、信託を受けた国民に対し、己れの無私と奉仕を誓う場面は見あたらない」、こう言うのである[*44]。このように中曽根は、天皇や内閣総理大臣が伊勢神宮に参拝して神に誓うという行為を、欧米におけるキリスト教に民主主義の「精神的本拠」を求めるものと比較可能なものとみる[*45]。だから、国政上の最高権力者が伊勢神宮に参拝して神に誓うという行為を欠如させることを、「神聖なるべき、主権の源泉として尊厳な価値を持つ国民を、すなわち信託によるにせよ、支配しようという政治の最高責任者における、またはその制度における誠実さの欠如」と言うのである[*46]。中曽根は上記のようなことを占領期終了以降何度か述べているが、自主憲法期成議員同盟が一九五五年七月一日に結成され（緑風会政務調査会会長の広瀬久忠が初代会長）、翌年一月二八日の「自主憲法期成大演説会」での講演では、「神に誓うということがないので今日の民主主義は非常な混乱を生じている」と述べている[*47]。

首相による正月の伊勢神宮参拝は、敗戦後行なわれなかったが、一九六五年一月四日に佐藤栄作首相が再開させた[*48]。それからは毎年の恒例行事となる（一九六四年一〇月一日から新幹線が東京—新大阪で開業したのも大きいと思われる）。佐藤はその年の一月五日には明治神宮にも参拝している[*49]。その後、一九九五年に日本社会党の村山富市首相が「体調不良」を理由に見送った例がある。

中曽根は、戦前では天皇が神のように扱われ、戦後憲法のもとでは天皇は「象徴」となったが、それでも「神に誓う」ということを民主政治において重要な契機と捉えている。では、神とは何か。

戦後政治における「神」とは、すでに中曽根の口から明らかにされている。すなわち、それは先にあった。いわく、「私は必しも神道の復活を唱えるものではない。民主主義にあつては、民は即ち神である」と。さらに、「この民即神を如何に国政の中心部に於て常に厳粛に政治家の良心を灼きつづける放射能化せしめるか。日本的民主主義の確立、国家清浄化の出発点はここにありと思う」と言う。ところが、「現代日本民主主義の下においては、神は行方不明」なのであった。[*50] このように、神は国民であった。それは、国民こそが「神聖」であり、「主権の源泉」であり、それ自体が「尊厳な価値を持」っていたからであった。

国民は、中曽根としては主権の源泉であって、なおかつ神聖なものであった。主権、すなわちsovereigntyの本来の意味は「至高」とか「崇高」というものである。「主権」という言葉自体がすでに神聖性を内包するものであった。そして、「誓う」という行為は、国家の最高指揮権を行使する者が、自らの権力行使の目的と責任を遵守するというように、システムや政治の外部にある超越的な存在と契約しようとする行為のことだと考えられる。そのような「誓う」という行為の対象こそが、「至高」、すなわち主権、もしくは神聖なる主権の源泉であったというのは、とても自然な関係である。中曽根は、そのような存在のことを「神」と呼んだのである。

既述のとおり中曽根は、憲法は「われわれ」によって選びなおさなければならないと考える。憲法制定の主体が「われわれ」であるということを重視する考えである。その「われわれ」である国民が、中曽根によれば「神」であったが、この場合の「国民」は個人としての存在ではない。それは、共同体としての国民であると思われる。共同体としての国民は「神」の位置づけを与えられているが、個人としての国民は国家を協同して支える単位なのであった。すなわち、「われわれ国民」によって制定された憲法は、国民個人としてはこぞってその護持のために死を賭してもよいと考える存在とされた。「われわれ国民」が至高で神聖な存在でありつつも、個人としての国民は憲法のためには犠牲となってもよい存在として位置づけられている。

中曽根は、憲法の「自主制定」性を重視する。「自主憲法」であることの原則とは何か。中曽根はそれを三点指摘する。第一に「独立国家の尊厳」のすみやかな回復であり[*51]、第二に「アジア的雄大なる民主主義」の建設であり[*52]、第三に新しい文明に向かって政治の軸を切りかえることだという[*53]。「独立国家の尊厳」はともかく、「アジア的雄大なる民主主義」とは何のことであろうか。また、「新しい文明」に向かって「政治の軸」を切りかえるとはどういうことであろうか。「アジア的雄大なる民主主義」とは、「小さな政争のワク内で喧嘩したり、戦争をしたり、日本のワク内だけで通用するような議論をしたり、社会党がどうのこうのと」同じ国内で対立するような状態を脱して、「指導者の人格力と、国民の信頼というものが結びついて、東洋的な王道を中心とした、西欧文明を消化したアジア的民主主義が確立できる」、そういう体制のことであった[*54]。すなわち「東洋的な王道」とは、「指導者の人格力」と「国民の信頼」とが結合した統治哲学——統治者の道徳と民意とが結合した支配原理——であり、それは自民党・社会党間の党派的争点を超越しつつ、「独立国家」の軸にしうる次元での政治哲学を基礎にした民主主義——すなわち「協同主義的民主主義」——のことであったといえるだろう。「指導者の人格力」による道徳的な統治原理が「国民の信頼」と結びつくのは、近代天皇制下における国体論としても展開された君民一体論にも通じるものである。では、何のために「アジア的な民主主義」を進めて「東洋的な王道」を確立するのか。中曽根は、「自主憲法」の第三の原則として上げた、「新しい文明に向かって政治の軸を切りかえること」に言及する。すなわち、それは原子力などの科学技術を政治の中枢に入れるということであった。[*55]

原子力開発との関係については、中曽根の民主制論を考えるうえで重要な要素である。そのことは、一九六一年一月一日に起草した「高度民主主義民定憲法草案」(未定稿)にも言及がある。そこで示された憲法草案の大綱「前文」案では、「世界諸国民と共同して科学と倫理の跛行を是正」し、「固有の文化と歴史を形成する運命共同体たる日本国家の一員である自覚が強調」されている。[*56]これについては、また後述する。

もう一つここで触れておきたいのは、中曽根が議院内閣制が採用されている点を戦後民主主義の欠陥として指摘していることである。[*57]とくに敗戦後は階級対立も激しく政党が党略に流れ、選挙区に縛られ、伝統的な官僚主義が跋扈すると主張している。それらから最高指揮権を有する政治権力を聳立させるためには、総理大臣を直接民主制で選出するようにしなければならないと、中曽根は言う。[*58]そして、後述するように、中曽根は首相公選制を唱道していくことになる。

4　民族共同の根本原理たる天皇

改憲をもくろむ自民党内の「タカ派」政治家を代表する中曽根康弘だが、これまで見てきた中曽根の民主制論のイメージは単なる保守・「タカ派」とは異なる。本節で見ていこうと思うのは、敗戦後から一九六〇年代初頭までの中曽根の天皇論である。一九五〇年代までの保守政党の改憲論は基本的に復古的であり、天皇の位置づけもほぼ元首論が優勢であったと言われる。[*59]しかし、ここで見るように、中曽根の天皇論はそういう復古的改憲論のなかで位置づけられないものであることにも注意が必要である。

中曽根は、先述したとおり、矢部貞治の協同主義的民主主義論から影響を受けていたが、天皇論についてはどうであろうか。

矢部は、戦前・戦時は「一君万民の共同体原理」という考え方を維持していた。[*60]民主主義が成立するための前提に、一君万民の共同体原理という原始契約があるという考えである。矢部は、彼の当初の持論である「衆民政」を社会契約論的天賦人権論ではなく、「原始共同体」以来の「一君万民の共同体原理」にその根底を求めていた。[*61]言うまでもなく、この「一君万民の共同体原理」というのは、戦前の国体論の一つである。つまり一種の原始契約をともなって国体が成り立ち、それゆえ「衆民政」もそのような国体とともに日本社会に根を下ろしたということを理解しているのである。

矢部貞治が一九三四年に書いた文章を見てみよう。

> 衆民政は、決して法学的人民主権や社会契約説的天賦人権の原理に立つのではなく、寧ろかの原始共同体に於ける共同「表現」原理、神代日本の八百万神の自治、十七ヶ条憲法に所謂「大事は独断すべからず、必ず衆と共に宜しく論《あげつら》ふべし」、五ヶ条御誓文に所謂「万機公論に決すべし」の、即ち一君万民の共同体原理こそ、その根基である。[*62]

日本の国体であるとされる「一君万民の共同体」は神話の世界の原始契約に始まり、それが近代民主主義の母胎となっているという理解である。

矢部は近衛文麿に知己を得たあと、一九四〇年八月一日に新体制案に対する「私見」を述べているが、この「私見」が『現代史資料44』[*63]に掲載の「愚見の詳論」である。[*64]そこでは、「一億の蒼生斉しく至尊の赤子として一君万民、万民輔翼に立つ国民の本義を紊《みだ》るの恐れがある」とあり、このように多元的な「輔翼」の意思が、国民の間に多元的であっても「聖断は唯一であることが国体政治の原理であると信ずる」ものであると断定する。さらに、「一度び聖断の下されたときは、凡ての臣僚が「承詔必謹」の大義に帰一することが、日本政治の姿でなければならぬ」と主張している。矢部の議論はこのように「一君万民」論を基礎に、多元的な意思をたばねる存在として天皇を位置づけるところに特徴があり、[*65]天皇を求心力とする国民的共同性の確立に戦時体制確立の鍵を求めていたといえよう。

矢部は、「一君万民」論、すなわち「一君」が「万民」に聳立して束ねる存在として天皇を位置づけたが、敗戦後にはそういった君臣の上下関係を解消させた「君民一体」論に自身の国体論を変容させた。[*66]その矢部が、敗戦が必至となってもなお優先的に重視したのが、鞏固な国民共同体の維持であった。敗戦を目前にした一九四五年六月二七日の日記に矢部は、「真に理想の総力戦体制を確立すること」が戦争の勝敗を度外視した重要なことであると記した。さらに、日本が武力戦に敗れるとも、将来の日本の再出発のためには「真の国民共同体の礎石をおく」ことが重要で、陸軍と海軍の対立など国内の分裂を利用して皇室を救おうとする（「終戦工作」のことだろう）と、皇室を国民から分離させてしまうので、日本の将来の一致団結のためにはそのようなことがないようにしなければならないと日記に書いた。[*67]矢部は、国民共同体の「礎石」、つまり天皇と国民とを「分離」せぬ「真の国民共同体の礎石」を戦争の勝敗よりも優先させたのである。すなわち矢部が、「君民一体」を基礎とする「国民共同体」の構築と維持を最大級に優先していることがわかるのである。その点で、一九四六年元日に発表された「新日本建設の詔書」、いわゆる昭和天皇の「人間宣言」などは、君民関係を正当化する起源が神代にあったことを否定したが、明治以降に歴史的に築き上げられた君民の法外での人格的関係はかえって正当化している。国家の擬態たる「君民関係」を構築せんと主体性を発揮する主語は、臣民から天皇へと移行したのである。
さて、中曽根の天皇論はいかなるものであろうか。中曽根の議論は、神代に現れた神の末裔としての天皇と人民との関係に基礎をおくものではなく、上代以降の「人間天皇」と人民との人格的関係に基礎をおくものであった。
中曽根は、天皇と国民との関係は歴史的に古くから形成され、それが国民統合の「精神的中核」として長らく天皇が君臨するゆえんであると考えている。そのことを示すものとして、中曽根は『万葉集』を取りあげる。中曽根は、国民統合の「精神的中核」を天皇が担ってきたことの表現として日本の家族国家観を挙げ、それが『万葉集』に盛り込まれているという。それが現在も、国民が天皇を潜在的に支持し続けているゆえんだと述べるのである。[*68]
『万葉集』は舒明天皇の時期（七世紀後半）から八世紀後半にかけて作られた和歌四五〇〇首以上を集めた歌集と言われている。[*69]中曽根は、『万葉集』の読人が全国的・全階層的に存在していると指摘し、「ほとんど全国民的な民謡集といってよい」と力説する。[*70]
それゆえ、中曽根は『万葉集』に盛られた思想は、次のようだと言う。
天皇中心の家族国家が信念的にも、現実的にも展開して、その後も今日に至るまで、消長はあるが、国民的に、あるいは表面的に、あるいは潜在的にそれは支持され、存続していたと認めるのである。われわれはそれ以後の歴史において、貴族や武家等の政権把持者が、天皇を家族国家の首長として支持する民論の無言の圧力に、いかに苦心し糊塗したかを知ることができるのである。もちろんその天皇は、政治の実権者としての天皇ではなく、国民統合上の精神的中核体としての天皇である。

すなわち多分に社会学的な、または文化的存在としての天皇である。[*71]

このように、中曽根は皇室から庶民にいたるまで身分や階層を超えて集められた古代の歌集には、「国民統合上の精神的中核体としての天皇」が表現されていると評価するのである。

また、中曽根が神代における天皇について言及することもあるが、その天皇でも「人間天皇」として位置づけられるものであった。中曽根は、「思うに神話は、一方かかる人間天皇を民族協同生活の伝統と秩序の求心的安定力として戴いた氏族国家生活の現実を多分に拡大して、神秘的、偶像的に誇示し、国家隆盛時に夢みた理想を現実そのものとして作為的に記述するとともに、他面伝統的に維持した氏族国家制度の現実を理想的なりと信念したものと解釈」できると主張する。[*72]「人間天皇」が民族協同生活の伝統と秩序の求心的安定力であったというのが現実であり、そしてその天皇を戴いた氏族国家生活という現実を拡大し、神秘的に偶像化して誇示し、さらにそれを理想としたのが神話であると、中曽根は解釈するのである。中曽根にとって天皇とは、たとえ神話によって「誇示」され「理想」化されていたとしても、それは一貫して「人間」であったのである。

では、天皇が「人間」であるという時、その「人間」とはどういうことを意味していたのだろうか。そのことがよく示されているのが、国会で中曽根が吉田茂首相に天皇の生前退位についての見解を問うた質問であろう。

一九五二年一月三一日の衆議院予算委員会で国民民主党の議員として質問に立った中曽根は、吉田首相に対して、天皇は自らの自由な意思で退位すべきだという趣旨の意見を述べた。その部分を引用してみよう。

もし天皇が御みずからの御意思で御退位あそばされるなら、その機会は最近においては、第一に新憲法制定のとき、第二に平和条約批准のとき、第三には最後の機会として、平和条約発効の日が最も適当であると思われるのであります。しかしこの問題はあくまで天皇御自身の自由な御意思によつて決定さるべく、何らわれ〳〵から論議すべき筋合いのものではないと思うのでありますが、国際情勢、国内情勢より判断して、天皇がもしその御意思ありとすれば、この御苦悩（過去の戦争についての「人間的苦悩」のこと——住友）をお取払い申し上げることも必要かと存ずるのでありま す。〔略〕天皇がみずから御退位あそばされることは、遺家族その他の戦争犠牲者たちに多大の感銘を与え、天皇制の道徳的基礎を確立し、天皇制を若返らせるとともに、確固不抜のものに護持するゆえんのものであると説く者もありますが、政府の見解はこの点についてはいかなるものでございましょうか[*73]

ここで中曽根は、占領終了と同時の天皇の退位を明らかに視野に入れて、天皇の戦争責任への追及に対して抱く「苦悩」を除去する方法を考えている。そこで中曽根は天皇が退位して皇位を皇太子に譲位することで、戦争犠牲者たちに「多大の感銘を与え」、そのことで「天皇制の道徳的基礎を確立」させ、「天皇制を若返らせるとともに、確固不抜のものに護持」すべしと説く。ここで中曽根が重視するのは、天皇の「人間」としての復権であった。

この点につき、この国会審議の二年後に出版した『日本の主張』のなかで中曽根は、「私の考えは、人間天皇を真に人間天皇たらしめよ」というものであったと述べている[*74]。もし天皇が占領軍や国民に対する「責任感」から在位しつづけなければならないという束縛があるなら、それは「人間的に御待遇申し上げるゆえんではない」ともいう。あるいは次のように述べている。

政治的または社会的事由によつて、その至純至高なる御意思を曇らす如きことがあつては、かえつて人間天皇を手段とし、傀儡とする前時代のやり方であつて、国民的協同体下の天皇をスポイルするといわなければならぬ。道義や倫理性は常に自由意思の発露に存在する、自由意思を拘束したところに道義や倫理性などは存在し得ないのである

したがって、「吉田総理大臣の答弁は、天皇の自由意思を否定し、人間的存在としての天皇に対し、旧明治憲法下における天皇を依然として今日においても頭に置いているのであつて、重大な反省を促すべき点である」と言う[*75]。国家制度の「傀儡」、すなわち立憲主義による束縛から天皇を解放することで、「人間的存在としての天皇」の「自由意思」、つまり「人間」天皇の主体性を鮮明にしようとしたのであった。中曽根は、この時の国会質問があたかも天皇の退位が主題ではなく、天皇の「人間性」解放こそが主題であったかのように説明している。

この中曽根の天皇退位論について、冨永望は「新憲法に象徴される占領期を否定したいという欲求」からのものであり、「天皇が退位することで、天皇の地位を守るための条件であった新憲法の束縛を断ち切り、改憲再軍備を断行して独立日本としての再スタートを切」ろうとするものであったと指摘する[*76]。冨永は、中曽根の天皇退位論の意図をこのように解釈する。やはり、中曽根の国会質問の主題が天皇退位論にこそ置かれていたことを強調する解釈である。おそらくこれはその通りであろう。実際にこの国会質疑の約三か月後の五月三日の講和条約発効記念式典で昭和天皇自身が退位論をしりぞけており[*77]、その後に書いた『日本の主張』での中曽根の議論は、昭和天皇自身が退位論をしりぞけたことを受けて、国会質問での意図をその事実に寄せて修正したものだと思われる。ただし、天皇を立憲主義的枠組からいったん解除するにあたっての要諦が、「人間的存在としての天皇」にあったというという中曽根の意図だけはゆるがなかったであろう。つまり、新憲法の立憲主義の束縛を「人間天皇」の主体性という法

外の原理で一時的に解除するという意図である。
それに対して、吉田茂の天皇観は天皇機関説に依存した立憲主義的なものであり、それを臣民の愛国心という主体性で補完するものであった。吉田首相は、「日本民族の愛国心の象徴であり、日本国民が心から敬愛しておる陛下が御退位というようなことがあれば、これは国の安定を害すること」になると懸念を表明し、「これを希望するがごとき者は、私は非国民と思うのであります」と辛辣に中曽根を批判した。[*78]
吉田・中曽根両者の天皇観を日本国憲法第一条の天皇規定に当てはめれば、吉田の重視した天皇は「日本国の象徴」としての天皇という側面であり、中曽根の重視した天皇は「日本国民統合の象徴」としての天皇という側面であったということになろう。すなわち、前者が国家（立憲主義）に束縛される「ロボット天皇」であり、後者が国民統合の象徴たらんとする「人間天皇」であった。[*79]
中曽根は、「人間天皇」を積極的に受容したうえで、その道徳的なふるまいが国民に感化を与え、たとえ昭和天皇が退位したとしても、天皇制そのものはフレッシュに更新されて「逆に天皇制の道徳的基礎はますます強化され、天皇制並びに日本国は新鮮発溂《ママ》たる若返りを実現し、かえつて確固不抜のものに安定する」と主張するのである。[*80]
しかし、他方で「人間天皇」的側面にとまどう国民もいた。国民の多くは戦前のあいだ一度も天皇の肉声を聴いたことがなかった。これについて一九三二年生まれの石原慎太郎は、大閲兵式や観閲式がラジオで中継され、いよいよ「大元帥」の天皇の訓示の段になると、アナウンサーが代読していて、子供ながらいぶかしく感じていたという。そして、いよいよ一九四五年八月一五日の「玉音放送」で昭和天皇の肉声を聴いたとき、石原は「正直、子供心にものすごくがっかりした」という。「なんだ、天皇とはこんな声の人なのか」と感じたというのである。[81]「八月十五日」を迎えるまでは石原にとっての天皇とは、神秘的な存在であり、その存在は想像上のものでしかなかったが、その瞬間に想像上の神秘な天皇は、具体的な人格と個性を持つ生身の天皇に変わっていたのである。その率直な感想が「がっかりした」であった。神秘的であったものの、その天皇の人格や個性の部分は肉声を知らぬ臣民の側からは空虚であったが、その分、その空隙に石原のような「臣民」たちはそれぞれ自分の抱く想像上の天皇像を埋め込んで勝手に神聖視していたのである。臣民に肉声を聴かせなかった近代の天皇は、その意味でも「空虚なる中心」であった。しかし、その分、臣民たちがその空隙を自ら抱く天皇像で埋めていたのである。その際には、臣民たちが空隙を自分たちの天皇像で埋めようと主体性を発揮することとなった。かくして一九四五年八月一五日正午に臣民たちに「答え合わせ」があり、自分たちが自らの内面に埋め込んだ天皇像が実際の天皇の実像とかけ離れていることを「なんだ、天皇とはこんな声の人なのか」と臣民は知ることとなるのである。

　ただし、そういう石原のような感覚がどれほど国民の間にあったかはわからないが、相当数あったとしても、それは瞬間的であった可能性がある。その証拠に、敗戦後の昭和天皇による全国巡幸は基本的に国民から歓迎された。一九四六年二月から始まる敗戦後の昭和天皇による全国巡幸はほぼ毎年続けられ（一九四八年は挙行されず）、一九五一年一一月で、北海道をのぞく都府県への巡幸を終える。そのあと遅れて一九五四年八月に、北海道への巡幸が行なわれた（沖縄県には行かず）。この間、国民からは、警備が厳しく、天皇から国民を遠ざけることになるそのやり方への批判がわき起こっていた。

　中曽根自身は、「象徴天皇」については、「昔から、天皇は象徴だと思っていました」と後年語っているので、[82]「象徴」規定自体に大きな反撥心はなかったと思われる。あるいは、「象徴という立場は、天皇の位置づけとして割合にうまい考え方だなと思いました」と語り、「主権在民の下における天皇のあり方をうまく、当時の保守的な国民の気分に合う表現で文章化している。これはかなりの苦心の作だと思いました」と感想を述べている。[*83] このように中曽根自身による回想では、天皇の象徴規定を好意的に受け入れているが、一九五〇年代から六〇年代の中曽根はむしろ「象徴」よりも、あとで触れるように「精神的中核」、「精神的求心力」、「元首」、「代表」という位置づけを与えていた。

ここで「象徴」ということについて、少し考えておこう。

象徴というのは、代表とは異なる。鳩は平和の象徴だという時、鳩は平和を代表していない。逆に国会議員は国民を代表するものだが、国会議員は国民を象徴するものではない。国会議員は国民でもあるが、鳩は平和ではない。つまり代表の場合は、代表するものとされるものは同じ集団に属すが、象徴するものとされるものは同じ集団に属すとは限らない。いや、むしろ象徴の場合はどちらも別物である。そう考えると、天皇は日本国の象徴であり、日本国民統合の象徴であるという時、天皇は日本国でもなければ、日本国民でもないということになる。逆に、天皇が日本国民を代表するというなら、天皇は日本国民と同じ集団に属さなければならなくなり、天皇もまた日本国民だということになる。

中曽根は天皇が象徴であることを完全に否定しているわけではないが、一方で天皇を「中核」「求心力」「元首」「代表」というものにしようとしていることに注目したい。これらは天皇の主体性にある程度依存するところのものだ。少なくとも中曽根は「象徴」というものよりも、もっと主体性を発揮できる「中核」「求心力」「元首」「代表」という方を選択したのではないか。鳩が平和の象徴とされるように、象徴は座して没主体的なまま認定されることも可能だが、「中核」となる、「求心力」を発揮する、「元首」としてふるまう、「代表」としての務めを果たすというのは、それなりに主体的であることを最低限求められるからだ。
一九五二年四月二八日、サンフランシスコ講和条約が発効し占領が終了した。この直後に、既述のとおり昭和天皇は退位の可能性を自ら否定した。国会で吉田首相に「人間天皇」の自由意思の尊重を訴えたように、天皇の人間としての主体性を尊重し、そのような天皇像を前提に戦後日本の体制に天皇を位置づけていこうとする。

人間としての御苦悩を払うために、御意のままにせしめたまえということは、国民の天皇に対する真の人間的愛情の表現である。政治的または社会的事由によつて、その至純至高なる御意思を曇らす如きことがあつては、かえつて人間天皇を手段とし、傀儡とする前時代のやり方であつて、国民的協同体下の天皇をスポイルするといわなければならぬ。道義や倫理性は常に自由意思の発露に存在する、自由意思を拘束したところに道義や倫理性などは存在し得ないのである。[*84]

右は、国会で中曽根が吉田首相に天皇による自発的退位について質問したことに関して、自身の著書において「人間天皇」を認めることの意味に言及した箇所である。昭和天皇自身が退位を否定したものの、中曽根は、もっと本質的な「人間天皇」というものがどういうものかをここで語っているのである。すなわち、明治憲法体制における天皇の位置づけは「傀儡」であり、本来は「至純至高」である天皇の自由意思を拘束することは「人間天皇」の価値を「スポイル」（貶めること）することとなるというのである。そして、そのことは、「道義や倫理性」を欠くことであるというのである。

中曽根にとって、天皇の存在が「道義や倫理性」と密接に結びつくことに大きな意味があった。なおかつ、象徴についても、「象徴の実体にあるものは価値である。特に道義的価値である。価値なきところに象徴はあり得ない」と断言するほどである。[*85] 天皇が象徴の地位にあるなら、それは天皇という実体が「道義や倫理性」という価値を有しているからにほかならなかった。中曽根はこのようにして、象徴という地位にあえて積極的な意味を見いだしたのである。天皇が象徴という地位にあるのは、道義的たらん、倫理的たらんとする明確な主体、すなわち「人間」としての自由意思を発露する主体たらんとする存在にその根拠があったということになる。中曽根は天皇を単なる象徴という受け身の存在であることに満足しなかったものの、そこに「人間天皇」という主体性を発露する存在であることを見いだすことによって、かえって天皇に象徴としての価値を発見したわけである。

中曽根は、上代以後の、つまり歴史以降の天皇の存在価値を重視する。中曽根によれば、天皇は二千年の歴史を通じて常に道義的・文化的価値の中心にあった。法律的にはともかく、人間として苦悩するからこそ道義的価値が保持され、それゆえ天皇であったというのである。道義的価値をまとおうとする天皇の当為が、自然人天皇をして天皇位天皇という存在たらしめている要因であったということになる。だから中曽根は、道義的価値なきところに象徴としての権威も存在しないというのである。中曽根いわく、「天皇制の中心は〔略〕国民のあこがれの的としての精神的求心力としての存在、生々脈々たるその文化性並びにその道義性にある」と。したがって、天皇の自由意思によって退位することが、かえって天皇制の道徳的基礎の強化となり、天皇制と日本はリフレッシュすると、中曽根は考えたのである。[*86]

占領期を終えたあとが改憲のリアリティが出現した時期であり、保守政党はそれぞれ憲法改正案を発表した。「復古的」であったとされるそれらの憲法改正案では、天皇は「元首」として位置づけられた。[*87]

まず一九五四年九月一三日に発表された改進党憲法調査会の「現行憲法の問題点の概要」は、天皇の地位を「元首」とする。なぜなら、現行憲法には「元首」に関する規定がないので、「何等かの表現を以て、天皇が元首的地位に在ることを明確化する必要がある」という。ただし「象徴」という「表現」については、それを存続させるなら、「「皇位」が民族の統合と伝統の象徴であるという趣意の表現を用うることとする」と述べている。[*88]

一一月五日発表の自由党憲法調査会による「日本国憲法改正案要綱」でも、天皇を日本国の「元首」とし、「国民の総意により国を代表するものとする」案が提案された。[*89]

さて、中曽根自身も天皇を「元首」として位置づけた。また自らの憲法改正案に象徴規定を入れることに固執しなかった。翌一九五五年一一月自由民主党が結党されたと同時に自民党は党内に憲法調査会を設置した。その第三回総会で中曽根は、「国民大衆の生活の中にしみ込むような」「人間天皇」を確保する観点から、女帝を認め、「華族の藩屛でとり囲む」ような扱いを皇族にするべきでないなどと述べたという。これについて渡辺治は、「「元首」化論を放棄して、象徴天皇制支持に転向」したものであり、「天皇「元首」化論とは全く異なる新しい天皇制論が形成された」と評した。[*90] しかし、これは明らかに誤りである。中曽根はその後も「天皇＝元首」論を展開するからである。むしろ、後述するように「象徴」という表現にこだわりがないほどである。中曽根のなかでは、天皇が元首であることと天皇が象徴であることは矛盾なく同居している。

一九五六年、中曽根は「自主憲法改正要綱試案（中曽根試案）」を作成した。そこで「（一）天皇は日本国の元首であって、主権の存する国民の総意に基づき、日本国を代表する」と規定した。[*91] ここで先述のとおり、中曽根は天皇を象徴と規定してはいない。これが、一九五五年以降は中曽根は「「元首」化論を放棄して、象徴天皇制支持に転向」したとする渡辺治の指摘が誤りであるゆえんである。

中曽根は確かに、明治憲法下では天皇神権思想が日本人の自由な思想と生活を圧迫し、官僚や軍部が民衆を忘れ、元老・重臣・貴族院・枢密院等が政党政治の障害物となり、そういう政界・官界・軍部・

財界における派閥が日本を動脈硬化状態にした原因であると述べ[*92]、復古的な天皇制論に反対してはいたが、だからといって天皇の「元首」化を容易に放棄したわけではなかったのである。

比較的中曽根の考えに近い改憲派は、どのように天皇を位置づけようとしていたのだろうか。一九五七年八月から一九六四年七月までの間に開催された憲法調査会をまとめた報告書によれば、学識経験者として出席していた広瀬久忠は、「日本の歴史・伝統の上で、天皇は権力的な存在ではなく、『徳』の存在として国民統合の中心であつた。そこに日本国の固有の生命が存するのであり、日本国の基本的性格もそこに存する。また、天皇が権力的存在でないことによつて、天皇制と国民主権とは調和するばかりでなく共存共栄しうる」と述べる[*93]。広瀬は、天皇を「国民統合の中心」と呼び、ここでは「象徴」とは言わなかった。また、広瀬は、「国家機関としての天皇の地位については「天皇は日本国の首位にあつて、日本国を代表する」と規定すべきであるとする意見」を有していた[*94]。ここでも「象徴」とは言わずに、「日本国の首位」「日本国を代表」するものと位置づけている。この意見については、報告書は「天皇の元首たる地位を明らかにするため、「象徴」の規定は改正を要するとする見解」とまとめている[*95]。

象徴規定の改正を主張するのは、必ずしも近い党派に関係しているとは限らなかった。右派社会党にも属した、電気工学を専門とする八木秀次も学識経験者として憲法調査会に出席し、「「日本国民統合の象徴」とあるのを「日本国民統合の中心」と改め、かつ「天皇は外国に対して、日本国を代表する」と規定すべきである」と主張していた[*96]。ただ八木は、近衛文麿のブレーンであった蠟山政道・矢部貞治と民主社会主義連盟をつくっているので、思想的には中曽根と近いものがある。

一九五〇年代後半から始まった憲法調査会では「象徴天皇」規定は右に見たように相対化されていたことを踏まえると、中曽根が象徴規定を排除するという強い意見を持たなかったものの、改憲派のなかでは象徴規定にとどまることの機制は弱くなっていたと考えられる。

では、右でみた憲法調査会における中曽根の議論はどうであったか。中曽根は次のように述べている。天皇の存在は、憲法以前のことであつて、天皇の存在は制度ではない。『象徴』という表現は、今になつて考えると、無限大に近い広さと深さとをもつ表現であつて、あえて手をつける必要はないと思う。西洋流の解釈や法律学的観点から『象徴』の文字を論議するならば種々の議論もありえようが、今日の国民的確信の上に立ち、また東洋流の『無』または『空』ともいうべき無限大に大きく包括的な日本の天皇の性格に思いをいたすならば、『象徴』の文字は比較的に無難な文字である。すなわち『象徴』という文字の内容を日本流に創造・充実して行くべきであると思う[*97]

ここで中曽根は、天皇の象徴規定は「あえて手をつける必要はない」と言い、その表現は「無難」であると述べている。やはり、積極的に象徴規定を支持しているわけではなさそうである。

もう一つ、ここで注目しておきたいのは、天皇という存在は「憲法以前のことであつて、天皇の存在は制度ではない」と論じているところである。さらに「東洋流の『無』または『空』ともいうべき無限大に大きく包括的な」のが、天皇という存在の性格でもあると語っている。天皇は法によってその存在が決定づけられているのではなく、その存在は「国民的確信の上に立」っているとさえ述べている。中曽根は、これまでの論述でも明らかなように、天皇の神権性を否定している。にもかかわらず、その存在の根拠は法以前的であって、だからこそ「無」であり「空」であるという。そして、それにもかかわらず「国民的確信の上に立」つものであるのだという。

中曽根はあとで詳述するように、一九六一年に「高度民主主義民定憲法草案」（未定稿）を著した。その改憲案で中曽根は、第一条として「主権在民の民主主義国家とする」としながらも、第二条で「天皇は日本国の元首であって日本を代表するものとし」ている。[*98] 中曽根は、この憲法草案の第一条では主語は天皇ではなく日本国としている。すなわちそれは、この第一条が「日本国の基本的性格」について規定したものであるからだ。その第一条が、「日本国は、天皇を国民統合の中心とし、その主権が国民にある民主主義国家である」というものである。[*99] それに対して第二条では主語が天皇である。それは、この条項が「天皇の地位」を規定したものであるからである。その第二条は、「天皇は、日本国の元首であり、日本国を代表する」というものである。[*100] 一方、現行の日本国憲法の第一条は天皇について規定した条項であり、だから主語は天皇となっている。

以上のように、中曽根の憲法草案ではまずはじめに「国の基本的性格」について規定したあとに、天皇の地位について規定するという構造になっている。さらに、中曽根の一九六一年の憲法草案にも「象徴」という言葉は無い。ただし、「天皇＝象徴」を全否定することなく（国民との関係においては）、しかし、やはり「天皇＝元首・代表」論を推し進めようとしている（国家機関としては）。明文化という次元では、象徴ではなく、元首や代表という位置づけを中曽根は推したのである。先述したように、象徴というのは、象徴されるものと別モノでなければならないが、代表はむしろ同じモノでなければならない。つまりある人間の集団の象徴というのは、それ自体が人間である必要はないが、代表となると人間である必要がある。象徴よりも元首や代表の方を推す中曽根としては、天皇は人間集団と同じ範疇に位置づけていると思われる。

象徴というものは形骸化する本質を持つが、中曽根の構想では、むしろ天皇は形骸化させてはならない存在と位置づけられているように思われる。中曽根は、天皇を日本国や国民統合の象徴として位置づけるのを否定するものではないが、天皇と象徴との取り合わせは中曽根のなかではしっくりきていないように思われる。中曽根は、象徴という存在には価値があり、制度と関係なく国民の範を見せる存在であると述べている。その価値とは、道徳的存在であるということであった。中曽根が、昭和天皇が自らの意思で退位をするというのも、象徴としての天皇が道徳的存在たらんとするための手段であった。天皇は共同体としての国民を象徴するものであったが、単に象徴するだけではなく、国民に道徳的範を示す存在として象徴でいなければならなかった。そういう意味で、天皇は国民共同体がめざすべき公共善を体現することが求められていたと考えられる。

象徴というものを考えた時、象徴するものと象徴されるものとは全く無関係で、両者は別物である。それに対して代表というのは、代表されるものとは無関係であってはならないし、基本的に代表と被代表とは同質の存在である。鳩は人間を代表できないし、また人間は鳩を代表できない。人間を代表できるものは人間でなければならない。天皇が代表だとすれば、代表される国民と天皇とは同質の存在であるということになる。すなわち、天皇は人間であるという位置づけなのである。元首も同じである。天皇が国の元首であるなら、天皇は国を構成する国民や国家諸機関の頭《かしら》ということになる。

そのことを踏まえるなら、形骸化しない天皇イメージを創出するには、本質的には天皇は単なる象徴では不十分で、主権者である共同体としての国民の中心・代表である必要があり、その分、天皇は「人間」としての主体性を発揮する必要があった。少なくとも、中曽根はそのように天皇を位置づけていた。

5　首相公選論と原子力開発

近代天皇制イデオロギーは、天皇親政を理念として掲げることから、臣民の間から無限の「君側の奸」

排除の衝動を噴出させ、また君民一体を基礎とする国体論の展開のなか、擬似的な直接民主制への衝動すら湧出させることとなった。臣民は精神的に天皇と一体となることをあらゆる行動規範の基礎として内面に取り込み、そのもとで国民社会が統合されつつ、天皇を頂点とする共同体を夢想していった。天皇との関係において臣民としての自覚を有する国民は、天皇を媒介にして共同社会を想像することができたのである。天皇はそのための手段ですらあった。

戦後の中曽根の天皇論の特徴は、「人間天皇」の側面を重視し、行動において道徳的価値を持つ存在として天皇を位置づけようとする点にあった。それゆえ、天皇は国民統合の中心であり、日本国の元首にして代表であるべきだと、彼自身の憲法改正案には明記される。天皇を中曽根が重視するのはなぜかというと、国民共同体としての統合性の求心力としての役割に注目するからである。中曽根が、天皇は国民統合の中心であるというのは、象徴という受け身的な機能にとどまらない積極的な機能を天皇が潜在的に保有していると期待しているからにほかならない。すなわち、国民統合の単なる象徴というより、天皇は国民を統合する求心力なのであった。そして、中曽根が国民共同体としての一体性や統合性を重視するのは、そのような国民的統合性を前提とする民主制を重視するからである。

中曽根は、先述したように議院内閣制に代わる政治システムを考えていた。それは何のためか。それは、中曽根が次のように述べていたように、米国の大統領制やソ連の「全体主義的統制政治」に代わる強力で一元的な執行権力を必要としていたからであった。

中曽根康弘関係文書（国立国会図書館憲政資料室所蔵）のなかに、一九六一年元日付の「第一部　現代日本政治への反省」と「第二部　高度民主主義民定憲法草案」という、それぞれ未定稿の文書がある。そこで中曽根は、日本国憲法について、「採用の過程において、新に自由に表明された国民の意思に基いたものでなかつた」と、制定過程において実質的に国民から「憲法改正」が提起されたわけではなく、憲法制定が国民の意思に基礎を置くものではなかった点を批判している。[*101]

さらに中曽根はこう言う。

日本国憲法は、原水爆や人工衛星や大陸間誘導弾のような科学の異常な発達時代が来り、社会状態が変化してゆくことを全く予期せず、十九世紀の古い自由主義的な考え方で全体ができているため、これから二十年三十年の使用に耐えないことはもちろん、現代においてすら、動的な世界政治に対応する力なく、また、科学の発達の推進力たりえない構造上の欠陥がある。[*102]

中曽根の日本国憲法に対する批判の要諦は、国民自ら制定したものではなかったという点と、その内容が一九世紀的な「古い自由主義的な考え方で全体ができている」という点にあった。もちろん、これは中曽根の誤解である。実際の日本国憲法は自由権だけではなく社会権を盛り込んだものであり、中曽根が言うような「古い自由主義的な考え方」によるものではなかった。[*103] それでも中曽根の言わんとすることは、「科学の発達の推進力たりえ」るような憲法にすべきだということは一応わかる。

日本国憲法が規定する日本の議院内閣制は、中曽根によれば「米国の大統領制と英国の議院内閣制を折衷した雑居型政治機構」であり、「国会の麻痺や、執行権の不安定を生み、政治の腐敗を招き、現代において最も大切な政策の長期的計画性と持続的実践性を共に失わせ」る原因となるものであった。[*104] 中曽根は、とりわけ科学技術の高度な発達時代に即応でき、「長期的計画性と持続的実践性」に富んだ行政執行権力の駆動力を重視している。原子力・人工衛星・大陸間弾導兵器と具体的に挙げたうえで、中曽根はそれらには巨額の費用がかかるし、「天文学から動物心理学に至る諸科学の協力の綜合的成果」にも依存する分野だが、これらの分野に「巨額の費用を勇敢に割当て、文句の多い学者陣を綜合的に動員協力させる力」を必要とすると述べる。ではその「力」とは、どのような「力」か。それは、「米国の大統領制とソ連の全体主義的統制政治」に「存在する」ような「力」であるという。[*105] 一部の科学者の異論を排除しつつ、巨額の国費を伴う長期的国家プロジェクトを安定的に持続させていくための「大統領制」や「全体主義的統制政治」に匹敵する政治権力を中曽根は必要としていたのである。

中曽根は、「長期的計画性と持続的実践性」をもって推進しなければならない国家プロジェクトとして、具体的に原子力・人工衛星・大陸間弾道兵器を取りあげた。中曽根は、これらを推進しつつ、「失業や階級闘争の出現、富の均衡と社会的正義確保」をめざし、「社会の各層の利害が大規模に乱反射している現代生活にあつて、これを調整し、発展的に組織化してゆく」ために「国家の役割」を一層重視するのである。[*106] ここで、われわれの注意が引きつけられるのは、国家の執行権の安定性を希求する動機を、「原水爆・人工衛星・大陸間誘導弾のような科学の異常発達」という現状に、中曽根が求めようとしている点である。日本で初めて原子力関係の国家予算（原子炉製造のための研究・調査費など）が提案されたのが一九五四年三月二日で、それを国会に緊急動議で提出したのが自由党・改進党・日本自由党の代議士有志であったが、その一人が改進党の代議士であった中曽根康弘であったことは、すでに周知のことに属する。[*107] その後、中曽根は一九五五年一〇月一日に国会両院に原子力合同委員会が組織された時に、委員長に選出され、原子力基本法の起草にも関わった。中曽根自身、並々ならぬ意気込みで原子力開発を推進しようと考えていたことは間違いなかった。五五年体制自体が原子力開発の推進と軌を一にして成立したことも、私自身がこれまで明らかにしてきたことであった。[*108] 中曽根は、原子力開発を強力に推進していくにあたっては議院内閣制では不十分であると考えていたのである。

議院内閣制について中曽根は、イギリス・フランスを初めとする西欧における王権と人民主権との妥協の産物だという。[*109] そのデメリットは、政変のたびに次期総理を決めるための大騒動を繰り返すことにあると述べる。[*110] 中曽根の国家構想は、主権者の意思をストレートに受けた執行権力が人民の権利や利益を保護し、民族的自覚と「われわれの共同体」という同胞愛に支えられた国家のために、自らの権力行使の駆動力を高めようとする点に特徴があった。

例えば日本国憲法については、先ほど見たように一九世紀までの「古い自由主義的」なものであったと強弁した点と関連があるが、中曽根はかつてこういうように述べていた。

特に（日本国憲法に――住友）添加すべきものとしては、多くの権利が衝突した時の潤滑剤的な調整作用を勤める条文を義務の形で挿入しておいたらよいであろうと思う。それはすなわち、権利は社会公共の調和の前に謙虚にならなければならないという義務である。権利の数が多くなればなるだけ、この潤滑剤は必要となるであろう。〔略〕社会性が強調されてきた現代、福祉国家の思想が横溢してきた今日の憲法は大いに姿を変えてきた。〔略〕われわれがこれから作る自主憲法もこの時代の趨勢の下に考えたらどうだろうか。[*111]

すなわち、日本国憲法に欠けているものは、多くの権利が衝突した時の調整弁的条文がない点で、権利が「社会公共の調和」の前に「謙虚」なものになっていないことだというわけである。だから中曽根は、そのような点に配慮した憲法の制定が必要だと主張するのである。そしてそれは、「社会性が強調されてきた現代」において「福祉国家の思想が横溢してきた」ことに即応することでもあると中曽根は説明するのである。中曽根は、先述のとおり、日本国憲法に一九世紀的「古い自由主義的」痕跡を認めていたが、ここではその要素の一つとして、権利と権利の衝突の際の「社会公共の調和」への「謙虚」さを取りあげていた。日本国憲法が第一三条において、「すべて国民は、個人として尊重される。生命、自由及び幸福追求に対する国民の権利については、公共の福祉に反しない限り、立法その他の国政の上で、最大の尊重を必要とする」と規定されていても、「公共の福祉」が権利衝突の際の「社会公共の調和」のための原理であるとの認識は、中曽根には稀薄であったと思われる。実際に、一九五〇年代の憲法解釈や司法判断においては、「公共の福祉」が権利衝突の際の調整弁的原理ではなく、手っ取り早く人権を制約する原理として機能していた。[*112] すなわち、中曽根のこうした憲法理解も、そういった現実の憲法解釈や司法判断に規定されていた部分が少なからずあったと思われる。

右のような認識は、権利の衝突に介入して「社会公共の調和」を可能にするほどに国家の執行権力が強力であるべきだとの思慮から来ているものと思われる。中曽根によれば、戦後日本は国会が国権の最高機関となったものの、異質な性格を持つ二大政党で議席が埋められることになったから、国家の最重要問題に対処するとなると一致点が生まれがたい。国家による一元的決断という点に国家の生命があると考える中曽根は、戦前では天皇がその役割を担ったが、いまは総理大臣が国会の紛糾に巻き込まれてしまうと考えている。[*113] そのような弊害を除去するためには、内閣による一元的決断をいかに安定的に担保するかということが、戦後にはとりわけ大きな意味を持つ一つの政治的課題となったのである。それは、大日本帝国憲法によって保障された天皇大権に実質上代わる、戦後の新たな制度設計をいかに構築するかという問題であった。

したがって、中曽根にとっては議院内閣制は隔靴掻痒の感があった。内閣総理大臣は、国民から直接選出されるわけではない。つまり、「日本の最高指揮権者」は「国民との直接の結び付きはない」というわけである。かといって、天皇は戦前では「伝統的権威」と「国民的確信」とによって「大元帥の地位は鞏固であった」が、戦後の天皇はその地位にはないので、中曽根は天皇をその地位に戻すことを「不適当」として天皇にその役割を期待しない。となると、やはり内閣総理大臣に期待せざるをえない。しかし、「最高指揮権者を選任する議院のプールは、〔略〕必ずしも神聖、清浄なものではない」と言う。[*114]「議院のプール」が「神聖、清浄」ではないというのは、どういうことであろうか。

いずれの国家においても、防衛の最高指揮者は、国民に死地に赴くことを命ずる究極責任者であるので、国王又は大統領、国家主席のような機関をあて、神聖性を確保している。戦前において、日本の最高指揮権者は天皇であったが、今日では、内閣総理大臣である。[*115]

中曽根は、「国民に死地に赴くことを命ずる」、すなわち「国のために死ね」と命ずることができる存在は、国王・大統領・国家主席のような存在であり、そういう「最高指揮（権）者」は「神聖性を確保している」というのだ。この場合の「最高指揮権者」は、必ずしも民意によって与えられた地位に座る者ではない。中曽根の言う国王や国家主席は民主的手続に従って、その地位を得た者とは必ずしも言えないからだ。いわば、それらは「若者達に死地に赴くことを命ずる道義的根拠を充分有するといいう る」[*116]存在であった。「神聖性」とは、自国民に「国のために死ね」と命じること、すなわち民意を得つつ強力な国家権力を行使しうる道義的根拠のことであった。大統領は、もちろん国民の直接選挙によって選任されるので、「国民との直接の結び付き」が形成される。また大日本帝国憲法下の天皇は、統治権の総攬者にして国家元首として自らの「指導者の人格力」によって「国民の信頼」と結びつくことができたと中曽根が捉える存在である。

しかし、戦後日本が採用した議院内閣制は、以上のような「神聖性」を確保できない。また、天皇を明治憲法下と同じ位置づけに戻すことにも中曽根は反対である。では、どうすればいいのか。それは、「国民と最高指揮権者との直接的結び付きを確保することにおいてのみ、若干の道義的基礎と国民的権威を最高指揮権者は回復」させることができると、中曽根は考えたのである。さらにそのことにより、「真の国民的防衛はより確保されるのではあるまいか」と期待する。中曽根は、「この点は未だ国民の関心を呼ばない点であるが、深甚な検討を要する点であると信ずる」と述べ、国民的関心の喚起を課題にしている。[*117]

中曽根が言う、「国民と最高指揮権者との直接的結び付きを確保する」具体的な方法とは、もちろん内閣総理大臣を直接選挙によって選任するということであった。中曽根がこの首相公選制を主張するようになるのは、一九六〇年代より以前からであった。一九五六年の「自主憲法改正要綱試案（中曽根試案）」には、「内閣総理大臣の指名は、衆議院において、衆議院議員中より指名し、この指名に基ずいて天皇が任命する」とあって、この時点では首相公選制を憲法改正案に盛り込むことはしていなかったことがわかる。[*118]ところが、さらにその三年前の一九五三年、中曽根が渡米した際には首相公選制を主張していたのである。

一九五三年七月三日に渡米して、ハーヴァード大学の夏期セミナーに参加した中曽根は、七月三〇日にそのセミナーで演説し、首相公選制を主張した。なぜ彼が、自身の憲法改正草案にも盛り込む前にアメリカで首相公選制を主張したのか。それは、この時の中曽根の行動履歴にヒントがある。一一月までアメリカに滞在することになる中曽根は、このセミナーのあと、原子力施設を見学し、ニューヨークでは財界人とも会ったという。またサンフランシスコでは領事公邸に、バークレーのローレンス研究所にいた理化学研究所の嵯峨根遼吉を招いて「二時間ぐらい話を聞き」、「ひじょうにいい助言」をもらったという。[*119]嵯峨根は、一九三八年以降理化学研究所の研究員となり、仁科芳雄の下で原子核物理学の研究に従事し、原爆製造にも関わる。[*120]その後の渡米を経て（この間に中曽根と会談している）、一九五六年に帰国したあと、日本原子力研究所の理事や日本原子力発電の取締役などを歴任する。さらにこの渡米中には中曽根は、国務省当局と連続会談を持ち、九月四日には「日本の自衛に関するメモランダム」を提出して国務省から非公式の回答を受け取っている（その内容を中曽根は公表していない）。その「メモランダム」には「憲法改正の政治的条件」として保守三党の協力と右派社会党の「暗黙裡の支持」を得ることが望ましく、さらにこれら各党の協力を引き出すためには国民に支持される各党共同の目標を作り出すことが必要であると述べられていた。[*121] 各党の協力を引きだし、国民に支持される各党共同の目標とは、原子力開発であることは明らかであろう。さらに、そのための体制としては、原子力開発を容認する社会党の態度とともに保守政党の「協力」が必要であると中曽根が認識していたことは重要である。五五年体制の布石ができつつあったと考えられるからである。

さて、このハーヴァード大学のセミナーで行なった講演では、中曽根はどのような首相公選論を語ったのか。

中曽根は日本国憲法を「マッカーサー憲法」と呼び、その欠点として再軍備禁止と内閣制度を上げる。とくに内閣制度については、日本には議院内閣制は適合しないと主張する。なぜなら、それは「レセフェール資本主義においてのみ適正であります。議院内閣制度が機能する必須条件」である、国が豊かであり、国民の政治意識が高く、自由企業制であり、政府の存在は必要悪だと容認されていることが日本では備わっていないという弱点があるからだと述べる。そして、次のように言う。

（そういった——住友）弱点を回避し、政情安定をもたらすために、任期を四年などとする首相公選を主張する次第です。これにより立法府と行政府の明確な線引きが可能になるとともに、政府と議員も安定するでしょう。〔略〕更に、これにより二大政党制が誕生し、民主主義が定着しやすい安定的な状況を創出し、あらゆる破壊行為に対し国を防衛することができるようになるでしょう。その理由は、首相公選は全国的規模で一人の首相を選出するため、小党は候補者を当選させることが難しいからに他なりません。同時に小党の二大陣営への統合を加速することになり、保守と革新の二大政党が形成されるようになるのです[*122]。

中曽根が首相公選制を主張する理由は、このように首相が政局にまどわされず立法府から自立すること、さらに国民に直接公選される首相を輩出する党派形成を促すので、小党は淘汰されて二大政党制が促進されること、これらにあったのである。二大政党制といっても、その二大政党の間は、最重要国策をめぐって根本的な対立のないものであった。根本的な対立のない二大政党制は、3で述べたように「小さな政争のワク内で喧嘩」をしない「アジア的雄大なる民主主義」を担保するものと考えられていた。

この二大政党制の二つの政党とは、合同された保守政党と左右が統一された社会党であることは言うまでもない。そしてその二大政党間で根本的な対立のない最重要国策とは、原子力開発にほかならない。だからこそ、米国の原子炉を見学し、原子力開発を担う研究者と会談を持った中曽根が、その機会に首相公選制を主張したのである。

このように、首相公選制は原子力開発と密接に関連づけられて提唱された。このことは、先ほど見たように、原子力開発などの長期的・持続的国家プロジェクトを推進する際に、首相公選制がそのための強力で一元的な執行権を保障するものであったことを意味している。

中曽根が渡米した年の一九五三年の一二月八日に（中曽根の帰国後）、アイゼンハワー大統領が「アトムズ・フォー・ピース」の演説を行なう。その数か月前に渡米していた中曽根は、原子力開発に関わる研究者や関係者と親交を深め、原子力開発を推進するための「政治の安定」の方法として議院内閣制に代えて首相公選制の導入の必要性を初めて訴えたのである。

原子力開発を国家主導で強力に推進していくべきだと考えていた中曽根は、首相公選制の実現がそのための後押しになると考えていた。その中曽根が影響を受けたのが、近衛文麿のブレーンでもあった矢部貞治であった。その矢部は、同じく近衛のブレーンであった政治学者の蠟山政道とともに、米国に亡命中であった大山郁夫と接触していた。大正デモクラットの一人でもあった大山は敗戦後、帰国したあと、全国を行脚して「原子力の平和利用」を吹聴してまわった知識人であった。そして、蠟山と矢部は一九五一年に、これも同じく「原子力の平和利用」を唱える電気通信系科学者の八木秀次（中曽根とともに原子力基本法の起草に当たった松前重義の東北大学時代の恩師）とともに民主社会主義連盟を結成した。中曽根は、イギリス型議院内閣制を原子力開発時代に適合的ではないとして回避しようとし、首相を国民が直接選挙で選べる首相公選制を選択しようとした。中曽根の恩師である矢部の民主政論の根柢にあるのは「国民共同体」の最優先という視点であるし、宮沢俊義のことをゆいいつ尊敬したのが、宮沢が民主主義にとってその主体が人民であるという点を強調していたことであった。

以上のように中曽根は、首相公選制により直接主権者からの信任を得た最高指揮権者が原子力開発を政局から解放し、その指揮権の庇護のもとで原子力開発が強力に推進されていくことを期待した。ただしここで扱う原子力が、一方で人類を破滅させかねないリスクを背負っていたことも事実であり、その側面に配慮することも中曽根は忘れなかった。すなわち、その鍵となるのが、主権国家を制限する「世界共同体」意識であった。中曽根は、核兵器の発達と濫用は人類滅亡の危機をはらんでいるので、世界を一つの「完全単一社会」として昇華させ、「世界的運命共同意識」を貫徹しなければならないと主張する。[*123] さらに中曽根は、かつての封建時代の内乱を制圧する手段たる火薬は、やがて「近代的単一国家」

となって選挙と国会を通ずる民主的手続による闘争に転化したのと同様に、今日の国際的紛争解決の方法も、「いたずらに旧来の主権概念に拘束されることなく、世界的単一社会実現のためには、各国ともに主権の一部を奉還するていの勇気を持たなければならない」と主張するのである。[*124]

国家を物理的に破壊しうる科学技術を、民主的に、そして強力に統制する単一の主権的権力は、そのリスクを軽減するために「世界共同体」からの制限を受ける、そんな国際社会を中曽根は構想していたのである。

中曽根が渡米して原子力開発のための人脈獲得や情報収集を行ない、首相公選制の考えを固めつつあった一九五四年三月の国会には超党派で、原子力予算を通し、翌年一一月一五日に自由民主党が結党され、「党の政綱」に「現行憲法の自主的改正をはかり」と明記される。憲法改正は吉田派や三木武夫の系統からは反対があったが、岸信介、重光葵、緒方竹虎、三木武吉らは賛成した。多数派であった池田勇人や佐藤栄作らは潜在的改正論者であった。[*125] 自民党は「立党宣言」で「大戦終熄して既に十年、世界の大勢は著しく相貌を変じ、原子科学の発達と共に、全人類の歴史は日々新しい頁を書き加えつつある」と現状を捉え、「原子力の平和利用を中軸とする産業構造の変革に備え、科学技術の振興に特段の措置を講じる」と「党の政綱」に明記した。[*126]

それらを経て、先述のとおり「自主憲法」を制定するにあたって、原子力などの科学技術というものを「政治の中枢」に入れなければならないと中曽根は主張するのである。中曽根の憲法構想は、先述したように、これらの企図を含みながら、やがて首相公選制へとつながっていく。前述したように一九五六年の憲法改正草案の時点では、首相公選制はまだ草案に持ち込まれていなかった。そこでは、国家や政府が積極的に国民の福祉を図り、階層間の摩擦を調節するようなものでなければならないとし、大衆的民主主義時代の福祉国家観が普遍化している現代においてなおさらだと述べていた。[*127]

これまでの分析で明らかなように、また彼が矢部貞治の政治思想から影響を受けていた点なども考えれば、中曽根は単なる保守政治家というより、共和主義者に近いと言える。例えば、一九五六年の「自主憲法改正要綱試案（中曽根試案）」に見られるように、新たに制定する憲法が「自主憲法」「民衆憲法」であると謳いながらも、他方で「日本国民は国家を防衛する義務を有する」と、国民自身による国家防衛の義務が課されている。[*128] 憲法や国家は国民のものでありながら、いや、だからこそ国民は自ら国家を防衛する義務も有する、そう中曽根は考えたのである。現行憲法第九九条には「天皇又は摂政及び国務大臣、国会議員、裁判官その他の公務員は、この憲法を尊重し擁護する義務を負ふ」とあって、現行憲法は憲法尊重擁護義務を国民一般には求めていない。「自主憲法」、すなわち「国民自らによって制定された憲法」をめざす中曽根にとって、その制定者である国民自らもまた憲法尊重擁護義務が課されるべきだというのが、「自主憲法」であった。

一九五三年夏に初めて中曽根は、首相公選制の考えを披露した。さらに一九五四年に著した『日本の主張』では、次のように首相公選制を展開した。

現在の日本のように、国が貧乏で階級的対立が激しく、国民の政治意識が低いような国にあつては、ややもすると政党は党略に流れ、議員は選挙区にとらわれ、それがために伝統的な官僚主義が跋扈し、選挙は頻繁に行われて、政局は安定せず、国力の回復は日に日に遅れる。よつて私は、憲法改正に際しては、総理大臣を国民の直接選挙として四年の任期を与え、立法、司法、行政の三権を画然と分離し、国会議員に同じく三年ないし四年の任期を与えられ、かつ国務大臣に就任する権能を失わしめて、国会議員としての職責に尽瘁《じんすい》せしめ、もつて、たとえば五箇年計画の如き長期的経済計画の実現に、政府と国会をして心魂を砕かしめることが喫緊の用務であると思われる。[129]

中曽根は、政局の安定のために総理大臣を国民の直接選挙によって選ぶ構想を発表した。しかし、その後は一九五六年の「自主憲法改正要綱試案（中曽根試案）」では、その首相公選制を改憲案に盛り込んで明記することはなかった。中曽根が大々的に首相公選制を主張していくようになるのは一九六〇年以降となる。「これから百年、二百年にわたって、原子力や宇宙人が出現している新たなる時代に日本がたくましく成長していくための基本構造を国家に付与することを念じながら、最も前進的な、青年の希望を入れた憲法を作るべきなのである」と述べながら、[130]中曽根は首相公選論を展開していくのである。

中曽根が首相公選論を大々的に唱道していく契機となるのが、「六〇年安保」であった。そこで中曽根は首相公選制実現のための運動を始める。中曽根は六〇年安保（一九六〇年六月）の直後、東京都新宿区信濃町の光亭で日本社会党の佐々木更三・山本幸一、自民党の正力松太郎・高碕達之助・宮沢胤男らと集まって、憲法改正して首相公選制を断行することで合意した。このなかで正力は、一九五二年一〇月日本テレビ放送網を設立して初代社長に就任し、一九五五年一月には「平和のための原子力」を読売新聞で喧伝し、約半年間その普及活動を展開したという経歴を持つ。高碕は、満洲重工業開発（鮎川義介創立の日本産業が満洲に移転、一九三七年に改称したもの）の元総裁であった。社会党の二人は、高碕の名を借りて（高碕つながりで）中曽根が働きかけて参加させた。社会党内でも、日本労働組合総評議会（総評）の太田薫、全日本労働総同盟（同盟）の滝田実、財界からは松永安左衛門以下主流派が賛成・支援した。松永は、一九二五年東京電力取締役を務め、一九二八年西日本の東邦電力社長となり、引退したあとの戦後占領期には吉田茂に電気事業再編成審議会会長に抜擢され、九電力会社への事業再編による分割民営化＝九電力体制を実現させて「電力の鬼」と呼ばれたほどの経歴を持つ。松永は首相公選財界懇談会の会長になり、正力は首相公選推進連盟の会長、宮沢と太田正孝はその副会長になった。

首相公選運動が本格化するのは一九六一年からであった。一〇月一二日の憲法調査会では、中曽根が首相公選論を主張し、中曽根・正力・高碕・宮沢らの内閣総理公選研究会が「首相を国民投票で選出しよう」という檄文を公表した[*131]。しかし、その後一九六三年一〇月の総選挙で池田勇人首相が「私の在任中、憲法改正はいたしません」と公約したために、首相公選論は下火となった[*132]。

ここで重要なのは、中曽根が首相公選制にどのような意味を付与しようとしたのかということである。中曽根の主眼は、どうすれば議院内閣制の欠陥を補い、国民との間の直接的結び付きを国家の最高指揮権者が回復できるかということであった。それは国民が直接首相を選任する以外にない。つまり首相公選制だ。それにより首相は派閥とは無縁となり、政治と大衆の心とのギャップは埋められると中曽根は考えた[*133]。議院内閣制のもとでは首相と国民との関係は間接的であるから、主権在民も名目的なものにすぎないと中曽根は言う[*134]。首相公選制になれば、そのことで中国に対抗していくこともできると考えたのである[*135]。

なぜ、国民から直接信任を得た首相が必要かといえば、それは学術団体などの社会的勢力は言うまでもなく、議会勢力や与党の派閥からも自由に原子力をはじめとする科学技術を運営・統御しうる強力な最高執行権力が必要であったからである。このことについて林尚之は、「核の時代において、内閣総理大臣を国民投票によって信任することで、国民主権に直接権威づけられた政府を創り出すことの意義を強調するものであった」と、中曽根の首相公選論を評している[*136]。

一九六一年の「高度民主主義民定憲法草案」の第七九条第一項では、「内閣首相及び内閣副首相は、国民投票により直接選挙する」とされ、第八四条では「内閣首相は、国民投票によつて解職される」とし、内閣総理大臣が、直接国民の投票によって選出され、また解職されることを規定する。直接国民意思によって選出され、解職される内閣総理大臣は、一方で第一一四条により「内閣首相は、自衛軍の最高指揮権を有する」とされた[*137]。このように、主権者国民の意思により直接選任・解職される首相であるがゆえに、その首相には軍隊の最高指揮権が与えられるのであった。

かくして中曽根は、日本に要請されるのは憲法制定権力の構造に関する検討だと明言するのである。憲法制定が革命以外でも、例えば憲法を作る国民の大多数の意思が強烈に確立され、それが社会的な力になって盛り上がれば、憲法は制定される。だが、現行憲法は中曽根によれば、日本国民を背景にそれが「社会的な力」となって作られたものではなかったのである[*138]。国民の意思により憲法を制定しなおし、首相を公選して、軍隊をも掌握する最高指揮権を創出するために、国民の「大多数の意思」が「社会的な力」へと変質して、憲法制定権力を構成する――これが中曽根が考えた、議院内閣制に代わる首相公選制構想であった。

中曽根は、敗戦、大日本帝国憲法の廃止という革命的な変革があったにもかかわらず、国民多数の意思が「社会的な力」に昇華して憲法を制定するほどの「力」へと糾合されることなく新憲法に移行したことを問題と捉えていることに注意しよう。すなわち、憲法制定権力を起動させることができるのは形式的な「革命」という出来事とは限らなかったわけである。したがって、中曽根が考える「憲法制定」という出来事は、国民多数の意思がなんらかの方法で「社会的な力」として糾合され、その「力」を憲法制定に転換するという契機が非常に重要であったのである。

そもそも、国民多数の意思が単一の「社会的な力」へと、どうすれば糾合するのだろうか。中曽根はそのことについてどのように考えているのだろうか。それは、改憲中曽根試案における天皇の位置づけにヒントがあった。

中曽根は、戦後日本の政治の不安定の要因が、敗戦によって天皇制下の「共同体」が崩壊して利益社会的傾向が強くなり、労働組合など各種団体の意向が国会に反映されて政党を動かし、そういう政局が総理大臣をいつでもひっくり返す可能性となって現れてきたことにあると考えた。[*139] かといって中曽根に戦前の天皇制への未練がないことは、すでに指摘したとおりである。その代わり、強力で一元的な国家の執行権を最高指揮権者に集中させることができればよいと考えた。だが、戦後は議院内閣制を採用したことで、それが困難となった。そこで、構想したのが首相公選制であった。

この「高度民主主義民定憲法草案」で、中曽根が天皇を「国民統合の中心」、「日本国の元首」もしくは「代表」と捉えていたことを想起しよう。一九六一年一月一日に公表した「高度民主主義民定憲法草案」は、第一条で「日本国は、天皇を国民統合の中心とし、その主権が国民にある民主主義国家である」と規定していた。現行憲法と異なるところは、この条文の主語が天皇ではなく日本国であり、天皇は「象徴」とされていないという点である。[*140] そして現行憲法では主権が国民にあると規定した条文がないのだが、中曽根の憲法草案にはそれがあった。現行憲法では、主権在民は条文ではなく、前文で「人類普遍の原理」として位置づけられるのみで、それは主権在民が憲法以前的な前提であり、憲法によって生まれたわけではないことを示している。すなわち主権在民は、国民の意思でさえ否定できないのである。ところが、中曽根試案である「高度民主主義民定憲法草案」は「主権が国民にある」と規定している。つまり主権在民であることもまた、国民の意思の結果であると規定したのである。まさに、「高度民主主義民定憲法草案」は憲法制定権力を前提にした憲法試案であった。

中曽根はのちに、首相公選論を主張した理由について次のように述べている。

戦前を振り返れば、議院《（ママ）》内閣制で、結局は政党政治が腐敗して、戦争にまで行ってしまった反省もある。首相公選制にすれば、ああいう戦争に引っ張り込まれる危険は少なくなり、民意がもっと反映する。加えて、天皇制がある以上は、首相を公選しても大統領制にはならない。天皇は憲法上、象徴として頭上に輝いているので、権威は常に天皇にある。しかし、権力は首相にある。この二分構造で日本の国を前進させていきたいという考えでした。日本の国は島国で、コミュニティが緻密に形成されている文化を持っています。利益社会というよりも共同社会的性格が強いから、国家全体としては天皇制の下にまとまり、首相公選制でもう一回民意が暢達する形がよいという意味がありました。[*141]

戦前日本の政党内閣制（中曽根は「議院内閣制」と言ってるが）で政党政治が腐敗して戦争に突入したのは、民意が国家の執行権力に直結しなかったからで、だから民意を国家の執行権力に直接反映させるための首相公選制を採用し、しかし大統領制とは違って天皇制を維持するので、天皇に権威が残り、国家としては共同社会的な統合のなかで国家の執行権力を拘束することができると、中曽根は考えていることがわかる。

中曽根は、公選された首相（権力の主体）と日本の「共同社会的性格」を担保する天皇制（権威の主体）の二元構造を理想の国家構造として構想したのである。直接民主制に傾斜した構想を単に訴えただけではなく、それに加えて天皇の位置づけについても中曽根は思慮を費やした。中曽根は、天皇が何らかの象徴であることに反対していたわけではなかったが、より積極的には日本国の元首で代表であり、そして国民統合の中心であると位置づけていたのはこれまで見てきた通りである。そして、象徴というより、日本国の元首や代表であるというのは、天皇が国民の一員であり、その「人間」であることの内実をより重視した位置づけに他ならなかった点も指摘した。そのような天皇が国民統合にとっては「中心」、もしくは「精神的中核」とされているのである。この位置づけ方は、先述のとおり広瀬久忠や八木秀次と同様であった。

一九六一年の元日付けで公表された「高度民主主義民定憲法草案」は、中曽根によれば、「日本の政治学界や政界に支配的な今までの既成概念にとらわれず、全く新しい考えに立つて〔略〕新日本の国家構造を書いたものであ」った。[142] その憲法草案大綱は、「暴力や乱闘の混迷の政治から、国民投票により首相選挙を行なう国民中心の――直接民主主義」と「行政と立法のなれ合いによる汚職と独裁を防ぎ、声なき国民の声を反映させる大衆本位の――三権分立主義」などを重視していた。[143] また同大綱の前文では、「固有の文化と歴史を形成する運命共同体たる日本国民の一員である自覚を強調し、帝国憲法、日本国憲法の歴史的意義を肯《うけが》いつつ、更に次の時代に前進する基礎法として、この憲法を確定する旨を明らかにする」と述べられていた。[144] このように、「固有の文化と歴史を形成する運命共同体」の一員としての「自覚」を前提とする直接民主制が謳われていたのである。

本章3で触れたように、中曽根は民主制の前提としての「共同の地盤」、すなわち「われわれは平等である」という認識を共有する地盤を「民主主義の根柢」と位置づける考え方を披露していた。国民が直接投票により首相を選出する以前に、すなわちその国民が民主制という作為以前に一体となっている、その根拠を発見し自覚する必要があったのである。その根拠が天皇の存在であった。国民が一体となっていることを象徴するものとして、否、国民を一体のものとして位置づける主体的な存在として天皇が、憲法以前的な存在として改めて位置づけなおされるのである。中曽根の議論では、天皇は象徴ではなく、元首や代表、あるいは「国民統合の中心」として表現されていた。天皇は象徴といった受動的な存在ではなく（言葉では「象徴天皇」を否定していないが）、主体性を促される存在とされた。なぜなら、象徴という存在より、明らかに元首・代表や「国民統合の中心」という存在の方が、主体的たらんとする態度が要請されるからであった。国家機関の筆頭も、国民の代表も、国民が統合される中心であることも、いずれもそのような存在たらんとすることを通してしか機能しないものであった。明らかに象徴としての存在より、元首・代表や「国民統合の中心」としての存在の方が主体的であり、より行動的であった。

このように、中曽根の憲法改正によって構想される国家構造では、主権者である国民から直接選出される首相とは別に国の元首たる天皇が描かれており、国家の最高指揮権の主体は国家元首と区別されていたのである。

議会勢力たる所属政党や派閥の意向に拘束される首相ではなく、そこから自立して、直接国民からの信託を受けた首相を誕生させることにより、首相の命令はより強力になり、またその命令は主権者である国民の意思を直接背負うものとなる。中曽根は、直接公選制によって選ばれた首相であればこそ、その命令に至高性に近い重みが附加されると考える。

> いまの制度の首相の下で、いざ国難という場合、自衛隊は喜んでその命令に服するであろうか。戦前においては、軍隊の最高指揮権（統帥権）は天皇にあった。現在においてはそれは首相にある。〔略〕しかし、派閥の利害を背景に、国民と遊離した首相が出たとき、無条件に命令に服するだろうか。〔略〕憲法改正の基本的な問題は第九条にあるのではなく、むしろ、この点にあることを認識する必要がある。首相の国民投票制は普選からさらに民主主義を前進させる現代的高度民主主義の制度である。[*145]

天皇のもとで共同体としての自覚を持つ国民、そしてその国民の意思を直接背負う首相が、「国難」

に向き合って生命を賭せと自衛隊に命令を下すことができるのだと、中曽根は考えたのである。

首相と国民との間に政党・派閥の利害集団が介在し、首相と国民とが「遊離した」議院内閣制ではなく、首相と国民とが直結する首相公選制に、その国民を主体的に束ね中心たらんとする天皇の存在が加わる。これが中曽根の一九六〇年代以降の国家構想であった。

こういった首相と国民との間に介在する中間的政治領域を排除していこうとする衝動は、明治憲法下における国体論が「君側の奸」無限排除の衝動を引き出したことと相似形をなす。「君側の奸」を排除して君民が直接結合する様態を理想的と捉える国体論に対して、首相と国民との間からは議会が除去され、直接民主制によって双方の関係が直結される構想が首相公選制であった。戦前の国体論が「君側の奸」無限排除の衝動をもたらしながら、それは最終的には成就することはなく抑圧され続けてきたのが、戦後になって首相公選制に形を変えていった。そういった衝動は、近代天皇制の思想と運動に潜在しながら、時に君民一体の国体論として展開されもしたが、ついには戦後の首相公選制論に内在していった。おそらくそうなっていったのは、そのような衝動が主権者的な意味合いをまといながら国民公共の意思を要請して、そのような国民意識を前提に国家を創造していこうとしたからではないか。そしてそのような衝動こそ、国家を国民公共の団体として見ようとする共和主義的衝動という、より本質的で普遍的な精神衝動であった。

6　天皇親政の実質化としての「人間天皇」

一九四六年元日の「新日本建設の詔書」が「昭和天皇の人間宣言」と俗称され、また戦後の天皇が「人間天皇」であることは、さまざまな機会において喧伝されてきたところである。しかし、「人間天皇」というものもまたイデオロギーであり、政治的創作物であることに変わりはない。

神格性を帯びた近代天皇制下の天皇は、肉声を衆庶の民たる臣民に聴かせない存在であった。肉声を知らない臣民たちは、逆にその空想の肉声を想像して、自らの内面に天皇のあるべき肉声を埋め込み、それを自らの主体性と偽造することで臣民らしい思考と行動を継続してきた。石原慎太郎のように、実際の肉声を耳にして、そういった想像の肉声が虚構であったことに気づき「がっかり」した日本人はおり、天皇が生身の人間であったことを実感したのである。

天皇は人格と個性をもつ存在であったことを、かつての臣民たちは「玉音放送」という答え合わせの結果、実感するにいたったのである。主体的な臣民に代わって現れたのは主体的な天皇であった。空虚な中心がいなくなることで、国民一人ひとりの内面は、単なる空虚となった。

肉声を持つとはいえ、頻繁にメディアに現れたり積極的に姿を表すわけではなかった戦後の昭和天皇の存在は、やがて国民の間からも「空気」のような存在と化していった。

明仁天皇が即位すると、日本国民の内面における空隙を埋めようとしだす。災害が起これば被災地に出かけていって、積極的に慰問活動を始め、ことあるごとに姿をメディアに見せては肉声を発した。二〇一六年八月八日のいわゆる「生前退位」を示唆する天皇の談話は、「人間天皇」を望む国民の声と共鳴しあった。天皇もまた「人間」であり、人権があり、したがって「退位の自由」を認めてもいいのではないかという声とである。だが、それは憲法（立憲主義）との緊張関係を高めることとなった。

かくして、国家の擬態たる「君民関係」を構築せんと主体性を発揮する主語は、臣民から天皇へと移行したのである。そこでも依然として維持されている関係論は、天皇と国民とは法や制度ではなく、情誼的・人格的・道徳的にこそ結合しているのだという「君民一体」論であった。象徴天皇制が形成されるためには近代天皇制、すなわち君民関係を積極的に臣民自身が論じる約七〇年ほどの歴史が必要であったのだ。

序章で触れたように、三島由紀夫は天皇と国民との間の中間的権力という媒介を経ないで君民の国家意思が直結する姿を「直接民主主義」と表現していた。またそれは天皇親政というものとほとんど政治概念上は区別がないとも指摘しているのである。そういう意味で「君側の奸」を無限に排除する志向性は直接民主主義的であり、それこそが天皇親政を目指す思想でさえあった。また、この思想と運動は共和主義的でもあり、「人間天皇」論やラディカルな国民主権論（主権を憲法制定権力と捉える）とも親和性を見いだすことができる。

近代天皇制以降の国体論は、天皇の存在を前提とする共和主義の追求のためのイデオロギーを起動させるものであった。逆に吉田茂らに代表されるのは、天皇を中曽根的な共和主義のシンボルにすることを抑制して、議院内閣制のなかに押し込めるものであった。平成以降の天皇は、そうやって押し込められてきた象徴天皇を立憲主義から解放し、「人間天皇」の主体性を取り戻すものにほかならなかった。敗戦後の中曽根の国民主権論と天皇論は、「人間天皇」の主体性を回復させるために天皇を中核とする「われわれの国家」を創造していこうとした。それがまた、国家の最高指揮権力を創出するための国民共同体に統一性と秩序を与えることとなった。

終章

本書はあたかも日本の国体が素晴らしいものであると訴えているように思えるかもしれないが、本書にあるのは、「民主主義の前提に日本の国体がある」と考えてきたという歴史に向き合う視座である。そのことへの視座がなければ、民主主義を追求するための思想や哲学の深度は浅いものとなるだろう。そのことを確認するためにも、いま一度考察してきたことを振り返っておこう。

明治維新から戦後巡幸が始まる一九四六年二月までの天皇は、国民が呼びかけるも応えてくれない存在であった。だからこそ国民は何度も何度も呼びかけ、天皇とは何か、君民関係はどうあるべきか、天皇を抱く国家とは何か、天皇に臣従する国民とは何者か、国体とは何か、そういうことをめぐって言葉を発し、議論してきた。主観的には、本書で取り上げた知識人ら知的エリートたちは自分たちこそが天皇の忠臣であり、自らの議論こそが正統的な国体論であると考えていた。その意味では、天皇や国体をめぐって、こういった戦前の国民は主体的・積極的に信条を吐露していたと言える。

振り返ると、慶応三年（一八六八年）の「王政復古の大号令」は天皇統治の正当性を「天壌無窮の神勅」に求めることとなったが、七八年後の一九四六年元日の昭和天皇による「新日本建設の詔書」（いわゆる「人間宣言」）は、神話、すなわち神勅にもとづく関係こそが君民関係を支えているという観念を否定し、「信頼と敬愛」という「人間」的な情誼こそが両者の関係を支える基底であるとした。「信頼と敬愛」という「人間」的な情誼は、本論で見てきたように、明治維新以降の国体論として展開されてきた君民関係論の歴史によって醸成させてきたものであり、皇勅にもとづく君民の関係原理であった。このように、昭和天皇による「人間宣言」によって皇勅にもとづく君民関係は維持され、むしろより大きな価値をもって捉えられると同時に、神勅にもとづく君民関係の主張は天皇自ら封印する格好となったのである。「新日本建設の詔書」が、神勅ではなく皇勅を選択して維持しようとしたのは、単に「天皇制温存」のための方便だけとは言えず、本書で縷々示してきたように、それこそが近代日本のイデオロギーの歴史を率直に表現していたからであった。国体論は、そういった歴史を作り、戦後の象徴天皇制の歴史を準備することとなったのである。

神勅にもとづく君民関係においては、天皇は神勅の主体を代表する者として臣民に相対したであろう。一人の君主たる天皇がすべての臣民に向き合うという意味で、その姿は一君万民というべきであった。しかし、一方で見られたように君民一体は一君万民の上下の関係に比して、より対等な関係だったのであろうか。一君万民ではなく君民一体であるというのは、上下の関係ではなく対等な関係としての性質が強いというものではなく、君主主体から人民主体への視点の変化だったのではないか。前者は天皇から万民を見て、天皇はその万民を慈しむ君主としてふるまう視線があったのに対して、後者は人民一人ひとりの側から君主を見て、自らの内面に君主とのつながりを自覚するという視線がある。近代日本の天皇制と国体論のなかに、そういった人民中心的で、人民主体からの視線への転轍があったのではないか。

かような国体論の内容が「君民一体」「君民共治」であったということには、近代日本にとって大きな意味があった。

君民関係が一体なら、そこを起点に民主政を構築する時、代表制＝議会制は君主と臣民を結合させる手段として映るし、したがって民主主義は、君主のもとへ翼賛して民意を集約する原理のことであると解釈しなおすことができた。大正デモクラシー期のデモクラットや社会民主主義者、それに昭和戦前期の超国家主義者や農本主義者、さらには二・二六事件の実行者やイデオローグたちにいたるまで、民主主義というものを、「君側の奸」を無限に排除していって成立する、翼賛型の民意と天皇の意思とが結合する統治技法のことであると位置づけ、そのような意味で民主主義を肯定していた。

君民関係は「天壌無窮の神勅」によって正統化され（神代を前提とする歴史を重視）、それが国体として宣揚され続け、そのことで民主政が成り立つ基底が設定された。近代天皇制イデオロギーは、こういう臣民による主体的な思想形成の営為を引き出すこととなった。

しかし、教育勅語を発布して国民教化を不断に続けていく教化国家をめざした明治憲法下での国家では、「国体を語る大衆」による革命行動、すなわち「君側の奸」を無限に排除して天皇を翼賛し、臣民と天皇とが直接結合する政体をめざす運動がしばしば起動していくことになる。明治国家が採用した代表制は、民意に支持された国家理性を創出するためのものともいえるが、また士族身分解体後の政治主体創出のためのものでもあり、そのような革命行動に対する抑制機能を担ったはずであるが（そのことを自覚していたのが吉野作造）、その政治的中間領域たる議会制（代表制）を余分な「雑味」として取り除き、より根源的な民主政への希求が高まると、立憲主義と議会制によって支えられている政体の不安定化を招来する。

例えばまた、農本主義者で血盟団事件や五・一五事件に影響を与えた権藤成卿は、「皇室を戴いてゐるものは吾々国民であるが、国民と皇室との間を遮つてゐるものがありはしませんか、財閥と云ひ、政党と云ひ、官僚と云ひ」と述べて、財閥・政党・官僚を君民間をさえぎる中間領域として排除の対象と考えていた。[*1]やはり農本主義者で、自身が開いた愛郷塾の塾生を五・一五事件に送り込んだ橘孝三郎は、国民が「人格的相互関係に結合することに依つて」、「私は一君万民全く一体と為つて右の如き状態に置かれた国家に対するに「国民共同体王道国家」なる名称を与へて居る」と述べている。「一君万民」とは、それにより国民こぞって「人格的相互関係に結合すること」であり、天皇はそのための媒介であった。[*2]二・二六事件の首謀者である陸軍青年将校たちは、ほぼ口をそろえて君民一体と「君側の奸」排除を言い、それによって「昭和維新」を成就することを主張していたが、[*3]その鎮圧に意欲を示し、青年将校たちの君民一体を拒絶したのは、他ならぬ昭和天皇自身であった。[*4]

以上のように、「王政復古の大号令」と教育勅語のイデオロギーは「君側の奸」無限排除の衝動を国民の内面に潜ませ、国家を国民共同の団体として自覚したり、その国家の「危機」が叫ばれると国民の言動や運動となって露出した。しかしながら、皮肉なことにその衝動の運動化を阻止したのは天皇自身でもあった。近代天皇制は君民一体論を基礎に「君側の奸」無限排除の衝動を呼び起こし、革命行動を起動させる根源でもあった。日本の敗戦は、近代天皇制の終焉をもたらしたことで、結果的にそういった、ある意味革命行動と言えるような国民の衝動を未然に防ぐこととなった。また同時に戦前においては、ファシズム政権が一度も成立しなかった——と私は考えるが——のは、君民一体と「君側の奸」排除といった、議会制など政治的中間領域の圧縮をねらう社会的・運動的な契機がことごとく弾圧などによって排除されてきたからであった。それは同時に共和主義的な原理の排除でもあった。

日本政府がポツダム宣言を受諾して敗戦した結果、昭和天皇は自らの統治権の正当性を否定せざるをえなくなった。その文書こそが「人間宣言」=「新日本建設の詔書」であった。これにより神代と上代以降とが分離され、神代が、君民関係を正統化する根拠としては、事実上否定された。「新日本建設の詔書」では五箇条の誓文が引用され、すでに日本では民主主義の基礎（実際は「万機公論」に決すというのは民主主義というより、統治身分内の合議制と言うべきであろう）があることが示され、だから戦後改革で占領国から民主主義を移植するわけではないとの弁明がなされる。そのうえで、「朕ト爾等国民トノ間ノ紐帯ハ、終始相互ノ信頼ト敬愛トニ依リテ結バレ、単ナル神話ト伝説トニ依リテ生ゼルモノニ非ズ」と語るのである。[*5]

　このように君民関係を正統化する存在としての神代が否定されたことで、かえって上代以降の君民関係論、すなわち君民は法的・制度的関係などではなく、私人どうしの「信頼と敬愛」によって結ばれた道徳的で人格的な関係であったという歴史が重視されるかっこうとなった。戦後、君民関係は「天壌無窮の神勅」によっては正統化されず、歴史によって正統化されることとなった。

　岩波書店の総合誌『世界』から天皇制批判の論文を依頼された津田左右吉が、むしろ天皇制擁護の論文を以下のとおり書いて物議を醸したのはよく知られたことである。

> 実際政治の上では皇室と民衆とは対立するものではなかつた。ところが、現代に於いては、国家の政治は国民みづからの責任を以てみづからすべきものとせられてゐるので、いはゆる民主主義の政治思想がそれである。この思想と国家の統治者としての皇室の地位とは、皇室が国民と対立する地位にあつて外部から国民に臨まれるのではなく、国民の内部にあつて国民の意志を体現せられることにより、統治をかくの如き意義に於いて行はれることによつて、調和せられる。国民の側からいふと、民主主義を徹底させることによつてそれができる。国民が国家のすべてを主宰することになれば、皇室はおのづから国民の内にあつて国民と一体であられることになる。具体的にいふと、国

民的結合の中心であり国民的精神の生きた象徴であられるところに、皇室の存在の意義があることになる。さうして、国民の内部にあられるが故に、皇室は国民と共に永久であり、国民が父祖子孫相承《あいう》けて無窮に継続すると同じく、その国民と共に、万世一系なのである。[*6]

津田によれば、こうやって戦後にむしろ肯定されるべき君民の歴史的関係＝道徳的・人格的関係を構築できることが皇室や天皇の存在意義であり、そのことで民主主義を徹底できるのである。

津田論文は、神代と上代以降とを切り離し、君民一体の関係がその後の歴史によって「自然のなりゆき」で形成されてきたことを強調することに大きな意味がある。すなわち天皇の地位の正統性は神代にではなく、民族形成の歴史のなかにあることを「証明」しようとした点が重要であった。またその存在が文化的・精神的なものであったことを強調する点も特徴である。

「天壌無窮の神勅」によって天皇統治の正統性が付与されたというのは、戦前でいえば国体論の重要な要素の一つに違いなかったが、それとても必ずしも絶対ではなかった。津田左右吉をはじめ、北一輝[*7]・大川周明[*8]・平泉澄[*9]らもそういった神代のイデオロギーと区別して歴史を語り、そこから新たな国体論を展開していたからである。津田左右吉のような認識は、社会進化論を前提として皇室の歴史や君民一体の鞏固さを説こうとする明治末期以降の学者や思想家にも見られる点である。神話から進化論へという流れだ。それは、北一輝や高畠素之[*10]などにも通じる。

津田とは全く思想を異にする無政府主義者の石川三四郎は、敗戦後の日本と日本民族を救済できるのは無政府主義の原理（＝権力なき自治の協同）であると述べたのは、第二章で見たとおりである。

超国家主義者であれ、大正期の自由主義者であれ、または無政府主義者であれ、彼らにとって天皇を中心とする権力なき共同体とは、まさに「君側の奸」を徹底的に排除しきった姿そのものであった。「君側の奸」を排除して成り立つ君民関係を理想とするのが国体ならば、無政府主義の実現こそ「国体の精華」に相当すると言っても過言ではなかった[*11]。

「新日本建設の詔書」（「人間宣言」）で君民関係が「天壌無窮の神勅」に淵源するものであることを否定した。この否定により君民関係は、神話から自由になって、上代以来の歴史が築いてきた人間同士のつながりによって構築されたものとされた。この否定が大きな意味を持つためには、「天壌無窮の神勅」を淵源とする君民関係の語りの歴史という近代天皇制の時代が、かえってそれに先行する必要があった。このように、「天壌無窮の神勅」を淵源とする君民関係ということを自明視することができたことで、この上に君民間の人格的で道徳的な関係を築くことができたのである。

敗戦後の識者らが、統治権をもって天皇が君臨する姿ではなく、徳をもって日本国を統御することが望ましいと考え、幾人かは昭和天皇が退位することを好ましいと考えた[*12]。天皇退位論が出されたのは、そのことで天皇の道義性が示され、君民の道徳的・人格的関係が維持されると考えたからであった。また同時に、第六章で見たように、昭和天皇による、「人間天皇」の主体性という法外の原理で、一時的に立憲主義を解除するという意図があったからであった。「人間天皇」という理念に潜在していた、立憲主義解除の危険性は、二〇一六年の明仁天皇による生前退位を示唆する談話があったことを想起する時にも、言うまでもなく無視はできない重要な論点であることは、改めて述べておきたい。そして、そのような「人間天皇」という側面こそが、「天壌無窮の神勅」を根拠にした教育勅語、さらに「人間天皇」の側面だけを近代天皇制から〝救済〟せんとした「新日本建設の詔書」（「人間宣言」）から日本国憲法第一条の「日本国民統合の象徴」としての天皇へと密かに継承され、現代の「人間天皇」による象徴行為へと連続しているのである。

「新日本建設の詔書」を経て日本国憲法施行後の天皇は、国民との間で人格的関係を持つ存在として、その存在が意義づけられた。国民統合を象徴する天皇が、皇勅（教育勅語で示されるような存在）ではなく憲法の規定に存在根拠を認められることになっても、天皇が統治権の総攬者の位置から引きずり下ろされたことで、君民一体に引き寄せられる革命行動の衝動は憲法という制度によって抑制されることとなった。それに加えて、戦後は「国体」自体を云々することが国民の間で事実上禁句となった。

かつて国民（臣民）の間で交換された国体論の行方は、戦後どうなったのか。それは、国民を象徴せんと主体的に行動し発言する天皇が、逆に国民に代わって「あるべき天皇像」をめぐって自ら積極的に語り、主体的にその理想像を追求することで、国民が国体論を語ることの肩代わりを担うこととなった。とりわけ、明仁天皇以降は顕著である。国民が国体を論ずることがなくなるのとは正反対に、天皇が自らを語りだした。戦前の天皇はその姿を国民に見せることはなかったし、また詔勅・詔書の形で、言葉少なく自らの考えを示すことはあっても、むしろその天皇の真意は国民の側の言葉と行動によって補われ、解釈されることが求められた。そのように考えると、戦前は国体や天皇を論ずるに国民の側が積極的であったのに対して、戦後は国体や天皇を国民自身が論ずることが少なくなり、むしろ天皇が積極的に国民に代わって、天皇とは何か、天皇と国民との関係はいかにあるべきかということについて論ずるようになったと言える。

そして明仁天皇は美智子皇后とともに、災害があれば被災地に出向いて住民を励ます旅を続けるようになった。それは一九九一年七月一〇日以降のことであり、最初は長崎県普賢岳の噴火による災害にみまわれた被災地の住民を訪問したことであった。それ以降、天皇は積極的に国民統合の象徴にならんとして旅を続けた。しかも現在の国民だけではなく、日本から二二三六キロメートルも離れているペリリュー島への慰霊（宇都宮・水戸・高崎などの部隊。日本兵約一万人を含む日米約一万三千人の死者を出した）の旅が二〇一五年四月八―九日に敢行されたことに表れているように、過去に亡くなった日本人をも、天皇は自らの内面の中に網羅せんとしたのである。[*13]

樋口陽一が言うように、[*14]日本国の象徴としての天皇とは、内閣の助言と承認にもとづいて遂行される国事行為の主体であり、政争の帰結としての国家意思に柔順になる主体であるのに対して、日本国民統合の象徴としての天皇とは、国事行為の外で自由と責任の主体となるべき存在であり、前者の側面が「ロボット」的であるのに対して、後者の側面は「人間」的であった。

そして、二〇一六年八月八日に明仁天皇は天皇としては初めて自らの老いと来たるべき「終焉」について国民に向かって語った（「象徴としてのお務めについての天皇陛下のおことば」）。そこに見える姿は、あきらかに人間としての天皇であった。ここで明仁天皇は、国民統合の象徴としての天皇とはどうあるべきか、天皇と国民との理想的な関係とは何か、そういうことを模索してきたことを談話で吐露した。そのことの模索も含めた象徴天皇としての全国への旅で、天皇は地域を支える国民がいることを発見し、また自分自身もそういう国民のために象徴天皇としての務めを「信頼と敬愛」をもってなしえたことを誇った。[*15]明仁天皇がここで使った「信頼と敬愛」という言葉は、昭和天皇の「新日本建設の詔書」にある言葉であった。彼は、自らが追求してきた象徴天皇としての歩みを確認し、戦後の新たな天皇像を昭和天皇のこの言葉から出発したことを国民にアピールしているのである。と同時に、神代（神勅）に起源する統治者天皇の正統性を否定することで、近代天皇制下に醸成されてきた君民両者の道徳的・人格的関係を前面にした両者一体論が神話から自由になって展開することが可能となったとも言える。ここでは明らかに、天皇は国民統合の象徴としてふるまっており、すなわちそこは、「人間天皇」としての側面が前景化した場面であった。

その意味で、神代による正統性から自由になった象徴天皇制が、近代天皇制の理想とする国体像のなかから「人間天皇」を取り出して前面に押し出し、神勅に依存しない天皇と国民との関係の理想の語りを実現させたのではないだろうか。国民もまた、この天皇による「生前退位」論を歓迎し、天皇に人間としての自由の半分（退位の自由≠即位の自由）を認め、天皇の言葉に共鳴しようとした。ただし人権の主体としての天皇に国民は注目するものの、それは徹底したものではなく、依然として天皇を皇位にとどめるものという範囲にとどまり、それを徹底させて天皇制を廃止するという声は大きくはならなかった。

ともかくこの談話が契機となって、その三年後の二〇一九年五月一日に、近代以降初めての「生前退位」が行なわれた。明仁天皇は、自らの老いといずれ訪れる死を前にして、象徴天皇としての務めの労苦を語り、国民を統合する「人間天皇」としてのあり方を模索することの重要性を二〇一六年の談話で披露したということでは、これは天皇の再びの「人間宣言」であったと言えよう。明治維新から約一五〇年をかけて、天皇制の姿はここに到達した。

繰り返すが、天皇について、あるいは天皇と国民との関係について、戦前と比べて積極的・主体的に語るのは、戦後においては明らかに国民ではなく天皇の方であった。戦前では、天皇のその「空虚」さゆえ、かえって国民は天皇や国体を語る臣民としてその主体性を発揮していたと言ってよい。しかし戦後は、逆にその主体性は国民から薄れ、その役割は天皇が担うこととなった。戦後においては、天皇の存在根拠と天皇―国民の関係のあり方とは神勅には依存せず、依存するものがあるとすれば「新日本建設の詔書」、すなわち皇勅であった。この皇勅の延長線上に、日本国憲法第一条の「国民統合の象徴」

としての天皇像があった。それは、立憲主義の制約を受けて国事行為をこなす天皇の姿を補完する「人間天皇」としての姿でもあった。

立憲主義の制約を受ける「日本国の象徴」である機関としての天皇とは別の側面であった「国民統合の象徴」たる「人間天皇」は、国民統合の象徴としての役割を模索するために憲法には明記された国事行為以外の、憲法には明記されない公的行為をこそ積極的に遂行してきた。とりわけ明仁天皇においては、自ら公的行為を増やしていった。

明治憲法体制において、立憲主義の拘束を受ける憲法上の天皇とは別に、教育勅語に表現され、憲法上の制約を受けない法外の道徳的な存在としての天皇があった。この顕密関係は、戦後においても見ることができるのではないか。明仁天皇が「生前退位」を示唆した談話を発表した際に、「天皇も人間である」「天皇にも人権はある」と、「生前退位」を支持した国民が多くいた[*16]一方で、天皇は日本国の象徴として立憲主義に制約される国の機関として不自由を甘受し、他方でそういう機関としての天皇から解放されて「人間天皇」として、すなわち国民統合の象徴として生きようとしていた。現在の天皇に対して支持が集まるとすれば、この「人間天皇」＝国民統合の象徴としての天皇の姿に対してであろうし、実際「生前退位」を支持した国民の多くはその側面をポジティヴに捉えたに違いない。

この側面こそが、教育勅語発布以来の近代天皇制イデオロギーの本質的な部分であった。本書の一つの結論は、そういう仮説へと、われわれの眼差しをさらに導いている。「生前退位」を支えた国民意識は、象徴天皇たらんとして模索の旅を続ける天皇の主体的な姿に感化される部分と、近代天皇制イデオロギーを前史に持つ部分があったのではないか。本書で見てきた近代天皇制イデオロギーによる思想と運動は、主権の代位者たる天皇と国民の一体化を説き、そのための政治的中間権力の排除を夢想した。天皇を神格性ある至高の存在として個々の内面に取り込もうとした国民は、そのことを通して君民一体の共同体として国家を描きなおした。君民一体の共同体として国家を再構築していこうとする思想と運動は、しばしば共和主義的な側面を持った。明治憲法の制定者が、そもそも日本の天皇は国土や人民を私有せず、自らの感化力で人民を文化的に統合する「シラス」という統治で国土や人民を公共のものとして領有したと考えていたのだから、共和制に親和的であったとも言える。[*17]

しかし、君民一体の国体論を抱き「君側の奸」排除の衝動を見せ、それを実行した者たちは当然のごとく次々と捕らえられて処罰された。こういった革命衝動に終止符を打ち、革命の可能性を消滅させたのは敗戦であった。近代天皇制が天皇統治の正当性を神勅に求めることを前提としながらも、そのことに由来する国体論が革命衝動を起こすのは皮肉なことであったのである。

以上のような、天皇や国体をめぐる国民の言葉の数々は天皇には届かなかった。国体を論ずる国民は、天皇の意思を想像するだけで、確認する術は無かったのである。

敗戦の年の一二月七日に行なわれた、広島の被爆者たちへのアメリカ戦略爆撃調査団による聞き取りで、広島市郊外に住む三八歳の男性は調査団から天皇についてどう思われるかと尋ねられ、興味深いことを述べている。その男性は質問に、「本当に政治をつかさどっているのは、天皇でなくしてですね、閣僚ですね」と答え、さらに「天皇と、その私達国民というものが、ひとつの、何、糸でこうつながってたらそりゃいいですが、つながっていなかったと思う」と発言している。[*18]ここで言われているのは、戦前の知識人や思想家たちが熱心に説いた国体論の要諦である君民一体論である。書籍を残すような知的エリートのみならず、市井の人にまで君民一体論が浸透していたことがわかる。しかし、この男性にとって君民一体は理想であったものの、現実には閣僚という「君側の奸」がその障害となり、君民一体は未完のままであったのである。そういう意味で天皇の存在は、国民の想像の範囲から超えるものではなかったのである。国民は、天皇の意思を想像して解釈し、それを自己の内面につねに取り込んだ。国民の内面に取り込まれた天皇像は、取り込んだ国民の人格形成に寄与した。

敗戦後、神勅にもとづく君民関係は否定されたものの、皇勅にもとづく君民関係は否定されることはなかった。先の広島の市民のように君民一体を範型とする君民関係論は依然として理想型として維持される余地を残した。この部分は「人間天皇」に相当する部分であり、国民統合の象徴としての天皇の姿にも当たる部分であった。日本国憲法第一条に「国民統合の象徴」としての天皇という「地位」が「国民の総意に基く」という条文は、近代天皇制イデオロギーの展開過程、すなわち戦前日本において君民の道徳的・人格的関係を理想とする国体論の展開過程がなければ明文化されなかったのである。序章でも紹介した一九四七年文部省発行の『あたらしい憲法のはなし』では君民一体を理想と思わせることが書かれていたが、さらに天皇が国民統合の象徴の地位に置かれることになったことについて、それは「日本国民ぜんたいの考えにある」と説明している。[*19] そういう意味で、教育勅語的な国体論、皇勅に根拠を置く国体論はひそかに日本国憲法に持ち込まれ、国民主権と調和したことになる。君民一体は未完であったが、君民関係の理念（＝国体）自体は否定されずに、戦後日本の基底を支えたのである。戦前において君民一体を根拠とするクーデタも革命も実現されなかったが、その新しい国のかたち(Constitution)の一部は日本国憲法体制に継承されたことになる。戦前の言語を援用すれば、戦前の国体の一部は戦後の憲法体制の前提となったのである。

ただ、戦後においては今度は国民が天皇について、国体について論ずることが無くなっていった。戦前において国民が天皇について、国体について、天皇と国民との関係について、大いに語り議論したのとは好対照であった。戦前の国民にとって沈黙の天皇は空虚であったのに反して、戦後の天皇にとって沈黙の国民は逆に空虚であったと言えるだろう。そのような観点で、二〇一六年八月の天皇の生前退位を示唆する談話を発表したことと、それに呼応して国民が人間としての天皇の「権利」や今後の天皇について語りだしたことは、また新たな何かが始まることを示唆しているように思える。

王政復古から始まり、いわゆる昭和天皇の「人間宣言」、そして日本国憲法制定までの近代天皇制の歴史は、神勅にもとづく君民関係を絶対的な前提にしたうえで皇勅にもとづく君民関係形成、つまり法を超えた君民の「人間」的な道徳的関係認識の定着のための歴史であった。大日本帝国憲法と教育勅語という近代天皇制の顕密体制でいえば、大日本帝国憲法も教育勅語も敗戦後に廃止されたが、教育勅語的な法外の君民の道徳的関係の系譜は敗戦後に日本国憲法体制のなかに継承された。それは、国民統合の象徴としての天皇という側面として。

近代天皇制は、近代を日本に定着させるために必要であった。言いかえれば、近代にとって血統と神話に依存した君主制が必要であったのである。血統と神話に依拠した近代の天皇統治の正当性という「非合理的」なものが、なぜ近代にとって必要なのか。それは、共和政の伝統を持たない日本が、議会制を導入するために、その議会制の決定によってでは塗り替えられない国家の基底をあらかじめ創出しなければならず、その役割を近代天皇制に担わそうとしたからだということになる。だからこそその仕組みは、民主制以前的、つまり徹底的に非合理的でなければならなかった。人の主体的な意思や集合的な意思といった作為的な力学で塗り替えられては意味がないからだ。

最後に、象徴天皇制とは何かという問題についてひと言だけ言及するとすれば、それは戦後の産物というより、教育勅語以降の国体論にその系譜を持つ、立憲主義を超えた道徳的な次元での天皇と国民との関係を継承するものであった。もちろんこれは象徴天皇制のすべてではない。天皇には国の象徴という側面があり、立憲主義に拘束された存在という側面もあったからである。戦前から象徴天皇制が継承した側面こそが、君民一体を要諦とする国体であった。天皇の生前退位は、その側面としての天皇のあり方を鮮明にし、再び天皇と国民とが相互の内面において一体化していこうとする契機となりかねない出来事であったと言えよう。

注記

序章

＊1　憲法や人権に引きつけて、この天皇の生前退位の問題点をついていたのはやはり法学者であった。なかでも法制史家の水林彪の的確で丁寧な論説「象徴天皇制――法史学的考察」（『法律時報増刊　戦後日本憲法学70年の軌跡』二〇一七年五月）をあげておく。
＊2　樋口陽一『リベラル・デモクラシーの現在――「ネオリベラル」と「イリベラル」のはざまで』（岩波新書　二〇一九年）一四四―一五〇頁参照。
＊3　第九〇回帝国議会衆議院本会議（一九四六年六月二六日）での金森徳次郎国務大臣の答弁。
＊4　竹山昭子『玉音放送』（晩聲社　一九八九年）一三頁。
＊5　鈴木正幸『近代天皇制の支配秩序』（校倉書房　一九八六年）一五三―一五七頁。
＊6　拙稿「二〇一〇年度日本史研究会大会報告批判――畔上報告と河西報告への批判」（『日本史研究』五八四号　二〇一一年四月）、拙稿「書評　河西秀哉『近代天皇制から象徴天皇制へ――「象徴」への道程』」（『歴史評論』八三七号　二〇二〇年一月）参照。拙著『皇国日本のデモクラシー――個人創造の思想史』（有志舎　二〇一一年）でも君民関係が情誼的・人格的関係として論じられることの意味について論じた。
＊7　杉野計雄『撃墜王の素顔　海軍戦闘機隊エースの回想』（光人社文庫　二〇〇二年、光人社一九九七年版の文庫化）二〇五―二〇六頁。
＊8　猪口力平・中島正『神風特別攻撃隊の記録』（雪華社　一九八四年）四一―四四頁。
＊9　森史朗「特攻敷島隊決定の瞬間」（文藝春秋編『完本・太平洋戦争（下）』〈文藝春秋　一九九一年〉）一二一―一二四頁。テレビ東京編『証言　私の昭和史4』（旺文社文庫　一九八四年）三二〇―三二二頁、防衛庁防衛研修所戦史室『戦史叢書　海軍捷号作戦〈2〉――フィリピン沖海戦』（朝雲新聞社　一九七二年）一一三頁も参照。
＊10　山田朗『日本の戦争Ⅱ　暴走の本質』（新日本出版社　二〇一八年）一七四頁。

＊11　田辺聖子『欲しがりませんカつまでは』（ポプラ文庫　二〇〇九年、ポプラ社一九七七年版の文庫化）二八一、二八三頁。こうの史代『この世界の片隅に』（双葉社　二〇〇九年、二〇一六年片渕須直監督によって映画化された）九一―九六頁にも「玉音放送」のシーンがあり、一九二五年生まれの主人公すずとその他の大人たちの対照的な態度が浮き彫りにされるが、こうのは田辺聖子『欲しがりません勝つまでは』を参考にして制作している。

＊12　悲劇喜劇編集部編『女優の証言』（ハヤカワ文庫　一九八三年）二三頁。

＊13　黒澤明『蝦蟇の油』（岩波書店　一九八四年）三〇七頁。

＊14　田辺聖子『田辺聖子　十八歳の日の記録』（文藝春秋　二〇二一年）九〇頁（一九四五年八月一五日条）。

＊15　前掲『女優の証言』二三頁。

＊16　唐澤富太郎『教科書の歴史』（創文社　一九五六年）六一一頁。

＊17　水本邦彦・岩城卓二「朝尾直弘氏に聞く」（『日本史研究』六一三号　二〇一三年九月）四九頁。

＊18　三島由紀夫・東大全共闘『美と共同体と東大闘争』（角川文庫　二〇〇〇年）六四頁。

＊19　前掲拙著『皇国日本のデモクラシー』第三章。

＊20　同右第一〇章。

＊21　本書第二章・第三章での吉野作造や石川三四郎の議論を参照。また石川の国体論については、松村寛之『「日本的なるもの」の思想史――戦争の時代における個人』（有志舎　二〇二三年）第五章参照。

＊22　童話屋編集部編『あたらしい憲法のはなし』（童話屋　二〇〇一年）二八頁。

＊23　坂本一登「大日本帝国憲法」（山口輝臣・福家崇洋編『思想史講義【明治篇Ⅱ】』〈ちくま新書　二〇二二年〉）。

＊24　一八七八年に亡くなった大久保利通も、明治維新によって誕生した新たな国家の姿はすべての権力を天皇に帰属させる君主専制でなければならないと当初は考えていたものの、天皇と国民との関係について激しく対立するようなものではなく、宥和的・親和的な関係でなければならず、憲法政治はそういった君民共治的な国制のもとで展開される必要があると考えるようになった（瀧井一博『増補　文明史のなかの明治憲法――この国のかたちと西洋体験』〈ちくま学芸文庫　二〇二三年〉の「補章①大久保利通と立憲君主制への道」参照）。

＊25　水林彪は明治憲法から日本国憲法への改正は、憲法としての性格に次のような意味での変化があったことを主張

する。それは、公法・私法二元論を前提として、公法上の規律だけを担う明治憲法から、公法・私法一元論的憲法としての日本国憲法への変転であった。そのような変転を可能にしたのは、戦前の近代日本における君民関係の史的展開も関係していると思われる。水林は、そういう日本国憲法を共和国型憲法と呼ぶ。関係する水林などの論攷としては、水林彪「比較憲法史論の視座転換と視野拡大――ドゥブレ論文の深化と発展のための一つの試み」(レジス・ドゥブレ／樋口陽一／三浦信孝／水林章／水林彪『思想としての〈共和国〉――日本のデモクラシーのために』〈みすず書房　二〇一六年〉)、その反論としての樋口陽一「「共和国」の自由・自由主義の自由・「新自由主義」の自由」(『法律時報増刊　戦後日本憲法学70年の軌跡』二〇一七年五月)、さらに再反論としての水林「共和国型憲法の神髄――公私一元・民商二元」(『法律時報』九五巻八号　二〇二三年七月)をあげておく。

＊26　中澤達哉「「王国の王冠」「王国の共同体」「王国の身体」――ハンガリーのレスプブリカ再考」(小倉欣一編『近世ヨーロッパの東と西――共和政の理念と現実』〈山川出版社　二〇〇四年〉、のち中澤達哉『近代スロヴァキア国民形成思想史研究――「歴史なき民」の近代国民法人説』〈刀水書房　二〇〇九年〉序章に改変されて収載)、中澤達哉「ハンガリー初期ジャコバン主義の「王のいる共和政」理論――近代ヨーロッパ共和主義の多様性と共生の諸形態」(森原隆編『ヨーロッパ・「共生」の政治文化史』〈成文堂　二〇一三年〉)、井内敏夫『ポーランド中近世史研究論集』(刀水書房　二〇二二年)第二章、中澤達哉編『王のいる共和政――ジャコバン再考』(岩波書店　二〇二二年)。

＊27　天皇をルソーの「立法者」に見立てる議論については小路田泰直『日本史の政治哲学――非西洋的民主主義の源流』(かもがわ出版　二〇二三年)一一八―一二二頁。

＊28　ルソー(桑原武夫・前川貞次郎訳)『社会契約論』(岩波文庫　一九五四年)六三―六六頁。

＊29　岩倉具視「政体建定・君徳培養・議事院創置及遷都に関する意見書」明治二年一月二五日／一八六九年三月七日(『岩倉公実記』中巻〈岩倉公旧蹟保存会　一九二七年〉)六八五頁、左院議長・副議長「下議院ヲ設クルノ議」(一八七二年五月一九日、宮越信一郎『日本憲政基礎資料』〈議会政治社　一九三九年〉)八三―八四頁。

＊30　前掲岩倉「政体建定・君徳培養・議事院創置及遷都に関する意見書」六八五頁。

＊31　同右六八七頁。

＊32　前掲小路田『日本史の政治哲学』一一二―一一四頁。

＊33　前掲中澤『近代スロヴァキア国民形成思想史研究』、前掲井内『ポーランド中近世史研究論集』、前掲中澤編『王のいる共和政』。
＊34　伊藤博文『憲法義解』（岩波文庫　二〇一九年）二二三頁。
＊35　國學院大學日本文化研究所編『近代日本法制史料集』第一（國學院大學　一九七九年）三九頁。
＊36　同右四四頁。
＊37　前掲拙著『皇国日本のデモクラシー』。

第一章

＊1　太政官編『復古記』第一冊（内外書籍　一九三〇年）二三七―二三八頁。井上勲『王政復古』（中公新書　一九九一年）も参照。
＊2　前掲『復古記』第一冊二三七―二三八頁。
＊3　前掲岩倉「政体建定・君徳培養・議事院創置及遷都に関する意見書」六八七頁。
＊4　高木博志『近代天皇制の文化史的研究――天皇就任儀礼・年中行事・文化財』（校倉書房　一九九七年）、同「近代における神話的古代の創造――畝傍山・神武陵・橿原神宮、三位一体の神武「聖蹟」」（京都大学人文学研究所『人文学報』第八三号　二〇〇〇年三月）、同『近代天皇制と古都』（岩波書店　二〇〇六年）。
＊5　小関素明『日本近代主権と立憲政体構想』（日本評論社　二〇一四年）のとりあえず第一部第一章を参照のこと。
＊6　前掲拙著『皇国日本のデモクラシー』一九〇―一九三頁、二八二―二八八頁。
＊7　福沢諭吉「帝室論」（一八八二年、『福沢諭吉全集』第五巻〈岩波書店　一九五九年〉）二六一頁。
＊8　同右二六三頁。
＊9　同右二六四―二六五頁。
＊10　羽賀祥二『明治維新と宗教』（筑摩書房　一九九四年）三七〇頁。
＊11　前掲福沢「帝室論」二六六―二六七頁。
＊12　福沢諭吉「尊王論」（一八八八年、『福沢諭吉全集』第六巻〈岩波書店　一九五九年〉）一一頁。

＊13　同右一七―一八頁。
＊14　同右一八―一九頁。
＊15　同右二六頁。
＊16　國學院大學日本文化研究所編『近代日本法制史料集』第一（國學院大學　一九七九年）二二頁。
＊17　教育勅語の制定過程については稲田正次『教育勅語成立過程の研究』（講談社　一九七一年）を参照。また本書の論点と関連する、教育勅語発布の意図については、人心の基礎に他者の異論でもっては乱されることのない精神的な機軸を準備し、議会開設にそなえたためであるという山口輝臣「教育勅語」（山口・福家崇洋編『思想史講義【明治篇Ⅱ】』（ちくま新書　二〇二三年）がある。
＊18　教育勅語は、周知のごとく中村正直の原案を厳しく批判して修正した井上毅の案を基本に、天皇の侍講を担当していた元田永孚の意見も入れて成案が作られた。元田の国教化構想に当初批判的であった井上毅が翻意して、結果的には国教化を進めようとした格好となるが、自由民権運動が隆盛していた時期とは異なり、君民共治論も否定され、プロシア型憲法に寄せて制定された大日本帝国憲法が発布されたあとに教育勅語が公布されたことは、道徳教育が単なる自由民権運動対策としてではなく、主権国家を確立させるうえでもっと普遍的な意味を帯びていたことを示唆する。元田の国教化構想については、沼田哲『元田永孚と明治国家――明治保守主義と儒教的理想主義』（吉川弘文館　二〇〇五年）第二部第一章・第三章を参照した。
＊19　井上毅「教育勅語ニ付総理大臣山県伯へ与フル意見」一八九〇年六月二〇日付（『井上毅伝』史料篇第二〈國學院大學図書館　一九六八年〉）二三二頁。
＊20　小路田泰直「明治維新とは何か」（小路田泰直・田中希生編著『明治維新とは何か？』〈東京堂出版　二〇一八年〉）二二八―二三三頁。
＊21　久野収・鶴見俊輔『現代日本の思想――その五つの渦』（岩波新書　一九五六年）一三二頁。
＊22　同右。
＊23　井上哲次郎『勅語衍義』（敬業社　一八九一年）一三五頁。井上は、教育勅語発布後に文部大臣の芳川顕正から勅語の解釈書を書いてほしいと依頼され、「道徳上の観念の甚だ不統一になつて居る時に徳育の方針をお定めになつた

ものて、誠に有難い勅語であるからして」引き受けたという（井上哲次郎『懐旧録』〈春秋社松柏館　一九四三年〉三四三頁）。
＊24　前掲井上『勅語衍義』一四一頁。
＊25　重野安繹『教育勅語衍義』（小林喜右衛門　一八九二年）三八―三九丁。
＊26　天皇は「社会に内在」していたという、二〇一六年八月八日の明仁天皇の言葉は、すなわち近代天皇制の本質を言い当てた言葉でもある。
＊27　小股憲明『明治期における不敬事件の研究』（思文閣出版　二〇一〇年）。
＊28　同右四三三頁。
＊29　同右四三六頁。
＊30　同右。
＊31　同右四四五頁。
＊32　同右二八三頁。小股は日清戦争後から教育勅語に関する「不敬」事件は減り始めたとし、その理由の一つとして一八九一年の内村鑑三事件や阪野嘉一事件が教訓になっていたと指摘する。
＊33　与謝野晶子「離婚に就いて」（一九〇九年、『一隅より』一九一一年、内山秀夫・香内信子編『與謝野晶子評論著作集』第一巻〈龍溪書舎　二〇〇一年〉所収）一八五頁。
＊34　前掲井上『勅語衍義』三四―三五頁。
＊35　当該期に出版された教育勅語の解釈書もまた同様で、夫婦間の服従関係が前提とされていたのである。那珂通世・秋山四郎『教育勅語衍義』（共益商社書店　一八九〇年）四七頁、今泉定介『教育勅語衍義』（普及舎　一八九一年）二五頁、前掲重野『教育勅語衍義』四三丁。
＊36　与謝野晶子「雨の半日」（一九一〇年、『一隅より』一九一一年、前掲『與謝野晶子評論著作集』第一巻）七九―八〇頁。
＊37　与謝野晶子「雑記帳」（『一隅より』一九一一年、前掲『與謝野晶子評論著作集』第一巻）四七九―四八〇頁。
＊38　与謝野晶子「皇道は展開す」（『横浜貿易新報』一九三二年一〇月二日付、『與謝野晶子評論著作集』第二〇巻〈龍溪書舎　二〇〇二年〉所収）二六四頁。

＊39　前掲与謝野「雑記帳」五二二頁。

＊40　与謝野晶子「紀元節の言葉」（『横浜貿易新報』一九三四年二月一一日付、『與謝野晶子評論著作集』第二一巻〈龍溪書舎　二〇〇二年〉所収）三三三―三四頁。

＊41　与謝野晶子は、共和主義者と言うべきではないか。国家への依存主義的なナショナリズムを否定し、自らを「愛国者」として自認する個人主義者与謝野の思想的位置づけは、共和主義に近い。与謝野の「愛国心」については、前掲拙著『皇国日本のデモクラシー』第七章を参照されたい。

＊42　ゲオルク・イェリネク（芦部信喜・小林孝輔・和田英夫など訳）『一般国家学』（学陽書房　一九七四年、原書は一九〇〇年刊行）三八〇―三八一頁。

＊43　井上勲『王政復古』（中公新書　一九九一年）、小関素明「日本における主権的権力の原理と形状」（『日本史研究』五七〇号　二〇一〇年二月）、同「明治維新「革命」論――権力の「原点」と普遍化の技法」（『史創』二号　二〇一二年二月）。

＊44　一九世紀日本では、伝承などの言説空間や縁起の世界が考証学の力によって組織化されて歴史編纂が始まり、それが政治権力の知の力へと昇華していく。つまり政治権力は自らの支配の正統性と支配のための知を、民俗世界という権力の外部から不断に供給しなければならなくなった。そのことを、地域における地誌編纂や史蹟造出のあり方から明らかにしたのが羽賀祥二『史蹟論――19世紀日本の地域社会と歴史意識』（名古屋大学出版会　一九九八年）であった。拙稿「書評　羽賀祥二『史蹟論――19世紀日本の地域社会と歴史意識』」（『歴史評論』五九七号　二〇〇〇年一月）もあわせて参照されたい。

＊45　林尚之「大日本帝国憲法体制における八月革命説の系譜について」（『日本史の方法』第四号　二〇〇六年六月）から示唆を得た。同論文で「憲法が国家を拘束する規範として機能するためには、逆説的ながらも主権を縛るために憲法の正当性を憲法外に置くこと、言い換えれば、治者からも被治者からも隔絶した外部から、憲法が容赦なく押し付けられる形で憲法制定が遂行されることが不可欠であった」と林は述べている（七四頁）。すなわち、自己を拘束する機制を自ら外部に置くことのできる権力こそが憲法を制定しうる権力、すなわち主権であったということを表現している。

＊46 前掲拙著『皇国日本のデモクラシー』参照。
＊47 吉野作造「「国家威力」と「主権」との観念に就て」（『国家学会雑誌』一九〇五年四月〈『吉野作造選集』1（岩波書店 一九九五年）〉）九二頁。
＊48 同右九五頁。
＊49 吉野作造「国家魂とは何ぞや」（『新人』一九〇五年二月、前掲『吉野作造選集』1）七八頁。
＊50 吉野作造「木下尚江君に答ふ」（『新人』一九〇五年三月、前掲『吉野作造選集』1）八四頁。
＊51 前掲吉野「「国家威力」と「主権」との観念に就て」九二頁。
＊52 前掲吉野「木下尚江君に答ふ」八四―八五頁。
＊53 前掲吉野「「国家威力」と「主権」との観念に就て」九三頁。
＊54 同右九六頁。
＊55 同右九四頁。
＊56 浮田和民「日本道徳論」一八九二年六月（『倫理的帝国主義』〈隆文館 一九〇九年〉）五頁。
＊57 前掲吉野「国家魂とは何ぞや」七九―八〇頁。
＊58 国家の成立は暴力の行使という事実が先行することにあるとするのは、萱野稔人『国家とは何か』（以文社 二〇〇五年）。
＊59 井上毅「行政ノ目的」一八八八年（『井上毅伝』史料篇第五〈國學院大學図書館 一九七五年〉）三八〇―三八一頁。
＊60 春畝公追頌会『伊藤博文伝』中巻（統正社 一九四〇年）六一五―六一六頁。
＊61 伊藤博文がトクヴィルから得た政治哲学と皇室を国家の機軸に捉えたことについては、柳愛林『トクヴィルと明治思想史――〈デモクラシー〉の発見と忘却』（白水社 二〇二一年）一五四―一五五頁を参照。
＊62 井上毅「古言」（一八八九年二月一六日、『井上毅伝 史料篇第五』）三九六―四〇〇頁。鈴木正幸「近代日本君主制の一特質」（『日本史研究』三二六号 一九八九年一〇月）も参照のこと。
＊63 前掲吉野「「国家威力」と「主権」との観念に就て」九二頁。
＊64 吉野作造「本邦立憲政治の現状」（『新人』一九〇五年一月、前掲『吉野作造選集』1）三頁。

第二章

＊1　幸徳の天皇観を含む国体論については、既往の研究が明らかにしてきたことでもある。さらに集中的に掘り下げ、その後の超国家主義者たちの国体論とつながるものがあることを指摘したのが倉重拓「幸徳秋水の天皇観を再考する――社会主義と君主政体の弁証法的統一に関する一考察」（『初期社会主義研究』第二六号　二〇一六年）である。本章では、倉重の研究と重なる部分もありながらも、その天皇論・国体論を幸徳の「革命」論や共和主義的志向性との関連からも明らかにしたい。

＊2　「トルストイ翁の日露戦争論」（『週刊平民新聞』三九号　一九〇四年八月七日付、服部之総・小西四郎監修『週刊平民新聞』三〈創元社　一九五五年〉）一四二頁。

＊3　梅森直之『初期社会主義の地形学――大杉栄とその時代』（有志舎　二〇一六年）一一六頁。

＊4　幸徳秋水「活宗教活歴史」（一八九六年、幸徳秋水全集編集委員会編『幸徳秋水全集』第一巻〈明治文献　一九七〇年〉）一九四頁。

＊5　同右一九五頁。

＊6　幸徳秋水「外国の志士と我国民」（『万朝報』一九〇〇年一二月一一日付、幸徳秋水全集編集委員会編『幸徳秋水全集』第二巻〈明治文献　一九七〇年〉）四七四頁。

＊7　山本瀧之助『田舎青年』（一八九六年、『復刻版　山本瀧之助全集』〈日本青年館　一九八五年〉）二〇頁。

＊8　大原慧『幸徳秋水の思想と大逆事件』（青木書店　一九七七年）六―七頁。

＊9　同右一八―一九頁、絲屋寿雄『幸徳秋水研究』（青木書店　一九六七年）八三頁。

＊10　内村鑑三「『帝国主義』に序す」（幸徳秋水『廿世紀之怪物帝国主義』一九〇一年、幸徳秋水全集編集委員会編『幸徳秋水全集』第三巻〈明治文献　一九六八年〉所収）一〇七頁。

＊11　幸徳秋水「教育界の迷信」（『万朝報』一八九八年二月二六日付、前掲『幸徳秋水全集』第二巻）二五―二六頁。

＊12　同右二六―二七頁。

＊13　幸徳秋水「革命乎亡国乎」（『日本人』一〇三号　一八九九年一一月二〇日付、前掲『幸徳秋水全集』第一巻）三一

〇―三一一頁。
＊14　幸徳秋水「革命論」（『万朝報』一九〇〇年五月二八日付、前掲『幸徳秋水全集』第二巻）三四二―三四三頁。
＊15　幸徳秋水『社会主義神髄』（一九〇三年、幸徳秋水全集編集委員会編『幸徳秋水全集』第四巻〈明治文献　一九六八年〉）五一二頁。
＊16　同右五一一頁。
＊17　林茂・隅谷三喜男「解題」（幸徳秋水『基督抹殺論』〈岩波文庫　一九五四年〉）、辻野功「幸徳秋水の天皇観」（『同志社法学』第二六巻第三号　一九七五年）、飛鳥井雅道「幸徳秋水の天皇像」（『初期社会主義研究』第一二号　一九九九年）、前掲倉重「幸徳秋水の天皇観を再考する」など。
＊18　幸徳秋水「革命来る」（『万朝報』一九〇二年一一月二九日付、前掲『幸徳秋水全集』第四巻）一七八―一七九頁。
＊19　英照皇太后の大喪については、小園優子・中島三千男「近代の皇室儀式における英照皇太后大喪の位置と国民統合」（神奈川大学人文学会『人文研究』一五七号　二〇〇五年）が詳しい。
＊20　幸徳秋水「大森駅奉送記」（『中央新聞』一八九七年二月三日付、前掲『幸徳秋水全集』第一巻）二〇七頁。
＊21　幸徳秋水「立皇太子妃の盛儀を賀し奉る文」（『万朝報』一九〇〇年二月一一日付、前掲『幸徳秋水全集』第二巻）二九一頁。
＊22　幸徳秋水「日本の民主主義」（『長広舌』一九〇一年五月三〇日、前掲『幸徳秋水全集』第三巻）二四七―二四八頁。
＊23　同右二四八頁。
＊24　同右。
＊25　幸徳秋水「御信任」（『万朝報』一八九八年一〇月六日付、前掲『幸徳秋水全集』第二巻）一四六頁。
＊26　幸徳秋水「山県内閣を歓迎す」（『万朝報』一八九八年一一月八日付、前掲『幸徳秋水全集』第二巻）一四七頁。
＊27　同右。
＊28　政党内閣こそが天皇による信認と民意とが一致する理想的な内閣であるとの考えは、中野正剛にも共通するものである。この点につき、拙稿「大正デモクラシー期「議会主義」の隘路――中野正剛の国家構想に即して」（『日本史研究』四二四号　一九九七年一二月）を参照。

＊29　幸徳秋水「皇室と人民」（『万朝報』一九〇〇年五月一八日付、前掲『幸徳秋水全集』第二巻）三四一頁。
＊30　右田裕規『近現代の皇室観と消費社会』（吉川弘文館　二〇二〇年）三五―三九頁。
＊31　前掲幸徳「日本の民主主義」二五〇頁。
＊32　前掲宮越『日本憲政基礎資料』一〇〇―一〇二頁。ただし、この建議書は同年七月に『新聞雑誌』一五〇号に掲載されたもので、九月ではなく七月とした。
＊33　幸徳秋水「社会主義と直接立法」（『万朝報』一九〇二年一月二七日付、前掲『幸徳秋水全集』第四巻）五二九―五三〇頁。
＊34　幸徳秋水「臣民の嘆願書（田中正造の直訴に就て）」（『万朝報』一九〇一年一二月一二日付、前掲『幸徳秋水全集』第三巻）三七四―三七五頁。
＊35　幸徳秋水「開戦論の流行」（『万朝報』一九〇三年六月一九日付、前掲『幸徳秋水全集』第四巻）二八四頁。
＊36　幸徳秋水「戦争論者に告ぐ」（『万朝報』一九〇三年七月七日付、前掲『幸徳秋水全集』第四巻）三〇〇頁。
＊37　幸徳秋水「選挙の標準」（『万朝報』一九〇二年三月二八日付、前掲『幸徳秋水全集』第四巻）五九頁。
＊38　中澤達哉「はじめに」（前掲『王のいる共和政』）ix頁。
＊39　中江兆民『民約論巻之二』（一八七四年、中江篤介『中江兆民全集』1〈岩波書店　一九八三年〉）一七頁。
＊40　同右。
＊41　中江兆民「君民共治之説」（『東洋自由新聞』三号　一八八一年三月二四日付、中江篤介『中江兆民全集』14〈岩波書店　一九八五年〉）一一頁。
＊42　同右一一―一二頁。
＊43　中江兆民「民約訳解巻之一（よみくだし文）」（『欧米政理叢談』四〇号　一八八三年七月、前掲『中江兆民全集』1）一九七頁。
＊44　前掲中江「君民共治之説」一一頁。
＊45　坂野潤治『大系日本の歴史13　近代日本の出発』（小学館ライブラリー　一九九三年）八一頁。
＊46　中江兆民『撰挙人目ざまし』一八九〇年（『中江兆民全集』10〈岩波書店　一九八三年〉）九七頁。

＊47 松沢弘陽『日本社会主義の思想』（筑摩書房　一九七三年）。
＊48 以上の点については、拙稿「天皇機関説論争」（山口輝臣／福家崇洋編『思想史講義【大正篇】』〈ちくま新書　二〇二二年〉）参照。
＊49 市村光恵「上杉博士を難ず」（『太陽』第一八巻第一〇号　一九一二年七月、星島二郎編『最近憲法論』〈実業之日本社　一九一三年〉一〇七頁から引用）。
＊50 美濃部達吉『憲法講話』（有斐閣書房　一九一二年）六六―六七頁。
＊51 同右六七―六八頁。
＊52 鈴木正幸『近代の天皇』（岩波ブックレット　一九九二年）、同『皇室制度』（岩波新書　一九九三年）参照。
＊53 穂積八束「国体の異説と人心の傾向」（『太陽』第一八巻第一四号　一九一二年一〇月）九一頁、上杉慎吉『国民教育帝国憲法講義』（有斐閣書房　一九一一年）八八―九〇頁、一一八頁。
＊54 上杉慎吉「国体に関する異説」（『太陽』第一八巻第八号　一九一二年六月）三一頁。
＊55 穂積八束『憲法提要』上巻（有斐閣　一九一〇年）四二頁。
＊56 同右三三頁。
＊57 同右一九五頁。
＊58 幸徳秋水『廿世紀之怪物帝国主義』（一九〇一年、幸徳秋水全集編集委員会編『幸徳秋水全集』第三巻〈明治文献　一九六八年〉）一一七頁。
＊59 同右一二三―一二四頁。
＊60 同右一七〇―一七一頁。
＊61 前掲幸徳『社会主義神髄』五一八頁。
＊62 同右四八九頁。
＊63 同右四七六―四七七頁。
＊64 同右四六八―四六九頁。
＊65 同右四八九頁。

＊66　幸徳秋水「社会主義と国体」（一九〇二年一一月一五日付、前掲『幸徳秋水全集』第四巻）五三二—五三三頁。
＊67　同右五三三頁。
＊68　この点について、辻野功も社会主義と国体とが調和するという論については「戦術的考慮によるもの」ではないと見解を示す。前掲辻野「幸徳秋水の天皇観」六〇頁。
＊69　前掲幸徳「社会主義と国体」五三五頁。
＊70　同右五三五—五三六頁。
＊71　飛鳥井雅道『幸徳秋水——直接行動論の源流』（中公新書　一九六九年）九七頁、前掲絲屋『幸徳秋水研究』二一四頁、前掲大原『幸徳秋水の思想と大逆事件』一一五頁など。
＊72　前掲絲屋『幸徳秋水研究』一九六頁。
＊73　幸徳秋水「無政府共産制の実現」（一九〇六年五月二〇日付、幸徳秋水全集編集委員会編『幸徳秋水全集』第六巻〈明治文献　一九六八年〉）八四頁。
＊74　ソルニットは、まさに一九〇六年のサンフランシスコ震災で起きた相互扶助的な状態について、「社会を救い、瓦礫の中で隣人たちの面倒を見ようとする、心の広い、計画されていない試み」と称する（レベッカ・ソルニット『災害ユートピア——なぜそのとき特別な共同体が立ち上がるのか』〈亜紀書房　二〇一〇年〉）三三頁）。
＊75　幸徳秋水「余が思想の変化（普通選挙に就て）」（一九〇七年二月五日付、前掲『幸徳秋水全集』第六巻）一三四—一三五頁。
＊76　大杉栄「法律と道徳」（『近代思想』第一巻第三号　一九一二年一二月）一頁。
＊77　大杉栄「征服の事実」（『近代思想』第一巻第九号　一九一三年六月）四—五頁。
＊78　幸徳秋水「無政府党鎮圧（古今の滑稽、天下の迂愚）」（一九〇六年八月五日付、前掲『幸徳秋水全集』第六巻）一〇四—一〇五頁。
＊79　幸徳秋水「日本社会党大会に於ける幸徳秋水氏の演説」（『日刊平民新聞』一九〇七年二月一九日付、前掲『幸徳秋水全集』第六巻）一五四頁。
＊80　幸徳秋水「発刊の序」（一九〇九年五月二五日付、前掲『幸徳秋水全集』第六巻）四七六—四七七頁。

＊81　幸徳秋水『基督抹殺論』（一九一〇年、幸徳秋水全集編集委員会編『幸徳秋水全集』第八巻〈明治文献　一九六八年〉）三五七―三五八頁。
＊82　同右四七一頁。
＊83　同右四七二頁。
＊84　前掲林・隅谷「解題」（前掲『基督抹殺論』）八二―八五頁も参照。
＊85　幸徳秋水「獄中から三弁護人宛の陳弁書」（一九一〇年一二月一八日、前掲『幸徳秋水全集』第六巻）五二六頁。
＊86　同右五二八頁。
＊87　前掲幸徳『基督抹殺論』四四七―四四八頁。
＊88　前掲幸徳「日本社会党大会に於ける幸徳秋水氏の演説」一五一―一五二頁。
＊89　同右一五二頁。
＊90　前掲倉重「幸徳秋水の天皇観を再考する」二一三頁。
＊91　大杉栄「自我の棄脱」（一九一五年五月、『大杉栄全集』1〈大杉栄全集刊行会　一九二六年〉）四六―四七頁。大杉の無政府主義は国家や社会の脱構築だけでなく、自我にまで及んだという点が重要だ。前掲梅森『初期社会主義の地形学』参照。梅森の著書に対する私の評価については、拙稿「書評　梅森直之『初期社会主義の地形学』」（『歴史学研究』九八五号　二〇一九年七月）を参照のこと。
＊92　石川三四郎が国体と無政府主義の融合を敗戦後に初めて説いたわけではなく、松村寛之が明らかにするように、それはすでに戦前からであった。しかも神話の時代を「共産制」と捉え、「統治なき支配なき社会」という無政府な世界であったと理解することで、国体と無政府主義との調和を説いていた。松村寛之「石川三四郎と「愛国心」」（大阪府立大学人文学会『人文学論集』第三九集　二〇二一年、のちに松村寛之『「日本的なるもの」の思想史』に収載された）二四頁。
＊93　石川三四郎「無政府主義宣言」（『石川三四郎著作集』4〈青土社　一九七八年〉）七三―七九頁。

第三章

＊1　吉野作造「憲政の本義を説いて其有終の美を済すの途を論ず」（『中央公論』一九一六年一月、『吉野作造選集』2〈岩波書店　一九九六年〉）三八頁。

＊2　先駆的には鈴木正幸「デモクラシーと社会主義の思想」（歴史学研究会・日本史研究会編『講座日本歴史9　近代3』〈東京大学出版会　一九八五年〉）、前掲鈴木『近代天皇制の支配秩序』がある。その後それを発展させたのが拙稿「大衆ナショナリズムとデモクラシー」（歴史学研究会・日本史研究会編『日本史講座　第九巻　近代の転換』〈東京大学出版会　二〇〇五年〉）、拙稿「イデオロギーとしての「個人」――教育勅語と教育基本法のあいだ」（『日本史研究』五五〇号　二〇〇八年六月）である（いずれも前掲拙著『皇国日本のデモクラシー』に収載）。近年では河西秀哉が『近代天皇制から象徴天皇制へ――「象徴」への道程』（吉田書店　二〇一八年）で、デモクラシー状況と国体・天皇制は思想的に調和が試みられたと指摘し、君民関係が人格的・道徳的・情誼的関係であると吉野作造などに観念されていたことは指摘するが、そのことが君主制として、あるいは民主化の問題として、どのような意味を持っていたかを十分に解いているわけではなく、君民関係は道徳的・人格的・情誼的関係として認識されていたと指摘するにとどまっている。この点については、前掲拙稿「畔上報告と河西報告への批判」、前掲拙稿「書評　河西秀哉『近代天皇制から象徴天皇制へ――「象徴」への道程』」を参照のこと。

＊3　樋口陽一「戦後世界秩序の中の近代立憲主義――「戦後レジームからの脱却」が導く（?）混迷」（林尚之・住友陽文編著『立憲主義の「危機」とは何か』〈すずさわ書店　二〇一五年〉）一六頁。

＊4　浮田和民「日本の憲法政治」（『太陽』第一二巻第二号　一九〇六年二月）五〇頁。

＊5　前掲拙著『皇国日本のデモクラシー』第二章参照。

＊6　例えば『東京朝日新聞』一九〇五年九月六日付は「国民の公憤爆発＝国民大会」と呼んだ。

＊7　「輿論論」（『京都日出新聞』一九〇八年一月一九日付）。

＊8　前掲拙稿「天皇機関説論争」参照。

＊9　浮田和民「政界に於ける大隈伯の復活」（『太陽』第二〇巻第五号　一九一四年五月）二三―二四頁。

＊10　前掲拙著『皇国日本のデモクラシー』第三章参照。

＊11 前掲浮田「日本の憲法政治」五〇頁。
＊12 浮田和民「国民の品性（其一）」（一九〇一年六月、『倫理的帝国主義』〈隆文館 一九〇九年〉）一七三頁。
＊13 同右一七一頁。
＊14 前掲浮田「日本の憲法政治」五一頁。
＊15 石橋湛山「桂公の位地と政党政治の将来」（『東洋経済新報』一九一三年二月五日号〈『石橋湛山全集』第一巻（東洋経済新報社 一九七一年）〉）三一二頁。
＊16 同右三一七頁。
＊17 田中彰『明治維新観の研究』（北海道大学図書刊行会 一九八七年）二五四頁。
＊18 中野正剛『明治民権史論』（有倫堂 一九一三年）一頁。前掲拙稿「大正デモクラシー期「議会主義」の隘路」も参照。
＊19 都筑馨六「超然主義」一八九二年（『都筑馨六文書』国立国会図書館憲政資料室所蔵）。
＊20 穂積八束「国民教育」（『東京日日新聞』一八九八年一月一日付、穂積重威編『穂積八束博士論文集』〈有斐閣 一九四三年〉に収載）三五一頁。
＊21 穂積八束「議院制及立憲制」（『明義』第二巻第二号 一九〇一年二月、前掲穂積重威編『穂積八束博士論文集』に収載）五二三―五二四頁。
＊22 社会問題資料研究会編『所謂日比谷焼打事件の研究』（東洋文化社 一九七四年）四三頁。
＊23 同右五五頁。
＊24 一九〇五年九月二日付山県宛桂書翰（徳富蘇峰編『公爵桂太郎伝』坤巻〈原書房 一九六七年〉二九六頁）。
＊25 前掲拙著『皇国日本のデモクラシー』第二・三・六章、拙稿「大正期立憲デモクラシー論の展開と帰結――法治主義と徳治主義の分節化の果てに」（前掲『立憲主義の「危機」とは何か』）を参照のこと。
＊26 拙稿「日本における大衆社会形成論に関する研究ノート」（大阪府立大学人文学会『人文学論集』二〇号 二〇〇二年）参照。
＊27 社会の実証的認識の深化という点では、国家（社会）有機体論的認識が一般に広がっていく点や、文学の世界でも一時的とはいえ自然主義が隆盛するという点を上げておく。

＊28　吉野作造「民衆的示威運動を論ず」（『中央公論』一九一四年四月、『吉野作造選集』3〈岩波書店　一九九五年〉）三一―三三頁。
＊29　浮田和民「将来の日本に関する三大疑問」（『太陽』第一四巻第一号　一九〇八年一月）四〇―四一頁。
＊30　浮田和民「社会主義及び無政府主義に対する憲政上の疑義」（『太陽』第一七巻第六号　一九一一年五月）二頁。
＊31　前掲吉野「民衆的示威運動を論ず」四三頁。
＊32　「日本人の自治力欠乏　ジャパンクロニクル所論」（『大阪朝日新聞神戸附録』一九一三年二月二〇日付）。「日本人の自治力欠乏」という表現について、後日記者が「誹謗」の意図無しと読者に謝罪・訂正した（同紙二月二二日付）。
＊33　水林彪「「憲法と経済秩序」の近代的原型とその変容――日本国憲法の歴史的位置」（早稲田大学二一世紀COE《企業法制と法創造》総合研究所『企業と法創造』九号　二〇一三年二月）。
＊34　同右一四九―一五〇頁。
＊35　美濃部達吉「権力ノ濫用ト之ニ対スル反抗」（『国家学会雑誌』一九〇五年一〇月）。
＊36　美濃部達吉「公法ト私法トノ関係ヲ論ス」（『国家学会雑誌』一九一三年一〇月）。
＊37　藤井健治郎『国民道徳論』（北文館　一九二〇年）一六〇―一六一頁。
＊38　吉野作造が、「憲政の本義を説いて其有終の美を済すの途を論ず」で次のように述べていたことから、ある程度類推することができる。すなわち、「民本主義の行はる、事は、それ程高い智見を民衆に求むるといふ必要はない。民衆の智見の高いのは何処までも之を希望すべきものなる事はいふを俟たぬ。然しそれ程高くなくとも民本主義は之を行ふに差支はないのである」と（前掲「憲政の本義を説いて其有終の美を済すの途を論ず」四九頁）。
＊39　有馬学『日本の近代4「国際化」の中の帝国日本』（中央公論社　一九九九年）二〇―二四頁。
＊40　中川清『日本の都市下層』（勁草書房　一九八五年）九一、九五頁参照。
＊41　岩井寛『森田療法』（講談社現代新書　一九八六年）、渡辺利夫『神経症の時代――わが内なる森田正馬』（TBSブリタニカ　一九九六年）などを参照。
＊42　森田正馬『神経質ノ本態及療法』（吐鳳堂書店　一九二八年〈『森田正馬全集』第二巻（白揚社　一九七四年）〉）三三五頁。

＊43　森田正馬「精神療法の話」（『婦人衛生雑誌』二三三号　一九〇九年四月〈『森田正馬全集』第一巻（白揚社　一九七四年）〉）五九頁。
＊44　森田正馬『神経質及神経衰弱症の療法』（日本精神医学会　一九二一年〈前掲『森田正馬全集』第一巻〉）二四四―二四五頁。
＊45　森田正馬『神経衰弱及強迫観念の根治法』（実業の日本社　一九二六年〈前掲『森田正馬全集』第二巻〉）一六五頁。
＊46　前掲森田『神経質ノ本態及療法』三三五頁。
＊47　同右三三八頁。
＊48　森田正馬「神経衰弱症の診断及び治療」（『日本医事新報』一五七号　一九二五年五月〈前掲『森田正馬全集』第二巻〉）三三一頁。
＊49　前掲森田『神経質ノ本態及療法』三七八頁。
＊50　畔上直樹「戦前日本社会における現代化と宗教ナショナリズムの形成」（『日本史研究』五八二号　二〇一一年二月）。これに対する私の批判は前掲拙稿「畔上報告と河西報告への批判」で展開したので、あわせてそちらも参照されたい。
＊51　前掲森田『神経質及神経衰弱症の療法』二六七―二六八頁。
＊52　同右四〇一頁。
＊53　前掲森田『神経衰弱及強迫観念の根治法』一三五頁。
＊54　同右一四一頁。
＊55　畑野文夫『森田療法の誕生――森田正馬の生涯と業績』（三恵社　二〇一六年）九一、一五五頁。
＊56　拙稿「感化空間の形成――「一日一善巡回日記」とは何か」（福山市市長公室秘書広報課市史編さん室編『アーカイブスふくやま』第三号　二〇一二年三月）。本書第四章参照。
＊57　〈市民〉化については、前掲拙著『皇国日本のデモクラシー』第四章を参照のこと。
＊58　人工的に作られる神社から「自然」を重視する神社への転換が第一次世界大戦期に生まれたこと、諸個人に自ずと存在する信念や信仰に根ざすことこそが宗教であるという概念が定着しだすことを明らかにした前掲畔上「戦前日本社会における現代化と宗教ナショナリズムの形成」は、本章に対して興味深い示唆を与えてくれる。

＊59　ベネディクト・アンダーソンが二〇一二年一一月一三日付『朝日新聞』朝刊で、興味深いことを語っている（「ナショナリズムを考える」）。アンダーソンはそこで、過激な民族主義や排外主義とナショナリズムとを区別し、ナショナリズムをむしろ未来社会構想のための手段として擁護する。アンダーソンは「通常のナショナリズム」を「日常生活の一部であり、習慣やイメージであり、空気のようなもの」と述べていて、「ナショナリズムそのものが悪なのではありません」ということを強調している。そして次のように重要なことを述べている。「私たちはなぜ税金を払うのか。それは、例えば公園や美術館を維持するためだと考えて納得します。その前提となっているのは、国家は将来も存続し続け、自分の孫や子たちもきっとこの国で生き続けるという揺るぎない確信です」と。人が納税するのは未来への投資ゆえだという。ではなぜ未来への投資ができるか。それはアンダーソンによれば、「国家があるからこそ」だという。つまりナショナリズムは自分たちの社会が永続することの確信の担保になっているというわけだ。このようにアンダーソンには国民国家が幻想であるということは決して否定的な意味を持たない。むしろ未来を構想し、構築していくうえで、「空気」のような存在であるナショナリズムをバネに国民国家を想像していくという行為を重要なステップとして位置づけてすらいる。アンダーソンは、一見空気のように自然で、それでいて実体的な根拠がないナショナリズムの可能性を見ているのである。その限りで、このナショナリズムの持つ意味は近代天皇制下の国体の意味と思ったほど遠いものではない。

＊60　石橋湛山「加藤弘之博士の『自然と倫理』を評す」（『東洋時論』一九一二年一〇月号〈前掲『石橋湛山全集』第一巻〉一二七頁。

＊61　同右一二九頁。

＊62　こういう石橋の自分本位の功利主義に鮮明な理解を与えたのが加藤典洋であった。加藤典洋「戦後を渡って明治のなかへ——石橋湛山のリベラリズムと初期の感触」（西川長夫・松宮秀治編『幕末・明治期の国民国家形成と文化変容』〈新曜社　一九九五年〉）参照。

＊63　前掲拙著『皇国日本のデモクラシー』第一〇章、林尚之『主権不在の帝国——憲法と法外なるものをめぐる歴史学』（有志舎　二〇一二年）第三章を参照のこと。

＊64　前掲拙著『皇国日本のデモクラシー』序章などを参照。

＊65　与謝野晶子「鏡心燈語」（『太陽』第二一巻第二号　一九一五年二月、内山秀夫・香内信子編『與謝野晶子評論著作集』第二巻〈龍溪書舎　二〇〇一年〉所収）二五一―二五二頁。
＊66　与謝野晶子「婦人自ら反省せよ」（一九一六年一月、『與謝野晶子評論著作集』第三巻〈龍溪書舎　二〇〇一年〉所収）二九四頁。
＊67　与謝野晶子「寒菊の葉」（一九一八年、『與謝野晶子評論著作集』第九巻〈龍溪書舎　二〇〇一年〉所収）一二九―一三〇頁。
＊68　牧野英一『法律に於ける進化と進歩』（有斐閣　一九二四年）一三四頁。
＊69　「社会の発見」については、飯田泰三「ナショナル・デモクラットと「社会の発見」」（飯田『批判精神の軌跡――近代日本精神史の一稜線』〈筑摩書房　一九九七年〉）、前掲有馬『日本の近代4　「国際化」の中の帝国日本』五章参照。
＊70　吉野作造「言論の自由と国家の干渉」（『我等』一九二〇年三月、前掲『吉野作造選集』3）二九四頁。
＊71　上杉慎吉『国家新論』（敬文館　一九二一年）六二―六三頁。
＊72　上杉慎吉『普通選挙の精神』（敬文館　一九二五年）一二五―一二六頁。
＊73　詳しくは前掲拙著『皇国日本のデモクラシー』第三章を参照のこと。
＊74　前掲林『主権不在の帝国』第一章参照。また美濃部達吉と上杉慎吉との論争については、前掲拙稿「天皇機関説論争」参照。
＊75　前掲上杉『国家新論』六二―六三頁、前掲上杉『普通選挙の精神』一二一―一二二頁。前掲拙著『皇国日本のデモクラシー』第三章参照。
＊76　吉野作造「憲政の発達（二）」（『愛知之自治』第五編第一二号）一二一―一三三頁。
＊77　この点に関しては国体は作為的に〈自然〉なものとして立ち現れるのだという姜尚中による指摘がある。姜はそれを「作為的〈自然〉」と呼んでいる（姜『思考のフロンティア〈ナショナリズム〉』〈岩波書店　二〇〇一年〉六〇頁）。まことに的確な指摘だと思うが、問題はなぜ〈自然〉なものとして国体は作為されるのかという点であろう。それは本章においていくぶん考察できたと思う。

＊78　前掲吉野「憲政の本義を説いて其有終の美を済すの途を論ず」三八頁。
＊79　近代天皇制の顕教・密教という区分について、久野収・鶴見俊輔『現代日本の思想――その五つの渦』（岩波新書　一九五六年）一三二頁。
＊80　吉野作造「民本主義と国体問題」（『大学評論』一九一七年一〇月、太田雅夫編『資料　大正デモクラシー論争史』上巻〈新泉社　一九七一年〉所収）五七頁。
＊81　同右五六頁。
＊82　同右五八頁。
＊83　吉野作造「アナーキズムに対する新解釈」（『中央公論』一九二〇年二月、前掲『吉野作造選集』1）二六〇頁。
＊84　以上、吉野作造「国家と教会」（『新人』一九一九年九月、前掲『吉野作造選集』1）一八一―一八二頁。
＊85　同右一八四―一八五頁。
＊86　同右一八五頁。
＊87　同右一八五―一八六頁。
＊88　前掲吉野「アナーキズムに対する新解釈」二六〇頁。
＊89　君民関係を律するものとして民法的秩序を位置づけたことは重要である。そのような君民関係が戦後の象徴天皇規定に継続されていくからである。そして大正期に浮上した民法的秩序は戦後に新憲法の理念に吸い上げられていく（民法の憲法化）。この点、拙著『皇国日本のデモクラシー』第一〇章参照。
＊90　詳しくは拙著『皇国日本のデモクラシー』を参照されたい。
＊91　田澤晴子『吉野作造――人世に逆境はない』（ミネルヴァ書房　二〇〇六年）九九―一〇〇頁。

第四章

＊1　山本瀧之助については、福山市史編纂会編『福山市史　近代・現代編』（福山市　一九七八年）第四編第四章四、多仁照廣『山本瀧之助の生涯と社会教育実践』（不二出版　二〇一一年）、拙稿「日露戦後における青年会組織化の前提」（関西大学史学・地理学会『史泉』八六号　一九八七年七月）、同「形成期青年会の論理と展開」（『日本史研究』

三四〇号　一九九〇年一二月）を参照。

＊2　山本瀧之助「社論　当面の問題」（『吉備時報』一二号　一九〇三年八月〈山本正次氏所蔵〉）一頁。

＊3　伊藤之雄「名望家秩序の改造と青年党」（伊藤『大正デモクラシーと政党政治』〈山川出版社　一九八七年〉）、重松正史「青年党と活動家」（重松『大正デモクラシーの研究』〈清文堂出版　二〇〇二年〉）参照。

＊4　前掲拙稿「形成期青年会の論理と展開」参照。

＊5　『中国新聞』一九一三年五月三〇日付。

＊6　近世の若者組については、古川貞雄『村の遊び日』（平凡社　一九八六年）、明治末期以降の青年会については、宮地正人『日露戦後政治史の研究』（東京大学出版会　一九七三年）、前掲拙稿「形成期青年会の論理と展開」など参照。

＊7　西川祐子は実に多様な日記について取り上げているが、回覧式の日記については取り上げていない。西川祐子『日記をつづるということ──国民教育装置とその逸脱』（吉川弘文館　二〇〇九年）。

＊8　山本瀧之助『地方青年団体』（一九〇九年〈『復刻版　山本瀧之助全集』日本青年館　一九八五年〉）二〇六頁。

＊9　同右二〇五頁。

＊10　山本瀧之助『一日一善』（一九一三年〈前掲『復刻版　山本瀧之助全集』〉）七六五頁。

＊11　前掲多仁『山本瀧之助の生涯と社会教育実践』一一九頁。

＊12　前掲山本『一日一善』八三七頁。

＊13　同右八三〇頁。

＊14　山本瀧之助『模範日』（一九一七年〈前掲『復刻版　山本瀧之助全集』〉）一八一頁。

＊15　前掲山本『一日一善』八三二頁。

＊16　同右八三一—八三二頁。

＊17　前掲山本『地方青年団体』一八八頁。

＊18　水呑村青年会『青年会報』第一号（一九一五年五月　水呑村青年会『水呑村青年会々報綴』大正四年度〈山田家教科書資料、ただし、福山市史編さん室所蔵の複写版を利用した〉）。

＊19　前掲拙著『皇国日本のデモクラシー』を参照のこと。

＊20　前掲西川『日記をつづるということ』一三八―一四二頁参照。
＊21　前掲水呑村青年会『青年会報』第二号。
＊22　同右。
＊23　広島県沼隈郡水呑村二徳会『巡回日記』（古野家文書）。福山市史編さん室の写真版を閲覧させていただいた。したがって特に注記が無い限りこの史料からの引用である。ただし引用箇所を示すため、日記の年月日等を本文中に（　）内に表記することとする。
＊24　福山市立水呑小学校『学校沿革史』（水呑小学校所蔵）。
＊25　「あるがまま」という態度を重視して、理屈を排して働くことを奨励した、神経症に対する精神療法を一九一九年以降展開していく、森田正馬による「森田療法」に通じる。「精神の修養といふ事は、理屈でもない。哲学でもない。吾人日常の実際である」という部分などがそれである（前掲森田『神経質及神経衰弱症の療法』四五六頁）。この点、林尚之氏からのご教示を得た。本書第三章も参照のこと。
＊26　福山市役所『大正十四年　市会会議録』（福山市所蔵）。
＊27　この点に関しては、前掲拙著『皇国日本のデモクラシー』序章を参照のこと。
＊28　「自己改造の理想」と題する論説（第七巻第一号　一九一六年一二月）、国家主義と個人主義をめぐる論争（第七巻第四号　一九一七年四月、第七巻第六号　一九一七年六月、第七巻第七号　一九一七年七月）、「自我創造への努力」という論説（第一二巻第九号　一九二二年九月）などが掲載されているのが注目される。
＊29　『まこと』第六巻第一号（一九一六年一月　福山市村田家文書、ただし福山市史編さん室所蔵の複写版を利用した。以下同じ）。
＊30　岡義武「日露戦争後における新しい世代の成長（上）――明治三八～大正三年」（『思想』一九六七年二月）、同「日露戦争後における新しい世代の成長（下）――明治三八～大正三年」（『思想』一九六七年三月）、前掲有馬『「国際化」の中の帝国日本　一九〇五―一九二四』。
＊31　大杉栄「社会か監獄か」（『近代思想』第一巻第七号　一九一三年四月）一頁。
＊32　前掲大杉「自我の棄脱」四六―四七頁。

＊33　夏目漱石「私の個人主義」（一九一四年、三好行雄編『漱石文明論集』〈岩波文庫　一九八六年〉）一三三頁。
＊34　大村秋果「自己改造の理想」（『まこと』第七巻第一号　一九一六年一二月）一二頁。
＊35　村上南行「国家主義宣伝」（『まこと』第七巻第四号　一九一七年四月）九頁。
＊36　南行生「強者の天地」（『まこと』第七巻第六号　一九一七年六月）一〇頁。
＊37　大村秋泉《果カ》「青年の為に弁ず」（『まこと』第七巻第七号　一九一六年七月）一五三頁。
＊38　前掲大村「自己改造の理想」一二頁。
＊39　M郎「国家主義宣伝者へ」（『まこと』第七巻第六号　一九一七年六月）九頁。
＊40　前掲村上「国家主義宣伝」九頁。
＊41　前掲M郎「国家主義宣伝者へ」九頁。
＊42　南行生「M郎氏へ答ふ」（『まこと』第七巻第七号　一九一七年七月）三五頁。
＊43　前掲村上「国家主義宣伝」九頁。
＊44　前掲M郎「国家主義宣伝者へ」九頁。
＊45　同右。
＊46　前掲南行生「M郎氏へ答ふ」三五頁。
＊47　同右。
＊48　拙稿「国体論」（社会思想史学会編『社会思想史事典』〈丸善出版　二〇一八年〉）四八四―四八五頁参照。
＊49　福田緑葉「自我の宣伝」（『まこと』第七巻第七号　一九一七年七月）三五頁。
＊50　広島県沼隈郡役所編『沼隈郡誌』（広島県沼隈郡松永町先憂会　一九二三年）三七七頁。なお、三七五頁には「大正八年　青年団自治改造の声起る」という記述もある。
＊51　「自治の反響――瀬戸村青年団秋季総会に対する感想」（『まこと』第一〇巻第一一号　一九二〇年一一月）九頁。
＊52　同右。
＊53　「沼隈健児の獅子吼」（『まこと』第一一巻第一〇号　一九二一年一一月）一四頁。
＊54　「健在なりや！　自治青年団　立て！青年よ！青年団発祥の地を青年団埋葬の地たらしむる勿れ」（『まこと』第一

二巻第九号　一九二二年九月）二頁。
＊55　同右。

第五章

＊1　室伏高信「代議政治を論じて吉野博士に質す」（『雄弁』一九一六年三月、前掲太田編『資料大正デモクラシー論争史』上巻より引用）三五七頁。
＊2　上杉慎吉「民意」（一九一五年、上杉『議会政党及政府』〈有斐閣書房　一九一六年〉）二五三頁。
＊3　上杉慎吉「民意代表」（一九一四年、前掲上杉『議会政党及政府』）一六一―一六二頁。
＊4　前掲穂積「議院制及立憲制」五二三―五二四頁。
＊5　穂積八束「国民教育」（『東京日日新聞』一八九八年一月一日付、前掲『穂積八束博士論文集』）三五一頁。
＊6　穂積八束「国民道徳ノ要旨」（一九一一年七月三一日東京帝国大学法科大学にて実施の文部省主催師範学校・中学校・高等女学校等教員講習会講演速記録〈前掲『穂積八束博士論文集』〉）八九六頁。
＊7　前掲穂積「議院制及立憲制」五二三―五二四頁。
＊8　上杉慎吉『帝国憲法』（日本大学　一九〇五年）四二五頁。
＊9　同右三〇七―三一〇頁。
＊10　上杉慎吉『帝国憲法述義』（有斐閣書房　増訂版一九一八年）七一七―七一八頁。
＊11　尾崎利生「違憲審査制の史的素描」（『中央大学大学院法学研究科論集』一二巻〈一九八一年一二月〉）一〇二―一〇三頁を参照のこと。
＊12　上杉慎吉「我カ憲政ノ根本義」（一九一六年〈前掲『議会政党及政府』〉）二二六―二二七頁。
＊13　松尾尊兊『普通選挙制度成立史の研究』（岩波書店　一九八九年）一八二―一八三頁。
＊14　上杉慎吉「機能麻痺の政治機関」（『太陽』一九二二年六月〈上杉慎吉『日の本』〈非売品　一九三〇年〉〉）一五九頁。
＊15　上杉慎吉「少壮憂国の同志に示す」（一九二四年〈前掲『日の本』〉）二〇三―二〇四頁。
＊16　上杉慎吉「小引」（穂積八束『憲政大意』〈日本評論社　一九三五年〉）一五頁。

＊17　穂積八束『憲政大意』（日本評論社　一九三五年）二六頁。
＊18　同右二七頁。
＊19　同右。
＊20　同右二九頁。
＊21　この点につき前掲拙著『皇国日本のデモクラシー』第三章参照。
＊22　前掲上杉『国家新論』六二―六五頁。
＊23　拙稿「デモクラシーのための国体――「大正デモクラシー」再考」（『歴史評論』七六六号　二〇一四年二月）もあわせて参照。
＊24　前掲上杉「民意代表」一八九頁。
＊25　上杉慎吉『新稿憲法述義』（有斐閣　一九二四年）一七頁。
＊26　前掲上杉『国家新論』七八―七九頁。
＊27　前掲上杉『新稿憲法述義』九一頁。
＊28　同右一七頁。
＊29　上杉慎吉『日米衝突の必至と国民の覚悟』（大日本雄弁会　一九二四年）六八―六九頁。
＊30　前掲上杉『普通選挙の精神』八一―八二頁。
＊31　この「六千万人」に「外地」＝朝鮮・台湾の人口は含まれていない。一九二〇―二四年では「内地」と「外地」の人口を合わせると八千万人ほどになるからである。
＊32　前掲上杉『普通選挙の精神』一二五―一二六頁。
＊33　二〇一三年七月一六日に同志社大学で開催された同志社大学グローバル・スタディーズ研究所主催の「立憲主義と平和主義を考える」シンポジウムでの齋藤純一の発言ともシンクロする議論である。
＊34　デモクラシーの基礎に道徳主義があることを指摘したのは、畔上直樹『「村の鎮守」と戦前日本――「国家神道」の地域社会史』（有志舎　二〇〇九年）。
＊35　前掲上杉『普通選挙の精神』一一八―一二〇頁。

＊36　同右一二一―一二二頁。
＊37　上杉慎吉『国家論』（有斐閣　一九二五年）一五五頁。
＊38　同右一五八頁。
＊39　上杉慎吉『選挙及普通選挙』（福岡県社会教育課　一九二七年）三頁。
＊40　上杉慎吉「解散の道徳」（『法学協会雑誌』一九二七年二月〈前掲『日の本』〉）二八八頁。
＊41　上杉慎吉「国会ト憲法」（一九一五年〈前掲『議会政党及政府』〉）五―六頁。
＊42　今野元『吉野作造と上杉慎吉――日独戦争から大正デモクラシーへ』（名古屋大学出版会　二〇一八年）三五二頁。
＊43　前掲上杉「解散の道徳」二八九―二九〇頁。
＊44　同右二九八―二九九頁。
＊45　同右二九九頁。
＊46　同右三〇〇頁。
＊47　上杉慎吉「日本は何処へ往く」（『経済往来』一九二八年一月〈前掲『日の本』〉）三一六―三一七頁。
＊48　一九二〇年代以降ムッソリーニが日本の論壇でも注目され始める。日本におけるムッソリーニ・ファシスタ旋風については福家崇洋『日本ファシズム論争――大戦前夜の思想家たち』（河出書房新社　二〇一二年）に詳しい。
＊49　上杉慎吉「道理と正義の敵ムツソリニ論」（『中央公論』一九二八年二月〈前掲『日の本』〉）三一九頁。
＊50　同右三三三頁。
＊51　上杉慎吉「憂ふべき緊急勅令」（『東京朝日新聞』一九二八年六月二三日付〈前掲『日の本』〉）三四七頁。
＊52　同右三五四頁。
＊53　上杉慎吉「恐怖時代の製造（誤まれる治安維持令）」（『中央公論』一九二八年八月〈前掲『日の本』〉）三六一―三六二頁。
＊54　同右三八〇―三八一頁。
＊55　この点につき前掲拙著『皇国日本のデモクラシー』第八章参照。
＊56　拙稿「室伏高信」（伊藤隆・季武嘉也編『近現代日本人物史料情報辞典3』〈吉川弘文館　二〇〇七年〉）二三九頁。
＊57　室伏高信「民衆政治家としての大隈伯」（『世界之日本』第五巻第七号　一九一四年七月）四〇頁。

＊58　前掲拙著『皇国日本のデモクラシー』二二九頁。
＊59　同右一八〇頁。
＊60　同右二二八―二二九頁。
＊61　室伏高信『デモクラシー講話』（日本評論社　一九一九年）三五―三六頁。
＊62　前掲拙著『皇国日本のデモクラシー』二三二頁。
＊63　室伏高信「国内政治の帰趨」（『自由』第一編輯　一九三八年一月）二五頁。
＊64　同右二六頁。
＊65　室伏高信「全体主義と個人主義」（『実業之日本』一九三九年四月）一八六頁。
＊66　同右一八六頁。
＊67　同右。
＊68　室伏高信『世紀の論理』（三笠書房　一九三八年）一八二頁。
＊69　同右。
＊70　前掲室伏「全体主義と個人主義」一八四頁。
＊71　同右一八四―一八五頁。
＊72　同右一八六頁。
＊73　藤原辰史によれば、室伏は人間の生命にとって不可欠の「共有物」であったのが「土」であり、「土」を離れては生きていけないと考えており、そういった農村回帰・都市批判・文明批判が一九二〇年代には彼の思想にあった（藤原辰史「農本主義の時代」〈山口輝臣・福家崇洋編『思想史講義【戦前昭和篇】』（ちくま新書　二〇二二年）〉一五一―一五二頁）。しかしここで見るように一九三〇年代末にはそういったアトム化は必然と見るように変わっていったという点は注意しておく必要があるだろう。
＊74　室伏高信『一億人の新体制』（青年書房　一九四一年）四四―四五頁。
＊75　同右四五―四六頁。
＊76　拙著『皇国日本のデモクラシー』第三章。

＊77　前掲室伏『一億人の新体制』五六頁。
＊78　室伏高信「日本的性格とは何か」（『実業之日本』第四四巻第一六巻　一九四一年八月）九三頁。
＊79　室伏高信による個人と全体（社会）との関係論について、その個人の全体（社会）に対する態度を主意主義と主知主義の違いによって整理できたのは、林尚之氏の有益な助言によるものである。もちろんその表現の責は私にある。
＊80　前掲室伏『一億人の新体制』一七四頁。
＊81　同右一七八―一七九頁。
＊82　前掲拙著『皇国日本のデモクラシー』二四一頁。
＊83　前掲室伏『一億人の新体制』一七一頁。
＊84　同右一七一頁。
＊85　前掲室伏『一億人の新体制』一七二頁。ここで、国体について知るということは、「国体を自ら生活する」というのでなければならぬと室伏は主張する。つまり「形式」だけを外部から見て知るのではなく、「根源」に入り込まなければならない。すなわち「国体を自ら生活する」とは、体験することであった（同一七五頁）。
＊86　前掲室伏『一億人の新体制』一七〇頁。
＊87　昆野伸幸『増補改訂　近代日本の国体論――〈皇国史観〉再考』（ぺりかん社　二〇一九年）第二部第一章。本書は二〇〇八年に刊行された初版の増補改訂版である。
＊88　室伏高信『戦争私書』（中公文庫　一九九〇年）一四三頁。
＊89　前掲室伏『一億人の新体制』五七頁。
＊90　前掲拙著『皇国日本のデモクラシー』二三五頁。
＊91　前掲室伏『一億人の新体制』六七頁。
＊92　同右二〇六頁。
＊93　同右二〇七―二〇八頁。
＊94　同右一九五頁。
＊95　室伏は一九三九年には、「議論倒れ」の民主主義ではなく、ドイツやイタリアのように「行動主義」を発揮し、現

状を打破して新しい現状を作ろうとする政治権力を要請していた（室伏高信『時局打開論』〈青年書房　一九三九年〉一六四―一六五頁）。またこういった、行動を優先させる民主主義を、室伏は「平和的民主主義」に対して「武装した民主主義」と呼んだ（同上一六九頁）。
＊96　前掲室伏『一億人の新体制』一九八―一九九頁。
＊97　同右二〇四頁。
＊98　同右二〇一頁。
＊99　同右二〇一―二〇二頁。
＊100　同右五〇―五一頁。
＊101　同右五一頁。
＊102　同右五三頁。
＊103　同右五八―五九頁。
＊104　同右六四頁。
＊105　同右一八四頁。
＊106　室伏高信「国内体制の再強化」（『鉄鋼統制』第三巻第一〇号　一九四三年一〇月）四二頁。
＊107　また室伏は大政翼賛会について、「レエニンが戦時共産主義と名づけた過程におけるソ聯共産党のそれに酷似してゐる」と述べている。以上の点も含め、同右四二―四三頁。
＊108　室伏高信「日本的性格とは何か」（『実業之日本』第四四巻第一六巻　一九四一年八月）九三頁。
＊109　同右九三頁。
＊110　高橋彦博『日本国憲法体制の形成』（青木書店　一九九七年）二二五頁、大内兵衛・森戸辰男・久留間鮫造監修『高野岩三郎伝』（岩波書店　一九六八年）三八六頁。
＊111　古関彰一『増補改訂版　日本国憲法の誕生』（岩波書店　二〇一七年）三九―四二頁。
＊112　前掲室伏『戦争私書』三五三頁。
＊113　同右。

＊114 室伏高信「民主主義の原理」（室伏高信・加田哲二・今中次麿・堀真琴編『民主主義大講座　第一巻　原理及歴史（上）』〈日本正学館　一九四六年〉）二二頁。
＊115 同右一九頁。
＊116 室伏高信『新民主主義』（第四書房　一九四六年）三六―三七頁。
＊117 室伏高信「新たなる日のために」（『新生』創刊号　一九四五年一一月）二頁。
＊118 前掲室伏『新民主主義』三七頁。
＊119 昭和天皇「新日本建設の詔書」（『官報』号外　一九四六年一月一日）。
＊120 日本国憲法における二つの象徴天皇の意味に気づかせてくれたのは、前掲樋口『リベラル・デモクラシーの現在』である。
＊121 以上、第九〇回帝国議会衆議院本会議（一九四六年六月二六日）での金森徳次郎国務大臣の答弁。この回の衆議院に関わる議事録についてはすべて以下のサイトから引用した。http://www.shugiin.go.jp/internet/itdb_kenpou.nsf/html/kenpou/seikengikai.htm　二〇一九年一二月六日閲覧。
＊122 第九〇回帝国議会衆議院帝国憲法改正案委員会（一九四六年七月六日）での金森徳次郎国務大臣の答弁。
＊123 前掲室伏『新民主主義』三七―三八頁。
＊124 前掲室伏「民主主義の原理」一八頁。
＊125 帝政ドイツについて言及した吉野作造は、それが二五の連邦によって構成され、憲法上は「民主国体」（主権在民）と解釈できることから、カイゼルを「法律上の性質は共和国の大統領となんら異なるところはない」と称し、ドイツ帝国を「共和国」と呼ぶドイツの社会民主党の見解を紹介している。カイゼルが「共和国の大統領となんら異なるところ」が「ない」のなら、天皇もまた「共和国の大統領」と実質同じものとして位置づけてもよさそうなものだが、吉野は日本はこういった国とは全く相容れない「君主国体」の国であると述べている（前掲吉野「憲政の本義を説いて其有終の美を済すの途を論ず」二九頁）。
＊126 前掲室伏「民主主義の原理」一九頁。
＊127 前掲室伏『新民主主義』四頁。

＊128　同右九頁。
＊129　同右一〇頁。
＊130　同右一三頁。
＊131　法政大学大原社会問題研究所所蔵。https://www.ndl.go.jp/constitution/shiryo/02/045shoshi.html
＊132　この点の詳細については、前掲高橋『日本国憲法体制の形成』Ⅶを参照のこと。
＊133　高野岩三郎「囚はれたる民衆」（『新生』第二巻第二号　一九四六年二月）五頁。
＊134　同右三頁。
＊135　同右。
＊136　同右四頁。
＊137　同右。
＊138　同右。
＊139　前掲室伏「民主主義の原理」一九頁参照。
＊140　前掲小倉編『近世ヨーロッパの東と西』、とりわけ同書所収の小山哲「人文主義と共和政――ポーランドから考える」、中澤達哉「「王国の王冠」「王国の共同体」「王国の身体」――ハンガリーのレスプブリカ再考」、森原隆「フランスの「レピュブリック」理念」、井内敏夫「前近代と近代のレスプブリカ――ポーランドからヨーロッパの国制観念をかいまみる」。さらに前掲中澤『近代スロヴァキア国民形成思想史研究』、前掲中澤「ハンガリー初期ジャコバン主義の「王のいる共和政」理論」、前掲中澤編『王のいる共和政』。
＊141　坂本一登「大日本帝国憲法」（山口輝臣・福家崇洋編『思想史講義【明治篇Ⅱ】』〈ちくま新書　二〇二三年〉）。

第六章

＊1　丸山眞男「昭和天皇をめぐるきれぎれの回想」（『丸山眞男集』第一五巻〈岩波書店　一九九六年〉）三五頁。
＊2　中曽根康弘『政治と人生　中曽根康弘回顧録』〈講談社　一九九二年〉一〇八頁。
＊3　中曽根康弘『天地有情　五十年の戦後政治を語る』（文藝春秋　一九九六年）一四七頁。

＊4　同右一四八頁。
＊5　中曽根康弘の詳細な経歴については、服部龍二『中曽根康弘――「大統領的首相」の軌跡』（中公新書　二〇一九年）を参照。また、中曽根の首相公選論については岡田大助「首相公選論と象徴天皇制」（『社学研論集』一〇巻　二〇〇七年九月）、林尚之「原子力時代における日本国憲法の「革命」――核問題と憲法全面改正論」（『史創』二号　二〇一二年三月）、北岡伸一「若き日の中曽根康弘――憲法改正論の構造」（『アステイオン』88　二〇一八年五月）があり、とくに林の論攷は本章の問題意識と密接に関係する。一九五〇―六〇年代における安全保障論・防衛論との関係では、中嶋琢磨「中曽根康弘防衛庁長官の安全保障構想――自主防衛と日米安全保障体制の関係を中心に」（『九大法学』八四号　二〇〇二年）、同「戦後日本の「自主防衛」論――中曽根康弘の防衛論を中心として」（『法政研究』七一巻四号　二〇〇五年三月）がある。また、近年では佐々木隆爾「中曽根康弘論」（『季論21』第五〇号　二〇二〇年秋）もある。
＊6　中曽根康弘『青年の理想』（一洋社　一九四七年）二九頁。
＊7　同右。
＊8　同右三四頁。
＊9　中曽根康弘『日本の主張』（経済往来社　一九五四年）一九頁。
＊10　同右一八―一九頁。
＊11　同右二一―二二頁。
＊12　同右二二頁。
＊13　中曽根はのちに、「カントの影響で、人格を道具に使うことには強く反対し、共産主義やナチズムのように人間を道具視するいわゆる有機体的思想に抗議していた。ひと言で言えば、人格的文化アイデンティティ主義とでも言うのだろうか」と語っている（前掲中曽根『政治と人生　中曽根康弘回顧録』三七頁）。
＊14　一九四七年の時点で判明していたのは、約二八万人の死者・行方不明者のほか、「二四〇万の家の被害も、八七五万の罹災者も又八〇〇億円の損害」の存在である（前掲中曽根『青年の理想』二七頁）。
＊15　前掲中曽根『青年の理想』二七頁。

＊16　同右。
＊17　中曽根康弘「日本国民宣言」（『国会』第三巻第三号　一九五〇年三月）三三頁。
＊18　同右。
＊19　前掲中曽根『青年の理想』三二頁。
＊20　同右三三頁。
＊21　同右三五頁。
＊22　中曽根康弘「自衛問題の本質」（『政界往来』一九五二年八月）五二頁。
＊23　同右五三頁。
＊24　中曽根康弘「自主憲法の基本的性格」（自主憲法期成議員同盟『資料十三　自主憲法期成演説集（一）』〈荒木万寿夫　一九五六年、非売品〉）六三頁。
＊25　前掲中曽根「自衛問題の本質」五三頁。
＊26　前掲中曽根「自主憲法の基本的性格」六四頁。
＊27　同右六〇頁。
＊28　同右五九頁。
＊29　同右六四頁。
＊30　同右六五―六六頁。
＊31　中曽根康弘「人権ははきちがえられている　ニュールックの自主憲法を」（『知性』一九五六年五月）七八頁。
＊32　「青雲塾年頭大会宣言」（一九五四年一月六日、前掲中曽根『日本の主張』）二頁。「ポツダム・サンフランシスコ体制」は日本を弱くしようとして憲法を与えている（前掲『資料十三　自主憲法期成演説集（一）』六八頁）。
＊33　前掲中曽根『政治と人生　中曽根康弘回顧録』七五頁。
＊34　中曽根康弘『中曽根康弘が語る戦後日本外交』（新潮社　二〇一二年）四四頁。
＊35　中曽根は、「保守党として、修正資本主義や協同主義で国の統一を図る以外にはないと信じていました」と語り（前掲中曽根『中曽根康弘が語る戦後日本外交』六五頁）、「日本の伝統的国柄と近代政治学を調和させ」「テニエスの言

うゲマインシャフトの理論の日本的構成であった」のが「矢部政治学」であったと述べていた（前掲中曽根『政治と人生　中曽根康弘回顧録』三六頁）。戦前から戦後にかけての矢部の思想については大谷伸治「共同体的衆民政と協同民主主義のあいだ――矢部貞治の「敗戦転向」」（『史学雑誌』第一三〇編第三号　二〇二一年三月）を参照。

＊36　前掲中曽根『天地有情　五十年の戦後政治を語る』二一八頁。

＊37　以上、前掲中曽根『青年の理想』四一頁。

＊38　前掲ルソー『社会契約論』二七―二八頁。

＊39　前掲中曽根『青年の理想』四二頁。

＊40　前掲小路田「明治維新とは何か」二七―三一頁。

＊41　前掲中曽根『日本の主張』二五頁。

＊42　同右。

＊43　前掲『資料十三　自主憲法期成演説集（一）』六〇頁。

＊44　前掲中曽根『日本の主張』二五頁。

＊45　前掲『資料十三　自主憲法期成演説集（一）』六一頁。

＊46　前掲中曽根『日本の主張』二六頁。

＊47　前掲『資料十三　自主憲法期成演説集（一）』六一頁。

＊48　佐藤榮作『佐藤榮作日記』第二巻（朝日新聞社　一九九八年）一九六五年一月四日条、二一九頁。

＊49　同右。

＊50　前掲中曽根『日本の主張』二六頁。

＊51　前掲『資料十三　自主憲法期成演説集（一）』七一頁。

＊52　同右七二頁。

＊53　同右七三頁。

＊54　同右七二頁。

＊55　同右七三頁。

＊56　中曽根康弘「第二部　高度民主主義民定憲法草案」（未定稿　一九六一年一月一日作成　国立国会図書館憲政資料室所蔵中曽根康弘関係文書）七頁。
＊57　前掲中曽根『日本の主張』三二頁。
＊58　前掲中曽根『日本の主張』三三頁。
＊59　渡辺治『政治改革と憲法改正――中曽根康弘から小沢一郎へ』（青木書店　一九九四年）二一七―二二二頁。
＊60　前掲大谷「共同体的衆民政と協同民主主義のあいだ」。
＊61　伊藤隆『近衛新体制――大政翼賛会への道』（中公新書　一九八三年）、波田永実「矢部貞治における「共同体的衆民政」論の展開（一）：国防国家の政治学」（『流経法学』第二巻第二号　二〇〇三年三月）、同「矢部貞治における「共同体的衆民政」論の展開（二）：総力戦の政治学」（『流経法学』第四巻第一号　二〇〇四年六月）、源川真希『近衛新体制の思想と政治――自由主義克服の時代』（有志舎　二〇〇九年）を参照。
＊62　矢部貞治「現代日本主義の考察」（『理想』一九三四年一月号）二二頁。
＊63　今井清一・伊藤隆編『現代史資料44　国家総動員2』（みすず書房　一九七四年）の「七五　愚見の詳論」（三七六―三八一頁）。
＊64　伊藤隆『昭和十年代史断章』（東京大学出版会　一九八一年）四五―四六頁、前掲波田「矢部貞治における「共同体的衆民政」論の展開（一）」一七二頁。
＊65　前掲「愚見の詳論」三八〇頁。
＊66　前掲大谷「共同体的衆民政と協同民主主義のあいだ」四三頁。
＊67　矢部貞治『矢部貞治日記　銀杏の巻』（読売新聞社　一九七四年）一九四五年六月二七日条、八一六―八一七頁。
＊68　前掲中曽根『日本の主張』一四頁。
＊69　鈴木日出男『万葉集入門』（岩波ジュニア新書　二〇〇二年）二一―三頁。
＊70　前掲中曽根『日本の主張』一三頁。
＊71　同右一四頁。
＊72　同右一四―一五頁。

＊73 中曽根康弘委員の発言「第十三回国会衆議院予算委員会議事録第五号」（一九五二年一月三一日）一九頁。
＊74 前掲中曽根『日本の主張』二八—二九頁。
＊75 以上、同右二九頁。
＊76 冨永望『象徴天皇制の形成と定着』（思文閣出版　二〇一〇年）一〇八頁。
＊77 同右一〇九頁。
＊78 吉田茂首相の発言「第十三回国会衆議院予算委員会議事録第五号」（一九五二年一月三一日）一九頁。
＊79 前掲樋口『リベラル・デモクラシーの現在』も参照のこと。
＊80 前掲『資料十三　自主憲法期成演説集（一）』三〇頁。
＊81 石原慎太郎『歴史の十字路に立って——戦後七十年の回顧』（ＰＨＰ研究所　二〇一五年）四一頁。
＊82 前掲中曽根『天地有情　五十年の戦後政治を語る』四四頁。
＊83 前掲中曽根『中曽根康弘が語る戦後日本外交』六八頁。
＊84 前掲中曽根『日本の主張』二九頁。
＊85 同右二九—三〇頁。
＊86 以上、前掲中曽根『日本の主張』三〇頁。
＊87 前掲渡辺『政治改革と憲法改正』二一八頁。
＊88 憲法調査会事務局『日本国憲法改正諸案』（一九五九年）一二七頁、一三六頁。
＊89 自由党憲法調査会「日本国憲法改正案要綱」一頁。
＊90 渡辺治『戦後政治史の中の天皇制』（青木書店　一九九〇年）二一二頁。
＊91 前掲『資料十三　自主憲法期成演説集（一）』七八頁。
＊92 中曽根康弘「第一部　現代日本政治への反省」（未定稿　一九六一年一月一日作成　国立国会図書館憲政資料室所蔵中曽根康弘関係文書）一頁。
＊93 憲法調査会『憲法調査会報告書』（一九六四年　国立公文書館所蔵）四六〇頁。
＊94 同右四六九頁。

＊95　同右四六六頁。
＊96　同右四六九頁。
＊97　同右四七四頁。
＊98　前掲中曽根「第二部　高度民主主義民定憲法草案」八頁、一七頁。
＊99　同右一六頁。
＊100　同右一七頁。
＊101　前掲中曽根「第一部　現代日本政治への反省」六頁。
＊102　同右七頁。
＊103　水林彪は、日本国憲法の性格を、公法領域のみならず私法領域までもカヴァーする公法私法一元論的な、すなわち「共和国型憲法」であると結論づけている。本書の立場からも興味深い捉え方である。水林彪「共和国型の憲法——公私一元・民商二元」（『法律時報』九五巻八号　二〇二三年七月）。
＊104　前掲中曽根「第一部　現代日本政治への反省」七頁。
＊105　同右一〇頁。
＊106　同右二一頁。
＊107　吉岡斉『新版　原子力の社会史——その日本的展開』（朝日新聞出版　二〇一一年）六九—七〇頁。
＊108　拙稿「戦後民主主義の想定領域——原子力開発と五五年体制」（『史創』一号　二〇一一年八月）、拙稿「原子力開発と五五年体制——国家構造改革論としての原子力開発構想」（小路田泰直・岡田知弘・住友陽文・田中希生編『核の世紀——日本原子力開発史』〈東京堂出版　二〇一六年〉）参照。
＊109　前掲中曽根「第一部　現代日本政治への反省」一三頁。
＊110　前掲中曽根「第二部　高度民主主義民定憲法草案」一頁。
＊111　前掲中曽根「人権ははきちがえられている　ニュールックの自主憲法を」七九頁。
＊112　この点については、渡辺治『日本国憲法「改正」史』（日本評論社　一九八七年）第二章、とくに一九七—二〇四頁に詳しい。

＊113 前掲中曽根「第一部　現代日本政治への反省」一九頁。
＊114 同右二三頁。
＊115 同右。
＊116 同右。
＊117 同右。
＊118 前掲『資料十三　自主憲法期成演説集（一）』八一頁。
＊119 前掲中曽根『天地有情　五十年の戦後政治を語る』一六七頁。
＊120 山崎正勝『日本の核開発：1939〜1955原爆から原子力へ』（績文堂　二〇一一年）一九―二〇頁。
＊121 前掲中曽根『日本の主張』三九―四〇頁。
＊122 中曽根康弘「日本の民主主義の諸問題」（前掲中曽根『中曽根康弘が語る戦後日本外交』）五九三―五九五頁。
＊123 前掲中曽根『日本の主張』五九―六〇頁。
＊124 同右六〇頁。
＊125 前掲中曽根『天地有情　五十年の戦後政治を語る』一五八頁。
＊126 「立党宣言」や「党の政綱」からの引用はすべて自由民主党ホームページ https://www.jimin.jp/aboutus/declaration/ からのものである。
＊127 前掲『資料十三　自主憲法期成演説集（一）』七六頁。
＊128 同右七七頁、七九頁。
＊129 前掲中曽根『日本の主張』三三頁。
＊130 中曽根康弘「首相公選論」（『日本及日本人』一九六一年七月）五九頁。
＊131 田畑忍「首相国民投票制について」（『同志社法学』第一三巻第三号　一九六一年）九〇頁。
＊132 伊藤昌哉『池田勇人　その生と死』（至誠堂　一九六六年）二〇一頁、前掲中曽根『天地有情　五十年の戦後政治を語る』一九九―二〇〇頁、二二二頁。
＊133 前掲中曽根「第二部　高度民主主義民定憲法草案」四頁。

＊134　前掲中曽根「首相公選論」六二頁。
＊135　前掲中曽根「第二部　高度民主主義民定憲法草案」四頁。
＊136　林尚之「平和国家の核保有と戦後政治」（前掲『核の世紀』）二六六頁。
＊137　前掲中曽根「第二部　高度民主主義民定憲法草案」一〇頁、前掲中曽根「首相公選論」六〇頁。
＊138　前掲中曽根「首相公選論」五八頁。
＊139　同右六一頁。
＊140　前掲中曽根「第二部　高度民主主義民定憲法草案」一六頁。
＊141　前掲中曽根『中曽根康弘が語る戦後日本外交』一一〇頁。
＊142　前掲中曽根「第二部　高度民主主義民定憲法草案」六頁。
＊143　同右六―七頁。
＊144　同右八頁。
＊145　同右五頁。

終　章

＊1　権藤成卿『君民共治論』（文芸春秋社　一九三二年）一七三頁。
＊2　橘孝三郎「第三回訊問調書」（原秀男・澤地久枝・匂坂哲郎編『検察秘録　五・一五事件Ⅱ匂坂資料2』〈角川書店　一九八九年〉）一五〇頁。
＊3　林茂編『二・二六事件秘録（一）』（小学館　一九七一年）一二九、一九九、二一四、二二〇、二二五、二四八頁などの「憲兵調書」による。
＊4　本庄繁『本庄日記』（原書房　一九六七年）一九三六年二月二八日条、二七七―二七八頁。
＊5　前掲昭和天皇「新日本建設の詔書」。
＊6　津田左右吉「日本の国家形成の過程と皇室の恒久性に関する思想の由来」（原題「建国の事情と万世一系の思想」『世界』一九四六年四月、津田『津田左右吉全集』第三巻〈岩波書店　一九六三年〉に収載）四七〇―四七一頁。

＊7　一九〇六年に発行された『国体論及び純正社会主義』において北一輝は、「国体及び政体は進化的過程の者として、即ち歴史的進行の社会現象として動学的に研究すべき者」であるとして、神代という悠久の定点からではなく、社会進化の過程から国体を論じていた（『北一輝著作集』第一巻〈みすず書房　一九五九年〉二一五頁）。あるいは、嘉戸一将は北のそれは社会進化論というより、擬似生物学的な進化論であるという（嘉戸『北一輝――国家と進化』〈講談社学術文庫　二〇一七年、原本は二〇〇九年講談社刊行〉一〇〇頁）。

＊8　昆野伸幸『近代日本の国体論――〈皇国史観〉再考』（ぺりかん社　二〇〇八年）第一部第一章、第二部第二章。なお、同書は二〇一九年に同出版社から増補改訂版が刊行されている。以上参照した箇所は増補改訂版でも同じなので、典拠はこのままとした。

＊9　同右第一部第二章。

＊10　田中真人『高畠素之――日本の国家社会主義』（現代評論社　一九七八年）第八章。

＊11　石川三四郎の国体論については、前掲松村『「日本的なるもの」の思想史』第五章も参照されたい。石川が、記紀に見られる神話や国体のなかに無政府的な姿を見いだし、敗戦後も依然として国体論を展開したのは、君民の人間的で情誼的な関係を軸とした君民一体的な国体をこそ石川が支持していたからであった。

＊12　前掲冨永『象徴天皇制の形成と定着』第一章参照。

＊13　明仁天皇によるさまざまな場所への訪問については、井上亮『象徴天皇の旅――平成に築かれた国民との絆』（平凡社新書　二〇一八年）参照。

＊14　前掲樋口『リベラル・デモクラシーの現在』一四四―一五二頁。

＊15　「象徴としてのお務めについての天皇陛下のおことば」（二〇一六年八月八日）http://www.kunaicho.go.jp/page/okotoba/detail/12（二〇一九年四月二三日閲覧）。

＊16　このような議論は、天皇の出口（退位）の自由だけを言って、入口（即位）の自由を言わない点で不徹底である。それを徹底していけば、天皇位は職業選択上の自由市場に投げ出され、天皇制は終焉を迎える。そう考えると、天皇制を前提にする以上、われわれは天皇になる人間から自由を奪いつづけ、その人権を持たぬ、「人間」らしくいようとする者に犠牲を強いていくことになる。その犠牲のうえに、憲法があり、民主主義がある、そう考えることが

できる。
＊17　前掲井上「古言」三九七―四〇〇頁。
＊18　財団法人広島平和文化センター編『原爆被爆者等面接記録　米国戦略爆撃調査団資料――テープ部門』（財団法人広島平和文化センター　一九八六年、非売品）一〇三頁。
＊19　前掲童話屋編集部編『あたらしい憲法のはなし』三〇頁。川口暁弘は、日本国憲法第一条の国民統合の象徴としての天皇について、「君民一体の対等関係から、国民主権下の象徴天皇制という上下関係にかわった」、すなわち「主客顚倒」があったと述べている（川口暁弘「国体と国民――国民主権と象徴天皇制の起源」〈鵜飼政志・川口暁弘編『きのうの日本――近代社会と忘却された未来』（有志舎　二〇一二年）〉一六八―一六九頁）。しかし本書の内容に即せば、近代の君民関係の歴史を引き受けたものが、この象徴天皇という存在であったということになる。したがって、戦前の主客（君民）の関係が「顚倒」したのではなく、主客の関係がそのまま戦後の天皇、すなわち象徴天皇という存在の歴史的前提になったというべきなのである。

あとがき

本書は基本的には書き下ろしであるが、各章ごとにその成り立ちは異なる。左記のとおり、完全な書き下ろしの章と既発表論文を複数組み合わせたりして改稿した章によって本書は構成されている。

序章……書き下ろし

第一章……「国体と近代国家――吉野作造による〈主権者と臣民との関係〉認識から」（『人文学の正午』四号　二〇一三年）、「「王政復古」と「人間宣言」」（『史創』九号　二〇一九年）、「近代国家にとっての天皇制イデオロギーとは何か」（住友・林尚之編『近代のための君主制』〈大阪公立大学共同出版会　二〇一九年〉）、「臣民たちの天皇制――教育勅語から「生前退位」談話へ」（小路田泰直・田中希生編『私の天皇論』〈東京堂出版　二〇二〇年〉）のそれぞれ一部を改稿して組み合わせ、加筆した。

第二章……書き下ろし

第三章……「立憲主義の危機を考える――国体論の視点から現代をみすえながら」（『歴史評論』七九三号　二〇一六年五月）、前掲「国体と近代国家」、「デモクラシーのための国体――「大正デモクラシー」再考」（『歴史評論』七六六号　二〇一四年二月）のそれぞれ一部を改稿して組み合わせ、加筆した。

第四章……「感化空間の形成――「一日一善巡回日記」とは何か」（福山市史編さん委員会編『アーカイブふくやま』三号　二〇一二年）、「二十世紀初頭の社会と青年の言論空間」（福山市史編さん委員会編『福山市史　近代現代資料編Ⅳ　社会・生活』〈福山市　二〇一六年〉）、「山本瀧之助と青年団運動」（福山市史編さん委員会編『福山市史　原始から現代まで』〈福山市　二〇一七年〉）のそれぞれ一部を改稿して組み合わせ、加筆した。
第五章……「大正期立憲デモクラシー論の展開と帰結――法治主義と徳治主義の分節化の果てに」（林尚之・住友編『立憲主義の「危機」とは何か』〈すずさわ書店　二〇一五年〉）、前掲「臣民たちの天皇制」のそれぞれ一部を改稿して組み合わせ、室伏高信に関して新たに書き下ろしたものをさらに追加した。
第六章……書き下ろし
終章……書き下ろし

近代とは？　ということについては、今後も最も深く洞察を続けていくことになるが、本書を書く前から、ある「時代の思想」ということについては一つ留意していることがある。それは、いかに多様に見える時代であっても、時には対立もする異なる思想の存在にもかかわらず、その思想や主義者たちには共通点があるはずだという留意である。通常はカテゴライズして、別々のフォルダーに仕分けられるかもしれないような思想同士であっても、その両者にはなんらかの核となる部分が共有されているに違いない、そういうことへの強い関心が私にはある。分析とは、ある研究対象を分解し、違いをもとに整理することでもあるかもしれないが、それだとそれぞれがなぜ同じ時代に共存していたかが、本当は解けないのではないかという思いがあった。共有するものが判明したなら、その共有部分というのは、きっと重要で、根源的な何物かであるはずだ。前著『皇国日本のデモクラシー――個人創造の思想史』

（有志舎 二〇一一年）でも、異なる思想同士の共有部分への着眼点はあったが、そういう問題意識はそれほど明確ではなかった。

近代とは何かということを考える際には、そういった共有部分への意識的な視座がなければならないだろう。本書では、近代にもかかわらず天皇制という君主制になっているのはなぜか、君主制なのに共和主義的志向性が密かに湧出されてくるのはなぜか、そういうことへの視座をもって執筆した。

それらがどこまで効を奏したか、大方のご批判にゆだねるほかない。

本書を執筆する期間は、新型コロナウイルス禍の時期とちょうど重なり、対面での研究会が行なわれなかった分、各種研究会はオンライン化されたことで、かえってさまざまな異業種の研究会に出席することができた。分野の異なる研究者との交流も可能となり、個人的にはむしろ世界が広がった。不幸中の幸いであった。また、私を代表とする科研「近代天皇制に関する思想史的研究――「国体とデモクラシー」に着目して」による共同研究でも、得るところが多かった。とくに、その科研メンバーであり、同じ学内にいる社会思想史・西洋思想の研究者である前川真行さんをつかまえては（あるいはいきなり「珈琲を飲ませてくれ」といって研究室に押しかけては）、自分が考える粗いデッサンのものを披露してご意見をいただいた。普段は言ったことはないが、ここでお礼申しあげる。

最後になったが、刊行をお薦めいただいた有志舎社長の永滝稔さんにお礼申しあげる。前作とは違って、最初から明確な意図と構想があって書き上げることができたと思う。「今度は書き下ろしで」とおっしゃっていただいた。この約一〇年ほどで書いたものを元に書き下ろしの気持ちで書き直したのは、その永滝さんのお言葉があったからだ。

二〇二四年七月

住友陽文

著者紹介
住友陽文（すみとも　あきふみ）
関西大学文学部史学地理学科卒業、関西大学大学院文学研究科日本史学専攻博士後期課程単位取得退学。博士（人間科学）
現在、大阪公立大学教授
主要著書：『皇国日本のデモクラシー』（単著、有志舎　2011年）、『立憲主義の「危機」とは何か』（林尚之と共編著、すずさわ書店　2015年）、『核の世紀』（小路田泰直らとの共編著、東京堂出版　2016年）、『近代のための君主制』（林尚之との共編著、大阪公立大学共同出版会　2019年）など。

国体とデモクラシー
――密造される共和主義――

2024年12月30日　第1刷発行

著　者　住友陽文
発行者　永滝　稔
発行所　有限会社　有　志　舎
〒166-0003　東京都杉並区高円寺南4-19-2
クラブハウスビル1階
電話　03(5929)7350　FAX　03(5929)7352
DTP　言海書房
装　幀　奥定泰之
印　刷　モリモト印刷株式会社
製　本　モリモト印刷株式会社

© Akifumi Sumitomo, 2024.　Printed in Japan.
ISBN978-4-908672-80-4

タ 行

ナ 行

ハ 行

マ 行

ヤ 行

ラ 行

〈人　名〉

注１：第４章に登場する、『まこと』の投稿者や巡回日記の投稿者などの人名は、索引からはずした。
注２：また「注記」についても典拠で表示される人名は索引からはずしたが、研究者だけは索引に掲載した。

ア　行

カ　行

サ　行

タ　行

ラ　行

ワ　行